Germanistische
Arbeitshefte   41

Herausgegeben von Gerd Fritz und Franz Hundsnurscher

Jörg Kilian

Historische Dialogforschung

Eine Einführung

Max Niemeyer Verlag
Tübingen 2005

/

Bibliografische Information der Deutschen Bibliothek

Die Deutsche Bibliothek verzeichnet diese Publikation in der Deutschen Nationalbibliografie; detaillierte bibliografische Daten sind im Internet über *http://dnb.ddb.de* abrufbar.

ISBN 3-484-25141-7   ISSN 0344-6697

Satz: Jörg Kilian, Helmstedt
Druck: Gulde-Druck, Tübingen
Einband: Industriebuchbinderei Nädele, Nehren

Inhalt

Vorwort

Eine Einführung in die historische Dialogforschung ist auch gut dreißig Jahre nach der „pragmatischen Wende" der germanistischen Linguistik und der damit verbundenen linguistischen (Wieder)entdeckung der Dialogizität von Sprache ein gewisses Wagnis (s.u., 1.2.). Dieses Wagnis ist zum einen darin begründet, dass es eine „Historische Dialogforschung" als anerkannte Teildisziplin der germanistischen Linguistik und als Dach der mittlerweile durchaus zahlreichen Einzeluntersuchungen noch gar nicht gibt, diese Disziplin vielmehr erst zu begründen ist. Das Wagnis besteht sodann aber vor allem darin, dass es durchaus auch Stimmen gibt, die die Möglichkeiten einer wissenschaftlichen historischen Dialogforschung aufgrund der Quellenlage (s.u., 1.3.) für äußerst begrenzt halten oder gar nur im Reich des Spekulativen wähnen.

Einem Wagnis begegnet man am besten im Dialog: Teile des vorliegenden *Germanistischen Arbeitsheftes* sind auf Tagungen und in Kolloquien vor- und anschließend zur Diskussion gestellt worden. Zahlreiche Hinweise und Hilfen von Kolleginnen und Kollegen sind dankbar eingearbeitet und berücksichtigt. Studentinnen und Studenten in verschiedenen Lehrveranstaltungen an der Technischen Universität Braunschweig und an der Universität Osnabrück haben an diesem *Germanistischen Arbeitsheft* mittelbar mitgearbeitet. Ihre kritischen Fragen zu einzelnen Gegenständen und Methoden der historischen Dialogforschung sowie ihre konstruktiven Hinweise zu den „Aufgaben", die sie im Wege der Bearbeitung auf den Prüfstand stellten, haben an der Text- und Aufgabengestaltung ihren Anteil. Das ganze Manuskript haben schließlich zwei Erstleser mit gesprächsanalytischem und dialoggrammatischem Blick studiert, denen ich dafür namentlich danken möchte: Prof. Dr. Helmut Henne, der in zahlreichen Randnotizen und Gesprächen über den Dialog, die Linguistik und beider Geschichte grundlegende Anregungen für die Überarbeitung geliefert hat, sowie Prof. Dr. Franz Hundsnurscher, der die Entstehung dieses *Germanistischen Arbeitsheftes* mit Hinweisen auf treffliche Beispiele aus der Dialoggeschichte und hilfreichen Ratschlägen begleitet hat.

Braunschweig/Heidelberg, im Frühjahr 2005, J.K.

X

Susanne
Lea
Dorle
Emily-Lou
Selma
Jule

– auch zum Dank für das
Insel-Forschungsstipendium.
Og en særlig tak skylder jeg
Paul.

Abbildungsnachweise

Abb. 1   Konzeptionelle und mediale Schriftlichkeit und Mündlichkeit (nach Koch/Oesterreicher 1985)

Abb. 2   Gelehrtendisputation im 16. Jahrhundert, aus: Richard Friedenthal: Luther. Sein Leben und seine Zeit, München, Zürich, 8. Aufl. 1996, 245.

Abb. 3   Taxonomie der Daten in der mündlichen Kommunikation, aus: Henne/Rehbock 2001, 56.

Abb. 4   Gelehrter Unterricht; Daniel Chodowiecki, aus: Johann Bernhard Basedow: Des Elementarwerkes erster Band, zweiter Band, dritter Band, vierter Band. Ein geordneter Vorrath aller nöthigen Erkenntniß. Zum Unterrichte der Jugend, von Anfang, bis ins academische Alter. Zur Belehrung der Eltern, Schullehrer und Hofmeister. Zum Nutzen eines jeden Lesers, die Erkenntniß zu vervollkommnen. [...], Dessau 1774. [...] Kritische Bearbeitung [der „Zweiten sehr verbesserten Auflage" von 1785] in drei Bdn., hrsg. von Theodor Fritsch, Leipzig 1909, Bd. 3, Tab. XLVIII.

Abb. 5   Dialogtypologie, aus: Kilian 2002a, 74.

Abb. 6   Kategorien der Gesprächsanalyse

Abb. 7   Das Hildebrandlied (Faksimile der Handschrift und Übertragung), aus: Georg Baesecke (Hrsg.): Das Hildebrandlied. Eine geschichtliche Einleitung für Laien, mit Lichtbildern der Handschrift, alt- und neuhochdeutschen Texten, Halle 1945.

Abb. 8   Sprechaktsequenz-Modell, aus: Hindelang 1994, 106.

Abb. 9   Zweikampf und Versöhnung Parzivals mit Feireiz, aus: Bernd Schirok: Wolfram von Eschenbach „Parzival". Die Bilder der illustrierten Handschriften, Göppingen 1985, 10.

Abb. 10   Proxemik der Begrüßung um 1700, aus: Julius Bernhard von Rohr: „Einleitung zur Ceremoniel-Wissenschafft Der Privat-Personen" (1728). Ndr., hrsg. u. komm. von Gotthardt Frühsorge, Leipzig 1990, Titelkupfer.

Abb. 11   System der Sprachveränderung, aus: Sonderegger 1979, 35.

Abb. 12   Widmungsbrief, aus: Kaspar Stieler: Der Teutschen Sprache Stammbaum und Fortwachs / oder Teutscher Sprachschatz [...], 3 Bde., Nürnberg 1691, Ndr. mit einer Einführung und Bibliographie von Gerhard Ising, Hildesheim 1968, Bd. 1.

1. Historische Dialogforschung: Konturen einer Disziplin der historisch-pragmatischen Sprachwissenschaft

1.1. Sprache, Dialog, Geschichte – Grundfragen ihres Zusammenhangs

In der biblischen Schöpfungsgeschichte ist die allererste Sprachhandlung des Menschen eine Benennungshandlung:

> Vnd der Mensch gab einem jglichen Vieh / vnd Vogel vnter dem Himel / vnd Thier auff dem felde / seinen namen [...]. (1. Mose 2, 20)

Es bleibe einmal dahingestellt, dass der Mensch bereits über Sprache verfügen musste, als er diese Benennungshandlung vollzog. Die Benennungshandlung selbst erscheint jedenfalls zunächst als deklarative monologische Sprechhandlung: Der Mensch spricht; und indem er spricht, vergibt er gleichsam wie in einem Taufakt Namen. Es wird in diesem Kontext des 1. Buchs Mose nicht deutlich, ob Gott auch hier, wie im Schöpfungsakt (1. Mose 1, 28ff.), sich explizit an den Menschen wendet und den Auftrag zur Benennung der Tierwelt gab, so dass wir Gott als Sprecher und den Menschen als Hörer in einem dialogischen Gespräch fänden, womöglich gar die Namen der Tiere dialogisch erwägend. Der Philosoph Johann Gottfried Herder legt in seiner „Abhandlung über den Ursprung der Sprache" aus dem Jahr 1770 (veröffentlicht 1772) nahe, dass man sich diese erste Benennung der Welt durch den Menschen durchaus monologisch im Sinne eines stillen Registrierens vorstellen kann (vgl. Herder 1772, 34ff.). Indem dieses Registrieren die Form des inneren Abwägens von Merkmalen im Rahmen des Wortschöpfungsprozesses annimmt, und indem der jeweils gefundene Name „Merkwort für mich, und Mittheilungswort für Andre" ist, erhält es dann aber doch dialogische Gestalt. Und damit ist die menschliche Sprache, so Herder, von Anfang an und durch und durch dialogisch:

> Ich kann nicht den ersten Menschlichen Gedanken denken, nicht das Erste besonnene Urtheil reihen, ohne daß ich in meiner Seele dialogire oder zu dialogiren strebe; der erste Menschliche Gedanke bereitet also seinem Wesen nach, mit Andern dialogiren zu können! Das erste Merkmal, was ich erfaße, ist Merkwort für mich, und Mittheilungswort für Andre! (Herder 1772, 47)

Auch die in der Bibel überlieferte menschliche Sprachhandlung erscheint so in einem dialogischen Licht. Denn wiewohl der Text es nicht explizit macht, lässt er die Annahme zu, dass Gott Auftraggeber und Zuhörer der menschlichen Benennungshandlung ist:

> Denn als Gott der HERR gemacht hatte von der Erden allerley Thier auff dem Felde / vnd allerley Vogel vnter dem Himel / bracht er sie zu dem Menschen / das er sehe / wie er sie nennet / Denn wie der Mensch allerley lebendige Thiere nennen würde / so solten sie heissen. (1. Mose 2,19)

Gott will sehen, und das heißt hier: ‚hören' bzw. ‚geistig wahrnehmen' (vgl. Paul 2002, 896), welche Namen der Mensch den Tieren gibt, und weil jedes Tier von diesem Zeitpunkt an so heißen sollte, sind Adams „Merkwörter" zugleich dialogische „Mittheilungswörter".

Wenn ein Sprecher wenigstens einen Hörer findet, wenn ein Schreiber wenigstens einen Leser findet, dann darf man den Einsatz von Sprache – gesprochen oder geschrieben – als

funktional dialogisch bezeichnen. Funktional dialogisch soll heißen, dass außer einem Sprecher/Schreiber in der Rolle des Senders auch ein Hörer/Leser in der Rolle des Empfängers an der Sprachhandlung teilhat. Die Sprachhandlung erfüllt dann dialogische Funktion, auch wenn der Sprecher/Schreiber dies gar nicht beabsichtigt hat, also gar nicht Sender sein will (etwa wenn er etwas still vor sich hin murmelt, was dennoch ein anderer hört; oder wenn er sich eine persönliche Notiz macht, die ein anderer liest). Adam spricht demnach funktional dialogisch.

Zu einem Dialog im engeren Sinne wird die Sprachhandlung allerdings erst dann, wenn die Rollen von sendendem Sprecher/Schreiber und empfangendem Hörer/Leser auch **formal dialogisch** besetzt sind. Formal dialogisch soll heißen, dass wenigstens je ein Sprecher/Schreiber und Hörer/Leser an der Sprachhandlung beteiligt sind und einander bei der Vergabe dieser Rollen abwechseln, der Sprecher/Schreiber zum Hörer/Leser wird und umgekehrt. Dabei muss es sich nicht notwendigerweise bei beiden Beteiligten um Menschen handeln, wie schon ein Blick auf das „Sündenfall"-Gespräch zwischen Gott und Adam zeigt oder ein Blick auf die Mensch-Maschine-Kommunikation mit dem Computer (vgl. Kilian 1997b, Kilian 2004b)

Ausgeschlossen werden von diesem formalen Begriff des „Dialogs" somit alle formal monologischen Sprachhandlungen, also solche ohne Sprecher- bzw. Schreiberwechsel, wie zum Beispiel formal monologische Textsorten (z.B. Zeitungsartikel, wissenschaftlicher Aufsatz), ferner aber auch Selbstgespräche. Die formal dialogische Qualität einer Sprachhandlung schließt die funktional dialogische Qualität ihrer Teile somit ein: Jede Teilsprachhandlung innerhalb einer formal dialogischen Sprachhandlung ist grundsätzlich funktional dialogisch.

Vor diesem Hintergrund scheint es fraglich, ob es monologische Sprachhandlungen im engeren Sinne überhaupt gibt. Edda Weigand, die die hier referierte Unterscheidung von formal monologisch und formal dialogisch sowie funktional monologisch und funktional dialogisch in Anlehnung an Wilhelm von Humboldts Sprachbegriff formuliert hat (Weigand 1986, 118ff.), kommt, ebenso wie Wilhelm von Humboldt, zu dem Schluss, dass der menschlichen Sprache ein „dialogisches Grundprinzip" zugrunde liege, Sprache letztlich ausschließlich „als Dialog" existiere, was den Monolog nicht zum Gegenbild, sondern zu einem dem Dialog untergeordneten Spezialfall erklärt:

> Monologisch sind Fälle der Sprachverwendung, die formal nicht dialogisch realisiert sind, d.h., die nicht auf eine bestimmte Reaktion eines konkreten Kommunikationspartners zielen. Doch auch Monologe sind eine Erscheinungsform dialogischen Sprachgebrauchs, denn funktional sind auch sie dialogisch orientiert, gerichtet an einen Kommunikationspartner; dieser bleibt aber – im Unterschied zu Briefen – unbestimmt, es ist kein konkreter, bestimmter Kommunikationspartner, sondern irgendeiner, jeder. (Weigand 1986, 119)

Gilt demnach als funktionale Grundkonstante aller historischen und gegenwartssprachlichen Sprachhandlungen, dass „Sprache als Dialog" (Weigand 2003) erscheint, so bleiben nurmehr die formalen Kriterien zur Unterscheidung von Monolog und Dialog, d.h. vornehmlich das Kriterium der Beteiligung von nur einem (Monolog) oder zumindest zwei Sprachhandelnden (Dialog) und das Kriterium des Fehlens (Monolog) oder Vorhandenseins (Dialog) eines Wechsels der Rollen von Sprecher/Schreiber und Hörer/Leser. Hinzu kommen muss allerdings, wenn denn „Sprache als Dialog" erscheinen soll, eine gewisse thematische Bindung der Sprachhandlungen, die auch im Begriff der Sprache aufgehoben ist. Denn unabhängig davon, ob Sprache als historisch und kulturell in unterschiedlichen Sprachgesellschaften je besonders ausgebildetes und entwickeltes „Zeichensystem", „Kommunikationsmedium", „Wissensarchiv", „Erkenntnisinstrument" u.a. begriffen wird: In jedem Fall wird menschliche Sprache vornehmlich durch ihre Kraft definiert, konkrete „Weltansichten" (Humboldt) in abstrakte Symbole (die „Merkwörter" Herders) zu kleiden und diese – als „Mittheilungswörter" – dialogisch auszutauschen. Im Mittel der Sprache teilt sich der Mensch dem anderen Menschen mit, oder, wie der Sprachpsychologe Karl Bühler diese Grundfunktion von Sprache beschrieb: „Ich denke, es war ein guter Griff Platons, wenn er im Kratylos angibt, die Sprache sei ein organum, um einer dem andern etwas mitzuteilen über die Dinge." (K. Bühler: Sprachtheorie […] 1934, 24). Das Produzieren von bloßen Schallwellen, wie z.B. das „Aaaoobah" des kleinen Kindes in Kurt Tucholskys Erzählung „Die Unpolitische", ist deshalb, auch wenn zwei oder mehrere an dieser Produktion Beteiligte einander darin abwechseln, noch kein dialogisches Sprachhandeln, noch nicht „Sprache als Dialog", wenn diese Schallwellen nicht mit dialogthematischer Funktion versehen werden.

Daraus ergibt sich eine sprachwissenschaftliche Definition des Dialogs als „eine im Medium der Sprache geführte, thematisch gebundene Interaktion mit mindestens zwei in den Rollen von Sprecher/Schreiber und Hörer/Leser einander abwechselnd Beteiligten" (Kilian 2002a, 75; mit weiteren Literaturhinweisen zum „Dialog"-Begriff). Diese sprachwissenschaftliche Definition des „Dialog"-Begriffs ist auch der historischen Dialogforschung zugrunde zu legen; historische Sprachhandlungen, die die angeführten Kriterien erfüllen, sind Gegenstand der historischen Dialogforschung. Einer besonderen Differenzierung bedarf allerdings noch das Kriterium, dass Dialoge „im Medium der Sprache" geführt werden, denn das Medium der Sprache kennt zwei mediale Existenzformen: die der gesprochenen Sprache und die der geschriebenen Sprache. Die gesprochene Sprache ist die dem Menschen durch Anlage der natürlichen Sprachwerkzeuge gegebene mediale Existenzform, die er im natürlichen Spracherwerbsprozess erlernt, während die geschriebene Sprache eine kulturell geformte, ontogenetisch wie phylogenetisch nachrangige mediale Existenzform von Sprache ist, die sich der Mensch – wenn überhaupt (Adam schrieb nicht) – erst in einem späteren Stadium seiner Sprachsozialisation aneignet und dafür künstlicher Werkzeuge bedarf.

Diese medialen Existenzformen von Sprache sind vielfältig miteinander verknüpft – man denke etwa an die Phonem-Graphem-Beziehungen in der Orthographie oder an die zuallererst durch die Schrift auffällige Existenz einer Größe „Wort" – und dennoch grundverschieden. Diese Verschiedenheit wird auch und gerade am Beispiel des Dialogs besonders augenfällig: So sind beim prototypischen Dialog, dem **Gespräch** in gesprochener Sprache, die Beteiligten lokal anwesend („Face-to-face-Dialog"; „Nahkommunikation"); sie konzipieren ihre dialogischen Sprachhandlungen dementsprechend ko- und kontextuell eingebettet, „nähesprachlich" (vgl. Koch/Oesterreicher 1985, 21), und diese Sprachhandlungen folgen zeitlich unmittelbar aufeinander. Der prototypische geschriebene Dialog hingegen, die **Korrespondenz** in geschriebener Sprache, zeigt die Beteiligten voneinander räumlich entfernt – zumindest so weit, dass das gesprochene Wort die Entfernung nicht überbrücken kann. Da die Beteiligten sich in verschiedenen kontextuellen Umgebungen befinden, muss mehr verbalisiert und der Dialog dementsprechend „distanzsprachlich" konzipiert werden (vgl. Koch/Oesterreicher 1985, 21). Zwischen den einzelnen dialogischen Korrespondenzhandlungen vergeht überdies relativ viel Zeit, es ist eine „zerdehnte" Kommunikation (Konrad Ehlich; vgl. Heinemann/Viehweger 1991, 210). Zu Beginn der deutschsprachigen Briefkorrespondenz um 1300 etwa konnte ein Brief, je nach Entfernung und Beförderungsart, Tage oder gar Wochen benötigen, um den Adressaten zu erreichen (vgl. Nickisch 1991, 29ff.), und selbst E-Mails gehen heute nicht sofort nach dem Absenden beim Adressaten ein (vgl. Kap. 6.).

Um diese beiden prototypischen medialen Existenzformen des Dialogs (**Gespräch** und **Korrespondenz**; vgl. Weigand 1986, 121; Kilian 2002a, 73ff.) ranken sich verschiedene Mischformen; die Übergänge sind fließend. Im Zuge der Entwicklung neuer Kommunikationstechnologien wird die Unterscheidung der medialen Existenzformen des Dialogs zudem zunehmend durchkreuzt von „nähesprachlichen" Konzeptionen auch in medial schriftsprachlichen Dialogen, indem etwa in geschriebenen Chats Jugendlicher Annäherungen an die „nähesprachliche" Konzeption der gesprochenen Sprache ge- und versucht werden. Bei näherem Hinsehen handelt es sich hierbei allerdings keineswegs um so starke Mischformen, dass die Unterscheidung der medialen Existenzformen des Dialogs hinfällig würde. Denn es handelt sich keineswegs um eine Veränderung der medialen Bedingungen der dialogischen Kommunikation, sondern um Übertragungen von Sprachhandlungsnormen aus der einen medialen Existenzform auf die Bedingungen einer anderen medialen Existenzform, d.h. um Anpassungen der jeweiligen „Konzeption" an die mediale Existenzform. So weist beispielsweise das dialogische Sprachhandeln in einer parlamentarischen *Debatte* seit den institutionellen Anfängen dieser Dialogsorte im Deutschland des 19. Jahrhunderts für die mündliche *Rede* als Gesprächsbeitrag eine starke Affinität zur schriftsprachlichen („distanzsprachlichen") Konzeption des Sprechens auf; die mediale Bindung an das gesprochene Wort bleibt davon indes unberührt. Dasselbe gilt für die bereits erwähnte Affinität jugendsprachlicher *Chats* zu „nähesprachlichen" Konzeptionen der Mündlichkeit; auch hier wird nicht die mediale Existenzform einer bestehenden Dialogsorte berührt (der *Chat* ist und bleibt medial schriftlich), sondern es werden bestimmte Sprachhandlungsnormen auf ein neues Medium, hier sogar auf eine neue Kommunikationstechnologie übertragen. Unter anderen Beteiligten können auch *Chats* sehr „distanzsprachlich" konzipiert sein, je nachdem, welche Sprachhandlungsnormen welcher Gesprächssorte auf das neue Medium übertragen werden (s.u., 6.).

Es ist deutlich geworden, dass gesprochene Sprache und geschriebene Sprache nicht nur medial zu differenzieren sind, sondern auch sozial, institutionell und situativ. Der Unterscheidung der **medialen** Existenzformen „gesprochene Sprache" und „geschriebene Sprache" bzw. Mündlichkeit und Schriftlichkeit oder, wie es in früheren Zeiten auch hieß: „Hochsprache" und „Schriftsprache", stellen die Romanisten Peter Koch und Wulf Oesterreicher deshalb die schon eingeführte Differenzierung **konzeptioneller** Strategien zur Seite:

> Einerseits kann man im Bereich des *Mediums* den *phonischen* und den *graphischen* Kode als die beiden Realisierungsformen für sprachliche Äußerungen unterscheiden. Andererseits lassen sich

hinsichtlich der kommunikativen Strategien, der *Konzeption* sprachlicher Äußerungen, idealtypisch die beiden Modi *gesprochen* und *geschrieben* unterscheiden. (Koch/Oesterreicher 1985, 17)

Gesprochene und geschriebene Sprache erscheinen hier als „Modi", die die Sprachproduktion relativ unabhängig vom Medium steuern. Die dialogische Sprachproduktion kennt demnach vier Kombinationsmöglichkeiten, zwei idealtypische (graphisch + geschrieben bzw. phonisch + gesprochen) und zwei durch Kreuzung der idealtypischen Merkmale erzeugte (graphisch + gesprochen bzw. phonisch + geschrieben):

	Konzeption	
	gesprochen	geschrieben
Medium graphischer Kode	z.B. Gesprächsbeiträge in einem alltäglichen Chat	z.B. Briefe in einer institutionellen Briefkorrespondenz
phonischer Kode	z.B. Gesprächsbeiträge in einem alltäglichen Gespräch	z.B. schriftlich vorbereitete Gesprächsbeiträge (Reden) in einer Parlamentsdebatte

Abb. 1: Konzeptionelle und mediale Schriftlichkeit und Mündlichkeit

Für die historische Dialogforschung ist diese Differenzierung zwischen medialen Existenzformen und konzeptionellen Strategien des Sprechens und Schreibens von großer Bedeutung, eröffnet sie der vornehmlich auf die schriftsprachliche Überlieferung angewiesenen Forschung doch begründete Aussichten auf die wissenschaftliche Rekonstruktion auch vergangener „nähesprachlicher" Konzeptionen, auf die Rekonstruktion vergangener Mündlichkeit, mithin vergangener Gesprächswirklichkeiten. Betont werden muss allerdings wiederum, dass die grundsätzliche Unterscheidung der medialen Existenzformen des Dialogs davon nicht berührt wird: Dialoge werden, unabhängig von der ihnen innewohnenden konzeptionellen Strategie, entweder im Medium des gesprochenen oder im Medium des geschriebenen Wortes geführt. Für die Definition des „Dialog"-Begriffs ist deshalb neben den einführend erläuterten „formalen" und „funktionalen" Kriterien die Unterscheidung der medialen Existenzformen primär; die Differenzierung unterschiedlicher „nähesprachlicher" und „distanzsprachlicher" Konzeptionen wird hingegen bei der Beschreibung unterschiedlicher Dialogtypen und -sorten wichtiger.

Ein **Dialog** kann nunmehr definiert werden als eine primär im Medium der gesprochenen Sprache (**Gespräch**) und nachrangig im Medium der geschriebenen Sprache (**Korrespondenz**) geführte, thematisch gebundene Interaktion mit mindestens zwei in den Rollen von Sprecher/Schreiber und Hörer/Leser einander abwechselnd Beteiligten. Diese beiden medialen Existenzformen des Dialogs – Gespräch und Korrespondenz – haben im Lauf der deutschen Sprachgeschichte je unterschiedliche Einflüsse auf den dialogischen Haushalt der deutschen Sprachgesellschaft ausgeübt und haben zur Entstehung unterschiedlicher Formen dialogischer Kommunikation geführt. Die historische Dialogforschung steht bei der Rekonstruktion der Entstehung dieser unterschiedlichen Formen und bei der Rekonstruktion historischer Stufen des dialogischen „Kommunikationshaushaltes" der deutschen Sprachgesellschaft (vgl. Grosse 1972, 650; zur „Haushalts"-Metapher vgl. auch Fritz 1994, 545) freilich vor dem bereits angesprochenen Problem der überlieferten Quellen und ihres Werts für die sprachgeschichtliche Rekonstruktion. Denn während die ontogenetisch wie phylogenetisch nachrangige mediale Existenzform des Dialogs, die Korrespondenz, Quellen selbst aus älteren Sprachstufen vorweisen kann, versiegen die authentischen Quellen zum Gespräch rückblickend schon sehr rasch, nämlich bis auf wenige Ausnahmen schon um 1950. Dennoch – oder gerade deshalb – zeigt sich die linguistische historische Dialogforschung bislang im Wesentlichen als historische Gesprächsforschung; eine linguistische historische Korrespondenzforschung, die dieser historischen Gesprächsforschung vergleichbar wäre, gibt es noch immer nicht (vgl. schon Langeheine 1983). Aus diesem Grund wird sich auch dieses „Germanistische Arbeitsheft" vornehmlich der Geschichte der „Gesprächs"-Seite des Dialogs widmen. Die „Korrespondenz"-Seite steht demgegenüber etwas zurück. Da im Lauf der deutschen Sprachgeschichte die Menschen allerdings immer wieder dazu neigten, die Korrespondenz, zumal die private Briefkorrespondenz, dem natürlichen Gespräch anzunähern – man denke an die briefliche „Gesprächs"-Kultur im 18. Jahrhundert oder an die schon erwähnten *E-Mails* –, wird die Korrespondenz im Spiegel des Gesprächs mit eingefangen; Kapitel 6 widmet sich dann auch ausführlicher der Korrespondenz.

Sind mit dem Gespräch und der Korrespondenz die beiden unterschiedlichen medialen **Existenzformen** des Gesprächs eingeführt, bleibt schließlich noch die Differenzierung des „Dialog"-Begriffs relativ zu den verschiedenen **Existenzweisen** von Sprache. Die linguistische historische Dialogforschung hat es in Bezug auf ihren Untersuchungsgegenstand ebenso wie alle anderen linguistischen Disziplinen mit – wenigstens – zwei unterschiedlichen Existenzweisen von Sprache zu tun, die der Schweizer Sprachwissenschaftler Ferdinand de Saussure mit „Langue" (‚Sprache' bzw. ‚Sprachsystem') und „Parole" (‚Sprechen' bzw. ‚Sprachgebrauch') benannt hat (F. de Saussure: [dt.] Grundfragen der allgemeinen Sprachwissenschaft, Berlin [2]1967, 9ff.). Im Anschluss daran können die beiden Existenzweisen des Dialogs (also des Gesprächs bzw. der Korrespondenz) als „Parole"-Dialog und „Langue"-Dialog benannt werden.

Die linguistische historische Dialogforschung beschäftigt sich dementsprechend, zum einen, mit den Strukturen, Funktionen und Wirkungen einzelner historischer „Parole"-Dialoge. Da ist, um mit den „Parole"-Dialogen zu beginnen, zum Beispiel das Gespräch, das Christus nach dem heiligen Abendmahl mit Petrus geführt hat (Mt 26,31ff.; Mk 14,27ff.; Lk 22,31ff.; Joh. 13,36ff.); oder das althochdeutsche Gespräch zwischen Hildebrand und Hadubrand, das beide als Vater und Sohn erweist und zum Kampf auf Leben und Tod zwischen beiden führt (s.u., 4.); oder das mittelhochdeutsche Gespräch Parzivals mit Gurnemanz, der Parzival den Rat gibt, „irn sult niht vil gefrâgen" („Stellt keine überflüssigen Fragen"; Wolfram von Eschenbach: Parzival. Übers. u. Nachwort von Wolfgang Spiewok, Stuttgart 1992, I, 3, 171, 17), was dazu führt, dass Parzival später auf der Gralsburg Munsalvaesche aus Höflichkeit die erlösende Frage nach den Leiden des Gralskönigs Anfortas vermeidet und dadurch unbewusst große Schuld auf sich lädt; oder das lateinisch-frühneuhochdeutsche Gespräch, das Luther und Zwingli am 2. und 3. Oktober 1529 über die richtige Auslegung der Einsetzungsworte des heiligen Abendmahls führten (vgl. Luthers Werke, Kritische Gesamtausgabe [WA] 30/3, Weimar 1910, 92ff); oder das neuhochdeutsche „Studierzimmer"-Gespräch zwischen Faust und Mephistopheles, von dem Fausts Schicksal seinen Ausgang nimmt (Goethe, Faust I, 1322ff.); oder das gegenwartssprachliche (Medien)gespräch zwischen den beiden Kanzlerkandidaten Gerhard Schröder und Edmund Stoiber am 8. September 2002. Die Reihe lässt sich in kaum schätzbare Weiten fortsetzen. Bei all diesen Gesprächen handelt es sich um jeweils historisch einmalige Dialog- bzw. Gesprächsexemplare als dialogische „Parole"-Ereignisse, die durch schriftliche Textzeugnisse überliefert sind. Ein Ausschnitt aus Zwinglis Aufzeichnungen über das Gespräch am 3. Oktober 1529 in der Handschrift von H. Utinger mag dies veranschaulichen (WA 30/3, 158f.):

M. LUTER.
> Muntlich wirt der lib geessen, die seel [...] isset den lib nit.

ANTWORT H. ZWINGLIJ.
> So ist er ein libliche spysz, und nit ein spisz der seel. hie ward er getrengt, das er bald darnach also redt wie volget.

M. LUTER.
> Ich habs gesagt vnd sag es nach, der lib wirt liblich in vnseren lib geessen, vnd will mir dennocht vorbehalten, ob in die seel ouch esse.

ANTWORT H. Z.
> Das wirt alles one geschrifft geredt. Zů dem habend ir vor abgeschlagen, das die seel den lib nit esse, ietz wellend irs vorbehalten.

M. LUTER.
> Das ist capciosum [Betrug, J.K.], ir wellend mich mit uffsatz [Bosheit, J.K.] begriffen.

ANTWORT H. Z.
> Nein, sonder ir redend ding, die wider einandren sind, So muß man dennocht die warheit anzeichen.

LUTER.
> Ich laß nach, das der lib Christi endsam sige, So fer Endsam pro finito genommen wirt. [...]

Dass dieses Gespräch so von einem unmittelbar Beteiligten überliefert ist, belegt noch nicht, dass es so geführt wurde. Und doch ist diese Aufzeichnung eine Überrestquelle zu dem in Frage stehenden Gespräch (zum Terminus „Überrestquelle" s.u., 1.3). Die sorgfältige Analyse und umsichtige Interpretation dieses Gesprächs, seiner Strukturen (z.B. die relativ kurzen Gesprächsschritte), seines Verlaufs (z.B. der VORWURF des Betrugs und der Bosheit) und seiner Wirkung mit Hilfe des Instrumentariums der linguistischen Gesprächsanalyse kann ein historisches Verstehen eröffnen für das Handeln der daran beteiligten realen Personen, das über das rein philologische Textverständnis hinausgeht. Dasselbe gilt mutatis mutandis für fiktionale Gespräche wie beispielsweise ein Gespräch im Parzival.

Während die Analyse und Interpretation solcher singulärer „Parole"-Dialoge Ergebnisse zutage fördert, die in erster Linie nur für diesen einen Dialog Gültigkeit beanspruchen dürfen, sucht die historische Dialogforschung auf den unterschiedlichen Ebenen der virtuellen „Langue"-Existenzweise des Dialogs, das heißt auf der Ebene des Sprachsystems ebenso wie auf der Ebene von verschiedenen Varietäten- und Diskursnormen, nach den historisch und kulturell je besonderen Normen, Konventionen, Gebräuchen – man kann hier mit Ferdinand de Saussure auch von „Kollektivgewohnheiten" (dt. Grundfragen der allgemeinen Sprachwissenschaft, Berlin [2]1967, 80) sprechen oder mit Ludwig Wittgenstein von „Lebensformen" (Philosophische Untersuchungen, 1953, §23) –, die den einzelnen „Parole"-Dialog als Exemplar einer bestimmten Dialogsorte ausweisen (d.h. das Gespräch als Exemplar einer Gesprächssorte bzw. die Korrespondenz als Exemplar einer Korrespondenzsorte). Dialogsorten sind virtuelle Muster in der kommunikativen Kompetenz von Sprecherinnen und Sprechern und dementsprechend sprachgeschichtlich beständiger als einzelne realisierte Dialoge. Das Marburger Religionsgespräch zwischen Zwingli und Luther beispielsweise kann aufgrund des Vergleichs mit ähnlichen Gesprächen in dieser Zeit der Gesprächssorte *Disputation* zugeordnet werden, und es wird dann deutlich, dass die am Gespräch Beteiligten diesem Gespräch einen gleichsam normativ vorstrukturierten Verlauf gaben, zumindest aber den im 16. Jahrhundert konventionellen Normen eines virtuellen Musters der Gesprächssorte *Disputation* folgten: Es war ein gelehrter Streit unter Gleichberechtigten über die Wahrheit der Schriftauslegung; ein Text, in der theologischen *Disputation* grundsätzlich ein Bibeltext, bildete die Grundlage.

Abb. 2: Gelehrtendisputation im 16. Jahrhundert

Derlei Ordnungen des dialogischen Haushalts der deutschen Sprachgesellschaft einer bestimmten historischen Sprachstufe sucht die historische Dialogforschung auf den Ebenen der „Langue"-Existenzweise des Dialogs zu rekonstruieren. Dabei ist vor allen Dingen zu klären, welche Kriterien die Interpretation eines Dialogs und seine Zuordnung zu einer Dialogsorte leiten: Sind es Kriterien, die allein der Dialoggegenwart des rückblickenden Betrachters entnommen sind? Oder gelingt es, solche Kriterien zu gewinnen, nach denen Luther und Zwingli selbst den Dialog klassifiziert hätten, den sie gerade sprechhandelnd erzeugen? Überdies: Welche Dialogsorten (Gesprächssorten und Korrespondenzsorten) gab es in der Sprechergruppe, der Luther und Zwingli angehörten? Und welche in anderen Sprechergruppen zu ihrer Zeit? Gibt es diese oder ähnliche Dialogsorten heute noch und, wenn ja, welche Veränderung haben sie erfahren? Historische Dialogforschung auf der Ebene der „Langue"-Existenzweisen des Dialogs blickt also auf die Geschichte und Entwicklung von Dialogsorten und Dialogtypen, auf ihre Genese und ihre Wandlungen, auf ihre Brüche und ihre Untergänge. Eine Dialogsorte wie die mittelalterliche *Disputation* gibt es heute nicht mehr; eine medial vermittelte Dialogsorte wie den *Chat* gibt es hingegen erst seit kurzem. Und doch: Die *Disputation* erscheint gewandelt als *Prüfungsgespräch* zum Abschluss einer wissenschaftlichen Promotion; der *Chat* wiederum scheint nicht völlig neu geschöpft zu sein, sondern lediglich eine mediale Anverwandlung historischer Vorfahren aus der Zeit vor dem Computerzeitalter (vgl. Kilian 2001a und s.u., 6.).

Historische Dialogforschung im Zuschnitt dieser zwei unterschiedlichen Existenzweisen von Sprache ist eine äußerst reizvolle, gleichwohl sprachtheoretisch wie methodologisch auch sehr anspruchsvolle und in der Praxis der Sprachgeschichtsforschung und -schreibung mitunter schwierige wissenschaftliche Aufgabe. Das beginnt schon damit, dass die historische Dialogforschung, wiewohl sprachwissenschaftliche Disziplin, mit linguistischen Mitteln und Zugriffen allein nicht zu leisten ist. Wer etwa das Gespräch zwischen Luther und Zwingli als historisch singuläres „Parole"-Ereignis in seiner Struktur, seinem Verlauf und seinem Ergebnis zureichend interpretieren will, muss nicht nur eine sorgfältige Analyse der Makro-, Meso- und Mikrostrukturen des Gesprächs durchführen und, zum Beispiel, die Strukturen des Sprecherwechsels, der Gesprächsschritte und Gesprächsakte beschreiben, sondern bedarf auch der näheren Kenntnis der sozial- und kulturgeschichtlichen Bedingungen des dialogischen Sprechens im Kommunikationsbereich der Religion dieser Zeit, bedarf sodann der Informationen über die historische Situierung dieses einen Gesprächs, über das Verhältnis der Sprechenden zueinander vor dem Hintergrund der ereignisgeschichtlichen Daten sowie über die Verteilung der Rederechte und -pflichten in den gesellschaftlichen Rollen, die sie einnehmen.

Wer sodann eine Dialogsorte historisch-synchronisch rekonstruieren und gar historisch-diachronisch in ihrer Geschichte und Entwicklung von ihrer ersten Belegung bis zur Gegenwart nachzeichnen will, also etwa die Gesprächssorte der *Disputation*, bedarf der Informationen über den gesellschaftlichen Kommunikations- und Praxisbereich, dem diese Gesprächssorte prototypisch zuzuordnen ist, der Informationen über ihre Genese und Entwicklung bis zum Zeitpunkt der vorliegenden Quelle, ferner der Informationen über ihre zeitgenössische Bewertung und normative Vorstrukturierung, mithin ihre institutionelle Vereinnahmung (hier etwa im Rahmen der Institution „Kirche"). Historische Dialogforschung ist wegen dieser Ausgriffe auf andere „Geschichtswissenschaften" – Hermann Paul (1920a, 1ff.) fasste unter diesem Terminus die historischen Kultur- und Gesellschaftswissenschaften zusammen – eine interdisziplinäre Herausforderung, die mit sprachwissenschaftlichem Erkenntnisinteresse aus verschiedenen Perspektiven auf die in Frage stehenden Sprachzeiten des Dialogs blickt und das gesammelte Wissen sprachgeschichtlich deutet. Sie ist eine interdisziplinäre Herausforderung, möglicherweise ein Wagnis, aber kein unkontrolliertes Abenteuer, denn die herangezogenen linguistischen Teildisziplinen, deren

10

sich die historische Dialogforschung bedient, stellen Ansätze, Kategorien und Hilfsmittel zur Verfügung, die den Weg durch die dialogische Sprachgeschichte des Deutschen gangbar machen. Diese Ansätze, Kategorien und Hilfsmittel werden in den folgenden Abschnitten und Kapiteln eingeführt und an Beispielen veranschaulicht. In diesem Zusammenhang werden auch terminologische und philologische Aspekte erklärt, die in diesem Kapitel noch unerläutert blieben, zum Beispiel die Frage der Quellen und der Quellensprache: Das Gespräch Christi mit seinen Jüngern etwa wurde ursprünglich in griechischer Sprache überliefert, das Gespräch Parzivals beruht auf Wolframs von Eschenbach mittelhochdeutscher Übersetzung und Bearbeitung eines altfranzösischen Texts von Chrétien de Troyes, das Gespräch Luthers und Zwinglis ist in einigen Berichten in lateinisch-frühneuhochdeutscher Mischsprache überliefert, im Bericht Osianders und in der Aufzeichnung Zwinglis, wie gezeigt, auf Frühneuhochdeutsch. In Bezug auf diese Quellenlage ist das Verhältnis zwischen universalen und panchronischen Kategorien der historischen Dialogforschung einerseits und historisch wie kulturell einzelsprachlich besonderen Ausfüllungen derselben andererseits zu (er)klären; alle genannten Gespräche sind schließlich schriftlich überliefert, werden allerdings für die Rekonstruktion mündlichen Sprachhandelns herangezogen. Sie sind überdies zum großen Teil fiktional, werden aber zur Rekonstruktion vergangener Gesprächswirklichkeit herangezogen – der Wert der Quellen für die historische Dialogforschung ist zu begründen.

In den anschließenden Abschnitten dieses ersten Kapitels werden die Gegenstände und Erkenntnisinteressen der historischen Dialogforschung als eine – wie erwähnt – linguistisch verwurzelte und zugleich interdisziplinär vagabundierende „Geschichtswissenschaft" (Hermann Paul) erläutert und die Zugriffe der historischen Dialogforschung eingeführt; das besonders heikle Problem der Quellen wird abschließend diskutiert. Im Anschluss an eine allgemeine Einführung in Ansätze, Methoden und Kategorien der historischen Dialogforschung werden in einzelnen Kapiteln die sprachtheoretischen Grundlagen und methodischen Zugriffe der Ansätze der historischen Dialogforschung gesondert vorgestellt. Bereits hier sei darauf hingewiesen, dass diese Trennung zwar wissenschaftsgeschichtlich und methodologisch begründet ist, in der Forschungspraxis jedoch Denkblockaden verursacht, wenn man sie stringent beachtet. Das jeweils besondere Erkenntnisinteresse erfordert jeweils besondere Mixturen aus diesen Ansätzen, und deshalb ist in der Forschungspraxis methodische Flexibilität und Offenheit wichtiger als methodologische Reinheit.

Einigen Abschnitten sind Aufgaben angeschlossen, zu denen im Anhang Lösungshinweise gegeben werden. Dabei ist darauf geachtet worden, Aufgaben auf solche Abschnitte zu konzentrieren, deren Gegenstand zur Arbeit mit und an der historischen Sprache besonders einlädt und dennoch keine zu hohen Voraussetzungen in Bezug auf Kenntnisse aus den anderen „Geschichtswissenschaften" und keine zu hohen Anforderungen an die Verfügbarkeit von Hilfsmitteln stellt. Am Ende eines jeden Abschnittes werden ausgewählte Titel weiterführender Literatur angeführt; das Literaturverzeichnis am Ende des Arbeitsheftes versammelt die zitierte Literatur insgesamt. Das „Glossar" leistet erste Hilfe bei der Erklärung dialoglinguistischer Termini und dient zugleich als Sachregister.

Literaturhinweise: Koch/Oesterreicher 1985; Weigand 1986; Weigand 2003; Kilian 2003.

1.2.   Gegenstandsbereiche, Erkenntnisinteressen, Forschungsstand

Eine Einführung in die historische Dialogforschung ist auch gut dreißig Jahre nach der „pragmatischen Wende" der germanistischen Linguistik und der damit verbundenen lingu-istischen (Wieder)entdeckung der Dialogizität von Sprache (vgl. Kilian 2003) ein gewisses Wagnis. Eine Einführung soll „jmdm. die Anfangsgründe von etw. erklären; ihn, sie an ein neues Wissensgebiet heranführen" (^{3}GWb, 2, 1999, 947, s.v. *einführen* 4b). Dies setzt frei-lich voraus, dass das „neue Wissensgebiet", erstens, aufgrund seiner Gegenstände und Er-kenntnisinteressen in seinen Grenzen relativ scharf umrissen werden kann, und dass es, zweitens, bereits einen gewissen Abschluss der Forschung im Sinne von Teilergebnissen vorzuweisen hat, die den gegenwärtigen Forschungsstand spiegeln und einen festen Be-stand gesicherten Wissens auf diesem „neuen Wissensgebiet" repräsentieren. Für eine Ein-führung in die historische Dialogforschung sind diese beiden Voraussetzungen in einem engeren Sinne eigentlich noch nicht erfüllt, und es ist fraglich, ob sie je in diesem engeren Sinne erfüllt werden können. Diese Feststellung gilt nicht nur für die germanistische histo-rische Dialogforschung, sondern ebenso für die romanistische und die anglistische histori-sche Dialogforschung (vgl. Jucker/Fritz/Lebsanft 1999; zum Forschungsstand s.u., 1.2.3.).

Das neue Wissensgebiet der historischen Dialogforschung ist in Bezug auf seine Ge-genstände und Erkenntnisinteressen nur schwer zu bestimmen: Historische Dialogfor-schung verfügt, wie alle historischen Wissenschaften, nicht über einen objektiv gegebenen Gegenstand, sondern schafft sich diesen selbst: Das vergangene Dialog-Geschehen existiert auch ohne den späteren Betrachter, die Geschichte dieses Dialog-Geschehens, sei es nun seine Ereignis- oder seine Entwicklungsgeschichte, hingegen nicht. Dementsprechend stellt die linguistische historische Dialogforschung an ihre Gegenstände keine anderen Anforde-rungen als die, die in den Eigenschaftsprädikaten „historisch" und „dialogisch" angelegt sind; und sie grenzt die Erforschung dieses Gegenstandsbereichs ab durch die Formulierung von Erkenntnisinteressen, die im Rahmen der Wissenschaftsdisziplinen durch das Prädikat „linguistisch" ausgewiesen sind.

Zu den Gegenständen und Erkenntnisinteressen des neuen Wissensgebiets der linguisti-schen historischen Dialogforschung zählt daher in einem ersten Zugriff im Grunde alles, was im Rahmen der Sprache die genannten Eigenschaftsprädikate in Kombination aufweist, das heißt: alles, was im Haus der deutschen Sprache „historisch" und „dialogisch" ist. Da-bei führt das Eigenschaftsprädikat „dialogisch" die historische Dialogforschung zu sprach-strukturellen, sprachpragmatischen und sprachsoziologischen Erkundungen – bzw. in die Bereiche der Systemlinguistik, Pragmalinguistik und Soziolinguistik. Im Anschluss daran wird das Eigenschaftsprädikat „historisch" insofern konkreter gefüllt, als der Stand der germanistischen historischen Dialogforschung nicht in der Chronologie der Erscheinungs-daten der dialoglinguistischen Arbeiten, sondern in der Chronologie ihrer sprachgeschicht-lichen Gegenstände referiert wird. Der holzschnittartige Überblick über den Forschungs-stand dient insofern zugleich der Abgrenzung des Eigenschaftsprädikats „historisch", das in die Sprachgeschichte führt.

Insgesamt ist die historische Dialogforschung trotz der mittlerweile vorliegenden Viel-falt der Gegenstände, Erkenntnisinteressen und einzelnen Untersuchungen noch weit entfernt von dem, was man einen festen Bestand an gesicherten Ergebnissen nennen könnte, geschweige denn von einem eigenen sprachtheoretischen und methodologischen Überbau. Angesichts ihres theoretisch und methodisch vagabundierenden und in Bezug auf die konkreten Gegenstände grundsätzlich interdisziplinären Charakters ist die historische Dialogforschung deshalb gespalten zwischen theoretischer Disziplin im Rahmen der Sprachgeschichtsforschung und angewandter Sprachwissenschaft im Rahmen der Sprachgeschichtsschreibung. Historische Dialogforschung ist, ebenso wie die historische Grammatikforschung oder die historische Lexikologie, eine eigenständige Disziplin der Sprachwissenschaft; und sie ist, insofern sie Kategorien und Methoden der linguistischen Dialogforschung aufnimmt und an historische Korpora heranträgt, ein „Anwendungsaspekt" (Henne/Rehbock 2001, 228) der linguistischen Dialogforschung. In diesem Sinne lassen die verstreuten Einzeluntersuchungen eine Zusammenschau der Ergebnisse in methodologischer, theoretischer und empirischer Hinsicht zu – und damit gleichsam doch ein Resümee, das die Bezeichnung „Forschungsstand" verdient.

1.2.1. Gegenstandsbereiche

Nachdem der linguistische Begriff des „Dialogs" funktional und formal bestimmt wurde als „eine im Medium der Sprache geführte, thematisch gebundene Interaktion mit mindestens zwei in den Rollen von Sprecher/Schreiber und Hörer/Leser einander abwechselnd Beteiligten", kann das Wissensgebiet der historischen Dialogforschung in Bezug auf das Eigenschaftsprädikat **„dialogisch"** deutlich abgegrenzt werden von anderen Wissensgebieten, die es mit formal monologischer Sprachproduktion zu tun haben. Das Wissensgebiet der historischen Dialogforschung bleibt damit allerdings noch immer fast unüberschaubar. Denn zum einen ist die obige Definition von „Dialog" sehr weit gespannt und reicht – allein wenn sie ausschließlich auf Dialoge in deutscher Sprache bezogen wird – zum Beispiel vom rituellen *Kampfgespräch* der Heerführer im althochdeutschen Hildebrandlied (s.u., 4.) über das höfische *Komplimentieren* im Antichambre der Barockfürsten bis zur politischen *Debatte* in den Parlamenten der jüngeren deutschen Geschichte; von der gelehrten *Disputation* des ausgehenden Mittelalters über das bürgerliche *Räsonieren* des 18. Jahrhunderts bis zum computervermittelten *Klatsch* im alltäglichen *Chat* der Gegenwart. Und zum anderen schließt die historische Dialogforschung, wie auch an der Vielfalt der bislang gewählten konkreten Forschungsgegenstände erkennbar ist, eine große Zahl von Fragestellungen aus anderen linguistischen Wissensgebieten ein bzw. überschneidet sich mit ihnen.

Auf der Grundlage des „Dialog"-Begriffs und des daraus abgeleiteten Eigenschaftsprädikats „dialogisch" sind der historischen Dialogforschung gleichsam phänomenologisch drei Dimensionen bzw. Untersuchungsrichtungen vorgegeben (vgl. Fritz 1994, 550ff.; Rehbock 2001, 963ff.; Kilian 2002a, 60f.): die Untersuchung der sprachlichen Strukturen dialogischer Handlungsmittel und -formen (s.u., 3.), die Untersuchung der pragmatischen Funktionen dialogischer Handlungsmittel und -formen (s.u., 4.) sowie die Untersuchung der sozialen Bedingungen dialogischer Handlungsmittel und -formen (s.u., 5.). Diese Dimensionen können in operationalisierbare „Merkmalfelder" überführt werden (vgl. Kilian 1997a,

78f.), und insofern jedes dieser „Merkmalfelder" dem Methodenarsenal der allgemeinen Dialogforschung verpflichtet ist, erweist sich die historische Dialogforschung in der Tat als „Anwendungsaspekt" (Henne/Rehbock 2001, 228) derselben. Als vierte – im engeren Sinne sprachhistorische – Dimension stellt sich die Untersuchung der Genese und Evolution des Dialogs bzw. der Dialogsorten, -typen und -bereiche sowie die Untersuchung des Sprachwandels durch den Dialog und die Untersuchung des Dialogwandels selbst (s.u., 6.) quer zu den drei voranstehend genannten.

In welcher Reihenfolge diese drei „Merkmalfelder" in eine operationalisierbare Methodologie der historischen Dialogforschung eingebracht werden, ist abhängig vom jeweils zugrunde gelegten Sprachverständnis und Erkenntnisinteresse des Forschers: Vertreter einer „additiven" Pragmatik gehen davon aus, dass pragmatische Fragestellungen im Rahmen der Sprachbetrachtung zu systemlinguistischen Fragestellungen hinzutreten (daher „additiv"). Forscher dieser Richtung werden deshalb unabhängig davon, ob ein konkreter singulärer historischer „Parole"-Dialog oder eine abstrakte historische „Langue"-Dialogsorte zur Untersuchung ansteht, die systemlinguistisch gestützte sprachstrukturelle Untersuchung des Dialogs als Ausgangspunkt wählen und von dort aus die sprachpragmatischen Funktionen und sprachsoziologischen Bedingungen desselben in den Blick nehmen. Vertreter einer „integrativen" Pragmatik gehen demgegenüber von einem Primat der Funktion aus, der systemlinguistische Fragestellungen umschließt (daher „integrativ"). Sie werden die Untersuchung bei der sprachpragmatischen Rekonstruktion der Handlungszwecke und -typen ansetzen, von dort ausgehend den Dialog sprachsoziologisch erkunden und die Sprachstrukturen desselben als Mittel der Zwecke ansehen. Insofern die additive Pragmatik die konkreten sprachlichen Strukturen eines Dialogs erst dann auch historisch erklären kann, wenn sie diese Strukturen historisch-dialogisch verorten kann und als Ausdrucksmittel für bestimmte Handlungszwecke und -typen interpretiert hat, und insofern die integrative Pragmatik die vorgefundenen Handlungszwecke und -typen erst dann auch in ihrer historischen Besonderheit erfassen kann, wenn sie deren Ausdrucksstrukturen beobachtet und als funktionale Mittel erkennt, schließt sich allerdings der heuristische Zirkel, denn jede der beiden Richtungen wird methodologisch keines der „Merkmalfelder" ignorieren dürfen. Die Unterscheidung von „additiver" und „integrativer" Pragmatik ist eine Frage der sprachtheoretischen Überzeugung und methodologischen Grundierung. Im Rahmen der praktischen Analyse indes erscheint sie lediglich als unterschiedliche Gewichtung des Erkenntnisinteresses und der Interpretationsrichtung, spiegelt sich aber kaum in den Ergebnissen selbst; aus diesem Grund soll die Unterscheidung zwischen „additiver" Pragmatik und „integrativer" Pragmatik im Folgenden auch keine bedeutsame Rolle spielen. Vielmehr werden die genannten unterschiedlichen Zugriffe den weiteren Gang der Darstellung bestimmen. Diese Zugriffe werden in diesem Germanistischen Arbeitsheft unter den Bezeichnungen „sprachstrukturelle Dialogforschung", „sprachpragmatische Dialogforschung" und „sprachsoziologische Dialogforschung" geführt. Damit sind, wie erwähnt, lediglich die unterschiedlichen Ausgangspunkte der Zugriffe schlagwortartig zusammengefasst. Von diesen Punkten ausgehend bezieht jeder der Zugriffe mehr oder weniger vertiefend auch die jeweils anderen Zugriffe ein. So zielt etwa die sprachstrukturell orientierte Gesprächsanalyse u.a. auf die Erkenntnis der sprachpragmatischen Funktionen z.B. der Arten und Formen des Sprecherwechsels, und zielt die sprachpragmatisch begründete Dialoggrammatik u.a. auf der Erkenntnis der Strukturen wohlgeformter Dialogsorten.

Jede der den vier Dimensionen der historischen Dialogforschung – also der sprachstrukturellen, der sprachpragmatischen, der sprachsoziologischen und der sprachhistorischen – zugrunde liegenden Fragestellungen wird im Folgenden zunächst an ein und demselben Beispiel einführend veranschaulicht, wodurch zugleich deutlich gemacht wird, dass die Fragestellungen wie auch die dialoglinguistischen Ansätze einander nicht ausschließen. In den Kapiteln 3 bis 6 folgt eine ausführliche Darstellung und Kritik der dialoglinguistischen Ansätze, die die historische Dialogforschung zur Beantwortung dieser Fragestellungen heranzieht. Hier soll es zunächst darum gehen, die Überschneidungen und Berührungspunkte der historischen Dialogforschung mit Untersuchungsgegenständen der (historischen) Systemlinguistik, Sprachpragmatik und Sprachsoziologie zu verdeutlichen. Dazu wird die erste Szene im ersten Akt der Komödie „Die Soldaten" von Jakob Michael Reinhold Lenz aus dem Jahr 1776 als Beispiel herangezogen. Dieses fiktionale Gespräch zwischen den Schwestern Marie und Charlotte bildete im Jahr 1980 den Ausgangspunkt für erste Untersuchungen zur historischen Dialogforschung, genauer: der historischen Gesprächsforschung (Henne 1980) und ist in den folgenden Jahren zu einiger dialoglinguistischer Berühmtheit gelangt (vgl. Betten 1985, 147ff.):

MARIE (mit untergestütztem Kopf einen Brief schreibend). Schwester, weißt du nicht, wie schreibt man Madam, M a ma, t a m m tamm, m e me,
CHARLOTTE (sitzt und spinnt). So 'st recht.
MARIE. Hör, ich will dir vorlesen, ob's so angeht, wie ich schreibe: ‚Meine liebe Matamm! Wir sein gottlob glücklich in Lille arriviert', ist's so recht arriviert, a r ar, r i e w wiert?
CHARLOTTE. So 'st recht.
MARIE. ‚Wir wissen nicht, womit die Gütigkeit nur verdient haben, womit uns überschüttet, wünschte nur imstand zu sein' – ist so recht?
CHARLOTTE. So lies doch, bis der Verstand aus ist.
MARIE. ‚Ihro alle die Politessen und Höflichkeit wiederzuerstatten. Weil aber es noch nicht in unsern Kräften steht, als bitten um fernere Continuation.'
CHARLOTTE. Bitten wir um fernere.
MARIE. Laß doch sein, was fällst du mir in die Rede.
CHARLOTTE. Wir bitten um fernere Continuation.
MARIE. Ei, was redst du doch, der Papa schreibt ja auch so.
(Macht alles geschwind wieder zu, und will den Brief versiegeln.)
CHARLOTTE. Nu, so les sie doch aus.
MARIE. Das übrige geht dich nichts an. Sie will allesfort klüger sein, als der Papa; letzthin sagte der Papa auch, es wäre nicht höflich, wenn man immer wir schriebe, und ich und so dergleichen (Siegelt zu.) Da Steffen (gibt ihm Geld) tragt den Brief auf die Post.
CHARLOTTE. Sie wollt mir den Schluß nicht vorlesen, gewiß hat sie da was Schönes vor den Herrn Stolzius.
MARIE. Das geht dich nichts an.
CHARLOTTE. Nu seht doch, bin ich denn schon schalu darüber gewesen? Ich hätt ja ebenso gut schreiben können, als du, aber ich habe dir das Vergnügen nicht berauben wollen, deine Hand zur Schau zu stellen.
MARIE. Hör, Lotte, laß mich zufrieden mit dem Stolzius, ich sag dir's, oder ich geh gleich herunter, und klag's dem Papa.

15

CHARLOTTE. Denk doch, was mach ich mir daraus, er weiß ja doch, daß du verliebt in ihn bist, und daß du's nur nicht leiden kannst, wenn ein andrer ihn nur mit Namen nennt.
MARIE. Lotte. (*Fängt an zu weinen und läuft herunter.*) (Jakob Michael Reinhold Lenz: Die Soldaten I,1; Werke. Hrsg. von Friedrich Voit, Stuttgart 1992, 174f.)

1.2.1.1. Sprachstrukturelle Gegenstandsbereiche

Historische Dialogforschung befasst sich aus dem Blickwinkel der **sprachstrukturellen** Untersuchung mit der strukturellen Beschreibung historischer dialogischer Handlungsmittel und -formen, und das heißt in erster Linie: mit der Rekonstruktion historischer gesprochener Sprache im Gespräch (vgl. z.B. Henne 1980 oder, für das Französische, Radtke 1994) sowie mit der Rekonstruktion historischer geschriebener Sprache in der Korrespondenz (vgl. z.B. Schikorsky 1990; Elspaß 2002). Bezogen auf das oben referierte Modell von Koch/Oesterreicher handelt es sich gleichsam um die Rekonstruktion des phonischen wie des graphischen „Codes". Die historische Dialogforschung berührt dabei in unterschiedlicher Weite und Intensität die systemlinguistischen Forschungsfelder (bzw. „Wissensgebiete") der historischen Phonetik und Phonologie, Orthoepie und Prosodie, der historischen Morphologie, Lexikologie und Syntax; sie greift im Rahmen der Rekonstruktion der geschriebenen Sprache darüber hinaus zum Beispiel auf die Forschungsfelder der historischen Graphetik, Graphemik und der Orthographie zurück.

In Bezug auf die Rekonstruktion historischer gesprochener Sprache ist die historische Dialogforschung ausschließlich an solchen Eigenschaften der in den Quellen mitgeteilten gesprochenen Sprache interessiert, die auch dialogisch relevant sind, also beispielsweise das Heben oder Senken der Stimme als prosodisches Merkmal der Gesprächsschrittübergabe: Charlotte hat das Ende des Briefzitats („Continuation") als Ende des Gesprächsschritts Maries interpretiert – mit welcher Kadenz war es gesprochen? Des Weiteren kann der Tonhöhenverlauf von Äußerungen oder gar einzelnen Gesprächswörtern als prosodischer Illokutionsindikator dienen und dann Hinweise für die sprachpragmatische Interpretation der Gesprächsakte liefern: Sagt Charlotte das deiktische *so* fokussierend ANERKENNEND „*So* 'st recht."? Oder fokussiert sie prosodisch das prädikative Satzadjektiv BESTÄTIGEND und spricht „So 'st *recht*."? Oder bleibt die Satzbetonung, Desinteresse anzeigend und den Gesprächsversuch ABLEHNEND, schwebend „So 'st recht."? Und wie hätte Charlotte diese Illokutionen in einem privaten *Brief* an ihre Schwester indiziert? Durch Sperrung, Unterstreichung, Versalien? Wie also zeigte man sich prosodisch und typographisch anerkennend, bestätigend oder gleichgültig ablehnend im 18. Jahrhundert?

Die historische Phonologie und Prosodie bieten darüber hinaus Hinweise auf dialogisch relevante Aspekte der gesprochenen Sprache, die zum Untersuchungsgegenstand anderer Hilfswissenschaften der historischen Dialogforschung gehören, etwa der historischen Soziolinguistik: Wer *so* und *ist* in der gesprochenen Sprache des 18. Jahrhunderts zu *so'st* kontrahiert, mag einer umgangssprachlichen Aussprachegewohnheit folgen; wer aber das schon im 16. Jahrhundert aus dem Französischen entlehnte Wort *Madame* „Matamm" ausspricht, wird darüber hinaus auch einer bestimmten sozialen Sprechergruppe zuzuweisen sein. Diese Anredeform im *Brief* Maries gibt schließlich auch Hinweise für die Rekonstruktion historischer geschriebener Sprache in der Briefkorrespondenz des 18. Jahrhunderts (s.u., 6).

Das Beispiel der Kontraktion von *so* und *ist* zu *so'st* (ebenso im Beispieltext *ob's* und *ist's*) verweist sodann auf das Forschungsgebiet der historischen Morphologie, das heißt der historischen Wortformenlehre. Die historische Dialogforschung greift auf diese systemlinguistische Disziplin aus, um im Dialog vorfindliche morphosyntaktische Wortformen in Bezug auf ihre Bedeutsamkeit für das dialogische Handeln der Menschen in der zur Untersuchung anstehenden Zeit zu prüfen. So fällt beispielsweise die noch in der gesprochenen Umgangssprache der Gegenwart übliche Elision des auslautenden Murmelvokals [ə] in den Verbformen (du) *redst*, (sie) *wollt*, (ich) *hätt* auf. Diese Beobachtung liefert Indizien für die Rekonstruktion der Morphosyntax im gesprochenen Deutsch zumindest des Kleinbürgertums des 18. Jahrhunderts. Auffälliger noch ist sodann die latinisierende Form des Possessivpronomens in der Höflichkeitsformel *Ihro*, die mit Hilfe historischer Grammatiken und Wörterbücher sprachstrukturell beschrieben werden kann und sodann in ihrer dialogischen soziopragmatischen Symptomfunktion zu erklären ist.

Im Rahmen der sprachstrukturellen Erkundungen greift die historische Dialogforschung schließlich auch auf die historische Lexikologie und Syntax zurück – bzw. auf deren Forschungsgebiete aus. Jeder einzelne „Gesprächsschritt" bzw. „Korrespondenzschritt" (auch „turn", „Zug"), also „das, was ein Individuum tut und sagt [bzw. schreibt], während es an der Reihe ist" (Goffman 1974; zitiert nach Henne/Rehbock 2001, 16), besteht grundsätzlich aus einer syntaktisch geordneten Menge von Wörtern. Die Einschränkung dieser Feststellung durch das Adjektiv „grundsätzlich" ist notwendig, denn es gibt, erstens, konzeptionell (s.o.), diskurs- und varietätenspezifisch sehr unterschiedliche Arten und Formen der syntaktischen Ordnung, und es gibt, zweitens, Gesprächsschritte und Gesprächsakte, die nicht einmal aus einem „Gesprächswort" bestehen, sondern aus nicht lexikalisierten Lautfolgen, wie das oben bereits angeführte Beispiel aus Kurt Tucholskys „Die Unpolitische" (1925) zeigt (bei dem zu rekonstruieren wäre, ob es Schallwelle oder aber funktionaler Gesprächsakt ist):

> ‚Ist Frau Zinschmann zu Hause –?' fragte der Mann, der geklingelt hatte. Das kleine, runde Kind stand da und steckte die Faust in den Mund. ‚Aaaoobah –' (Gesammelte Werke in zehn Bänden. Hrsg. von Mary Gerold-Tucholsky und Fritz J. Raddatz, Bd. 4, Reinbek bei Hamburg 1993, 258)

Oder, konventioneller und in den Formen *sch*, *pscht*, *pst*, *st* bereits im frühen Neuhochdeutschen (17. Jh.) als lexikalisiertes Gesprächswort belegt (Hervorhebung J.K.):

> Alle auf einmahl. O ich mögte – o ich wollte gern – o und ich –
> Vater. Sch! – Ja, da versteh ich kein Wort [...]. (Joachim Heinrich Campe: Robinson der Jüngere [...]. Zweiter Theil, Hamburg 1780, Ndr. Stuttgart 1981, 220)

Im Rahmen der sprachstrukturellen Untersuchung vergangener Dialoge, Dialogstrukturen und gar vergangener Dialoghaushalte einer Sprechergesellschaft sucht die historische Dialogforschung unter Rückgriff auf die historische Lexikologie und Lexikographie derlei Wörter in den lexikalischen Strukturen vergangener Sprachstufen zu verorten und sodann als Gesprächswörter historisch-sprachpragmatisch zu interpretieren. So wirft Maries „Ei, was redst du doch, der Papa schreibt ja auch so." Fragen nach den Funktionen dieses gesprächsschritteinleitenden Wortes *ei* in umgangssprachlichen Gesprächen des 18. Jahrhunderts auf – und aus historisch-diachronischer Perspektive etwa nach Beziehungen dieses historischen Gesprächswortes zur umgangs- und besonders jugendsprachlichen Interjektion *ey* des 21. Jahrhunderts. Dasselbe gilt für den lexikalischen Bestand etwa von Grüßen und Anreden, wie zum Beispiel die schriftsprachliche Anrede in Maries *Brief*: „Meine liebe Matamm!", und natürlich auch für die in den propositionalen Gesprächsakten gebrauchten Wörter, wie beispielsweise das von Charlotte gebrauchte Wort *schalu*.

Die nächsthöhere Ebene der sprachstrukturellen Rekonstruktion ist die Äußerung bzw. der Satz. Ebenso wie die Wortschätze des Dialogs unterliegen auch die Normen der syntaktischen Ordnung dem Wandel der Sprech- und Schreibkulturen im Lauf der historischen Zeit, ist auch die Syntax des Dialogs abhängig von der Sprachstufe und der Varietäten- und Diskursspezifik des untersuchten Dialogs. Die historische Syntax ist denn auch schließlich die vierte systemlinguistische Disziplin, auf die die sprachstrukturell arbeitende historische Dialogforschung zurückgreifen muss.

„Schwester, weißt du nicht, wie schreibt man Madam" – Maries Frage weist einen abhängigen Interrogativsatz mit Zweitstellung des finiten Verbs auf. Die Zweitstellung des Finitums ist eine syntaktische Konstruktion, die in Bezug auf abhängige Kausalsätze mit der Konjunktion *weil* in der jüngsten deutschen Sprachgeschichte eine Diskussion über syntaktische Normen in der gesprochenen Umgangs- und in der geschriebenen Standardsprache entfacht hat und der historischen Vergewisserung bedarf (vgl. z.B. Selting 1999). Spricht Marie hier so, wie es in der gesprochenen Sprache des Kleinbürgertums im französisch-flandrischen Garnisonsstädtchen Lille um 1776 üblich war? War es ebenso üblich, die Subjektposition in bestimmten Äußerungstypen der gesprochenen Umgangssprache unbesetzt zu lassen („So'st recht.", „ist so recht?") – und welche Äußerungstypen waren das? In welchen Korrespondenzsorten wurden derlei Formen konzeptioneller Mündlichkeit auch verschriftet (s.u., 6.)?

Schließlich kann sogar auch ein Schweigen, das schon sprichwörtliche „beredte Schweigen", einen Gesprächsschritt füllen – und Lexikologie und Syntax im Rahmen der sprachstrukturellen Analyse historischer Dialoge in ihre Grenzen weisen. Lenz' „Soldaten" bieten selbst ein Beispiel (V,4):

WESENER. War Ihr Vater ein Galanteriehändler?
(Weibsperson schweigt stille.)
WESENER. Ihr Vater war ein honetter Mann? [...]

Insofern dieses Schweigen an dieser Stelle einen „handlungsplanmäßigen Stellenwert" wie ein Gesprächsschritt hat (vgl. Henne/Rehbock 2001, 176), ist es eine nonverbale Sprecherhandlung und erfüllt die obige Definition von „Gesprächsschritt" ebenso hinreichend wie eine verbale Reaktion.

Die hilfswissenschaftlichen Dienste der genannten vier Zugriffe der strukturellen Sprachwissenschaft bzw. der diachronischen Systemlinguistik (Historische Phonologie, Historische Morphologie, Historische Lexikologie, Historische Syntax) werden im 3. Kapitel eingehend erläutert und an Beispielen veranschaulicht. Es sollte allerdings schon vor dem Hintergrund des literarisch-fiktionalen Dialogs zwischen Marie und Charlotte deutlich

18

geworden sein, dass die historische Dialogforschung bei ihren Ausgriffen auf systemlinguistische Disziplinen nicht nur nimmt, sondern auch gibt.

Aufgaben

1. Beschreiben Sie die Form *Ihro* mit Hilfe historischer Grammatiken und Wörterbücher.
   Beachten Sie dabei strukturelle (z.B. welcher Wortart gehört es an und welche morpho-
   syntaktischen Merkmale enthält es?) und soziopragmatische Aspekte (z.B. mit Hilfe des
   „Inventionshexameters": Wer sagt *Ihro*, wo, in welchen situativen Kontexten wa-
   rum/wozu [mit welchem Erfolg] auf welche Weise, wann [zu wem]?).

2. Stellen Sie mit Hilfe historischer Wörterbücher historisch-semantische und historisch-
   pragmatische Untersuchungen zu dem von Marie gebrauchten Gesprächswort *ei* (auch
   ey) an. Welches Gesprächswort der deutschen Gegenwartssprache ist diesem *ei* des 18.
   Jahrhunderts äquivalent? Ziehen Sie neuere historische Wörterbücher des Deutschen zu
   Rate, z.B. Paul 2002.

1.2.1.2. Sprachpragmatische Gegenstandsbereiche

Während die historische Dialogforschung zur Rekonstruktion der gesprochenen bzw. der
geschriebenen Sprache vergangener Zeiten von der sprachstrukturellen Form der vorgefundenen dialogischen Sprache ausgehend deren sprachpragmatische Funktion zu erkunden
sucht („form-to-function-mapping"; vgl. Jacobs/Jucker 1995, 16), nehmen die Untersuchungen im Rahmen der im engeren Sinne **sprachpragmatischen** Gegenstandsbereiche der
historischen Dialogforschung ihren Ausgang von den Zwecken des dialogischen Spre-
chens/Schreibens und fragen nach den Mitteln und Formen, deren sich die Sprechen-
den/Schreibenden zur Verfolgung ihrer Ziele bedienen („function-to-form-mapping"; vgl.
Jacobs/Jucker 1995, 19). Die Rekonstruktion vergangener gesprochener/geschriebener
Sprache ist auf dem sprachpragmatischen Feld nicht mehr zentraler Gegenstand der Untersuchungen, sondern Mittel zum Zweck – zum Zweck nämlich der Rekonstruktion des
Handlungsverlaufs einzelner Dialoge und deren Klassifikation zu historischen Dialogsorten
und -typen (s.u., 4.). Dieses Erkenntnisinteresse der historischen Sprachpragmatik im Allgemeinen bildet auch den eigentlichen Gegenstandsbereich der historischen Dialogforschung als Teildisziplin der historischen Sprachpragmatik. Denn auch die historische dialoglinguistische Forschung darf nicht beim Individuellen, Besonderen, Singulären des einzelnen Dialogs und seiner ihm eigenen Strukturen stehen bleiben, sondern muss zum Allgemeinen, zu dem für die jeweilige Sprachzeit und Sprachgesellschaft in Bezug auf das
„Dialogische" Normalen, Gültigen, Üblichen gelangen, und das heißt: zu Dialogsorten und
-typen.

Im Rahmen dieses Gegenstandsbereichs stellt die historische Dialogforschung, wie angedeutet, eine Teildisziplin der historischen Sprachpragmatik und der pragmatischen
Sprachgeschichtsschreibung dar (vgl. Cherubim 1998, 545), hier ist sie gleichsam wissen-
schaftssystematisch zu verorten. Ebenso wie bei ihren Ausgriffen auf Methoden und Ansätze der strukturellen Linguistik verhält sie sich allerdings auch auf dem Feld der linguistischen Pragmatik und der historischen Sprachpragmatik vagabundierend, methodologisch

offen, bisweilen unsystematisch, dabei aber durchaus auch wählerisch. Und weil sie nimmt, was methodologisch zu haben ist und damit experimentiert, führt sie mitunter auf neue Wege. Dass etwa eine historische Dimension der Sprechakttheorie überhaupt entfaltet wurde, ist maßgeblich auf Bedürfnisse der historischen Dialogforschung zurückzuführen; und auch dass die beiden in der gegenwartsbezogen-synchronischen germanistischen Dialogforschung so lange Zeit miteinander konkurrierenden Ansätze, die ethnomethodologisch inspirierte Gesprächsanalyse und die sprechakttheoretisch inspirierte Dialoggrammatik, ihre vermeintliche Gegensätzlichkeit in jüngerer Zeit als konstruktive Komplementarität begreifen, ist auch auf den pragmalinguistischen Methodenpluralismus in der historischen Dialogforschung zurückzuführen (vgl. Weigand 1992; Luttermann 1996; Kilian 2002a, 27ff.). Diese Neigung zum Eklektizismus auch im so nahe verwandten Gegenstandsbereich der linguistischen Pragmatik lässt das „neue Wissensgebiet" der historischen Dialogforschung bisweilen uneinheitlich und schwankend erscheinen. Es wird demgegenüber auch ein Anliegen dieses Arbeitsheftes sein darzulegen, dass gerade der systematische Eklektizismus, der bewusste und vom je konkreten Erkenntnisinteresse gesteuerte Methodenmix den höchsten Grad der rekonstruierenden Annäherung an die dialogische Vergangenheit verbürgt.

Zunächst aber zu den sprachpragmatischen „Hilfswissenschaften" der historischen Dialogforschung. Neben den Ansätzen der gegenwartsbezogen-synchronischen Dialogforschung greift die historische Dialogforschung zum Zweck sprachpragmatischer Untersuchungen auch auf Ansätze, Methoden- und Kategorieninventare der Sprechakttheorie wie der Textlinguistik zurück, um Zwecke dialogischer Sprachhandlungen sowie deren Gerinnung zu Sprachhandlungsmustern zu rekonstruieren. Die Rekonstruktion geht hier, wie erwähnt, über den Einzelfall des singulären Dialogs hinaus und konzentriert sich auf sprachpragmatische Handlungsformen, -sorten und -typen (einschließlich ihrer sprachstrukturellen Aspekte), die eine Sprachgesellschaft bzw. eine ihrer Sprechergruppen im Lauf der Sprachgeschichte entwickelt, normiert, modifiziert, gewandelt oder auch wieder aufgegeben hat. Auch dies sei am Beispiel des fiktionalen Gesprächs von Marie und Charlotte veranschaulicht.

Das Gespräch setzt relativ konventionell als *Informationsgespräch* ein. Konventionell heißt, dass diesem singulären Gesprächsereignis ein Muster, eine Gesprächssorte, zugrunde liegt, das Marie aktiviert. Die Gesprächsteilnehmer können diesem Muster folgen, können es aber auch, wie im vorliegenden Fall, verändern oder gar verlassen, indem sie das Gespräch entweder abbrechen oder im Zuge seines Verlaufs in ein Exemplar eines anderen Musters, einer anderen Gesprächssorte, überführen. Letzteres geschieht hier: Indem die jüngere Marie sich mit einer INFORMATIONSFRAGE an ihre ältere Schwester wendet („Schwester, weißt du nicht, wie schreibt man Madam [...]?"), initiiert sie das Gespräch als Exemplar des „komplementären Dialogtyps". Komplementäre Dialoge dienen dem Zweck der „Beseitigung eines Defizits, das bei einem der beteiligten Sprecher gegeben ist" (Franke 1986, 90). Die in jeder Informationsfrage angelegte „fachlich oder sachlich bedingte" Asymmetrie der Gesprächspartner (vgl. Henne/Rehbock 2001, 27) wird von Marie jedoch sogleich abgeschwächt, indem sie selbst einen Antwortvorschlag macht, wodurch die INFORMATIONSFRAGE zur indirekten BITTE um Bestätigung wird. Charlotte ANTWOR-

TET denn auch nicht direkt auf die Frage, sondern BESTÄTIGT kooperativ die von Marie vorgeschlagene Antwort. Vor dem Hintergrund des Ausgangs dieses Gesprächs, gleichsam des „Dialogertrags" (Adamzik 2000a), ist freilich zu fragen, ob schon hier das Gespräch sein „Sortengesicht" wandelt, indem Charlotte nur lustlos den Gesprächsfaden aufnimmt; in diesem Belang ist die sprachpragmatische Interpretation auf die sprachstrukturelle Analyse angewiesen.

Als Charlotte in ihrem vierten Gesprächsschritt („Bitten wir um fernere.") die ihr angetragene Rolle der „fachlich oder sachlich" überlegenen Informantin dann doch übernimmt und Marie direktiv KORRIGIERT, WEIST Marie diese Rollenverteilung ZURÜCK: „Laß doch sein, was fällst du mir in die Rede." – wobei sie sich mittelbar sogar auf Charlottes vorangegangene AUFFORDERUNG berufen kann, nämlich zu lesen, „bis der Verstand aus ist." An dieser Stelle – spätestens – wandelt sich das Gespräch – oder vielmehr: wird gewandelt – von einem Gespräch des kooperativ-komplementären Dialogtyps zu einem Gespräch des „kompetitiven Dialogtyps", in dem die Gesprächspartner „auf der Durchsetzung ihrer jeweiligen subjektiven Ansprüche beharren." (Franke 1986, 88f.). Das Gespräch, das so friedlich begonnen hatte, endet mit einer DROHUNG, wie sie auch im 21. Jahrhundert noch unter Geschwistern üblich ist („[...] oder ich geh gleich herunter, und klag's dem Papa.") und schließt mit Tränen.

Es ist eine der sprachpragmatischen Aufgaben der historischen Dialogforschung nachzuweisen, dass diese grobe Interpretation einiger Gesprächsschritte und des Gesprächsverlaufs nicht lediglich einem Muster folgt, das dem sprachwissenschaftlichen Erkenntnissubjekt des 21. Jahrhunderts vertraut ist, sondern dass die Interpretation ein Muster rekonstruiert, das am Ende des 18. Jahrhunderts ein privates *Informationsgespräch* bzw. ein privates *Streitgespräch* repräsentiert. Dieser Nachweis kann auf gesprächsanalytisch **induktivem** Wege geführt werden, indem viele vergleichbare Gesprächsexemplare aus dem 18. Jahrhundert gesammelt und auf übereinstimmende dialogisch-funktionale Handlungsstrukturen hin untersucht werden. Das Gerüst dieser übereinstimmenden Handlungsstrukturen gestattet dann die Rekonstruktion der Dialogsorte *Informationsgespräch* oder der Dialogsorte *Streitgespräch*. Folgt man hingegen dem dialoggrammatisch **deduktiven** Weg der Rekonstruktion, so müssen zunächst Handlungsstrukturen eines Musters *Informationsgespräch* und eines Musters *Streitgespräch* kompetenzlinguistisch auf der Grundlage der Kompetenz des Dialogforschers hergeleitet werden. Diese Muster sind sodann mit überlieferten Gesprächsexemplaren aus dem 18. Jahrhundert zu vergleichen und gleichsam nachträglich zu „historisieren".

Dasselbe gilt grundsätzlich auch für die Rekonstruktion von Korrespondenzsorten, wobei es allerdings weitaus schwieriger ist, eine über einen längeren Zeitraum „zerdehnten" Briefkommunikation (K. Ehlich) als Exemplar eines Musters zu klassifizieren. Sieht man sich beispielsweise den folgenden Brief an, den der Ochtruper Auswanderer und Bürgerkriegsfreiwillige Theodor Heinrich Brandes nach Hause geschickt hat, so darf man auf den ersten Blick von einem Brief mit INFORMIERENDER Funktion und somit von einem Teil privater *Informationskorrespondenz* sprechen (aus: Antonius Holtmann [Hrsg.]: „Für Gans America Gehe ich nich Wieder Bei die Solldaten..." [...], Bremen 1999, 73):

Memfis

December den 18ten (1862)

Ich Schreube Euch das ich noch gesunt Sei und daß Hoffe ich auch Von euch daß ihr noch gesunt Seit. Die Order ist gekommen daß Wier Fort kommen Nach Wißborg [= Vicksburg] Da soll eine Grose Schlagt geliefert werden. Ich Habe einen Blenket [engl. *blanket* ‚Wolldecke'] nach Betswill [Batesville bei Oldenburg] geickt nach Rille den ist 2 Taler Whert den Wünsche ich daß Ihr daß Holet es Sol kosten 45 Zen [Cent]. Wier Haben noch Kein gelt Bekommen, So Balt wenn wier Gelt bekommen Sicke ich Dier Gelt. Wier Sollen wohl nicht ehr Ausbesahlt Kriegen Biß nach Neijahr. Hallet euch Munter und Fro

Ich grüse Meine Liebe Frau und meine Lieben Kinder und Meinen Lieben Freunde Polman

Heinrich Brandes.

Die Briefe der Frau sind leider nicht erhalten, so dass nur die eine Dialoghälfte der typologischen Rekonstruktion eines Korrespondenzmusters zugrunde gelegt werden kann. Der Brief ist illokutionär, wie erwähnt, INFORMIERENDEN Charakters. Diese Interpretation fußt allerdings im Wesentlichen auf der Kenntnis des dialoghistorisch rückblickenden Betrachters von privaten Briefen mit INFORMIERENDER Funktion und folgt insofern der deduktiven Klassifikation. Vor dem Hintergrund der übrigen Briefe dieses Bürgerkriegsfreiwilligen wird die illokutionäre Struktur dieses einzelnen Korrespondenz-„Turns" allerdings sehr viel komplexer – und die Interpretation sehr viel komplizierter (sie enthält z.B. auch eine ENTSCHULDIGUNG für das Ausbleiben der Geldsendung). Auf induktivem Wege unter Einbeziehung der Briefe auch anderer Auswanderer und Kriegsfreiwilliger wäre der Versuch zu unternehmen, eine Sorte *Frontbriefwechsel* zwischen Soldaten und ihren fernen Angehörigen innerhalb eines Typs *Kriegskorrespondenz* zu rekonstruieren.

Erst auf der Grundlage rekonstruierter Dialogsorten und -typen lässt sich der historisch-sprachpragmatische Haushalt einer Sprachgesellschaft wenigstens annäherungsweise beschreiben und der gegenwartssprachliche Haushalt derselben Sprachgesellschaft genetisch erklären; erst so lassen sich auch die Vorkommen und Funktionen sprachstrukturell beschreibbarer Elemente der gesprochenen/geschriebenen Sprache dialoglinguistisch erklären (etwa die Anrede Charlottes mit *Schwester* oder die Aufforderung Steffens in der 2. Person Plural [*tragt*]); und lassen sich Kontinuitäten und Diskontinuitäten – des ganzen Musters (z.B. *Streitgespräch* heranwachsender Geschwister) oder einzelner seiner Teile (z.B. die DROHUNG, die elterliche Autorität anzurufen) – historisch-diachronisch beschreiben.

Aufgaben

3. Geht man davon aus, dass ein Dramatiker immer auch „Gesprächsanalytiker" ist (Henne 1980, 94), dann präsentiert Lenz ein Beispiel für die von ihm analysierte Genese eines *Streits*. Erörtern Sie, an welcher Stelle die Handlungsstruktur des Gesprächs zwischen Marie und Charlotte umbricht vom komplementären *Informationsgespräch* zum kompetitiven *Streitgespräch*. Welche typischen Strukturen für *Informationsgespräche* und *Streitgespräche* lassen sich aus Lenz' „Analyse" ableiten?

4. Nehmen Sie den oben abgedruckten Brief als Korrespondenzschritt im Rahmen einer zu rekonstruierenden Korrespondenzsorte *Frontbriefwechsel*. Welche Zwecke dialogischen Schreibens können für diese Korrespondenzsorte auf der Grundlage dieser Quelle rekonstruiert werden? Welche Ziele des Schreibers sind ermittelbar und welche davon

könnten typisch sein für diese von der Front kommenden, an die Familie gerichteten Briefe im Rahmen dieser Korrespondenzsorte?

1.2.1.3. Sprachsoziologische Gegenstandsbereiche

Die sprachpragmatische Rekonstruktion historischer Dialogsorten, -typen und ganzer -bereiche ist durch **sprachsoziologische** Daten zu unterfüttern; diese Verpflichtung aller pragmatischen Sprachgeschichtsschreibung zur soziolinguistischen Vergewisserung ist im Begriff der „soziopragmatischen Sprachgeschichtsschreibung" zum Ausdruck gebracht (vgl. v. Polenz, Bd. 1, ^{2}2000, 13f.). Auch die historische Dialogforschung muss als Teildisziplin der *sozio*-pragmatischen Sprachgeschichtsschreibung auf Gegenstandsbereiche ausgreifen, die nun gar außerhalb der philologischen Wissenschaftsdisziplinen liegen, zu denen diese als Teile einer umfassenden „historischen Sozialwissenschaft" (Wehler 1980) indes Zugang finden müssen. Zu nennen sind vornehmlich Gegenstandsbereiche der Geschichtswissenschaft und der Soziologie, um die historischen Handlungsbedingungen der Menschen in unterschiedlichen Kommunikations- und Praxisbereichen zu erkunden, z.B. dem Kommunikations- und Praxisbereich der Medizin (z.B. für Traditionen und Wandlungen des Arzt-Patienten-Gesprächs) oder des Rechtswesens (z.B. für kanzleisprachliche und moderne verwaltungsrechtliche Korrespondenzsorten).

Auch das Gespräch zwischen Marie und Charlotte ist ohne eine sprachsoziologische Unterfütterung nicht hinreichend zu erfassen. Bereits die im ersten Gesprächsschritt offenbarten orthographischen Schwierigkeiten Maries sind in mehrfacher Weise Indikatoren für das Sprachhandeln dieser Figur in ihrer Zeit: Sie indizieren, zum einen und gleichsam nebenbei, dass Marie im Wege der Buchstabiermethode Lesen und Schreiben gelernt hat; und sie indizieren, zum anderen, dass Marie einer unteren Sozialschicht angehört, die den Sprachnormen der adligen und gelehrten Briefkorrespondenz schon in der Anrede der Adressatin orthographisch nicht gewachsen ist. Weitere aus dieser schichtspezifischen Sprachkompetenz resultierende Schwierigkeiten schließen sich an, die über die sprachsoziologischen Handlungsbedingungen der Figuren in diesem fiktionalen Gespräch hinausweisen auf die Sprachgesellschaft ihrer Zeit: Da ist zum Beispiel die schriftsprachliche Auslassung des Personalpronomens der 1. Person in Briefen an Statushöhere („als bitten um fernere Continuation"). War sie noch im Jahre 1776 eine soziolinguistisch begründete syntaktische Norm – oder war dies gar nicht mehr üblich und ist Maries Formulierung lediglich Indiz für eine idiolektale Sprachbarriere? Immerhin korrigiert Charlotte diese Auslassung der 1. Person – im Plural: „Bitten wir [!] um fernere Continuation." Die Norm wird von Lenz thematisiert, wenn er Marie sagen lässt: „Sie will allesfort klüger sein, als der Papa; letzthin sagte der Papa auch, es wäre nicht höflich, wenn man immer wir schriebe, und ich und so dergleichen." Wie war es überdies um den Gebrauch des Pluralis modestiae („Bitten wir") bestellt? Historische Dialogforschung muss zur Beantwortung solcher Fragen auf Erkenntnisse der historischen Rhetorik und Stilistik zurückgreifen.

Die sprachsoziologische Sättigung der sprachstrukturellen und sprachpragmatischen Analyse führt schließlich auch zur Ermittlung von Sprachhandlungsnormen vergangener Zeiten: Welche Rederechte, welche Sprachhandlungsrechte waren unter Geschwistern kleinbürgerlicher Schichten im letzten Drittel des 18. Jahrhunderts üblich? Eine „höfliche" Norm wird hier indirekt mitgeteilt: *Falle niemandem in die Rede!* Des Weiteren stellt sich die Frage, ob das asymmetrische *Informationsgespräch* auch dann in ein relativ symmetrisches *Streitgespräch* hätte übergehen können, wenn das Geschwisterpaar aus einer männlichen und einer weiblichen Person bestanden hätte. Überdies: Welche Redekonstellationen waren für geschwisterliche *Informationsgespräche* in dieser Zeit und in dieser Sozialschicht üblich, und welche für geschwisterliche *Informationsgespräche*, die Züge eines halbinstitutionellen *Lehrgesprächs* annahmen?

Literaturhinweise: Henne 1980; Fritz 1994; Jucker/Fritz/Lebsanft 1999; Rehbock 2001; Henne/Rehbock 2001; Kilian 2002a.

Aufgaben

5. Ermitteln Sie, z.B. mit Hilfe historischer und moderner Grammatiken, Wörterbücher und Stilistiken, in welchen soziopragmatischen Zusammenhängen die Auslassung des Subjektpronomens der 1. Person in der Korrespondenz erfolgen konnte, durfte oder musste. Welche Kontinuitäten und Veränderungen hat dieses Muster bis heute erfahren (auch z.B. in neuen Korrespondenztechnologien wie Telegramm und SMS)?

6. Die Briefanrede „Meine liebe Madam" ist aus mehreren Gründen bemerkenswert. Nutzen Sie dieselben Hilfsmittel wie in Aufgabe 5 und ermitteln Sie unterschiedliche Formen der Briefanrede und ihre soziopragmatischen Funktionen und Werte (vgl. auch unten, Kap. 3.2.2. und 6.1.1.). Nach welchen Kriterien werden heute die Anredeformen „Liebe/r" und „Sehr geehrte/r" gesetzt?

1.2.2. Erkenntnisinteressen oder: Vom Sinn der historischen Dialogforschung

Die Erkenntnisinteressen der historischen Dialogforschung als linguistischer Disziplin gliedern sich in zwei Stränge, die einander wechselseitig bedingen. Da erscheint, zum einen, die historische Dialogforschung als Teildisziplin einer umfassenderen **historischen Sprachpragmatik** (vgl. z.B. Cherubim 1998, 545). Historische Dialogforschung hat in diesem Rahmen die Aufgabe, gleichsam als „Prinzipienwissenschaft" (Hermann Paul) der empirischen pragmatischen Sprachgeschichtsschreibung vorzuarbeiten, indem sie Methoden und Kategorien der linguistischen Dialogforschung historisch wendet und erprobt zu dem Zweck, die Methoden und Kategorien als universal (d.h. für dialogisches Sprechen und Schreiben unabhängig von den Einzelsprachen) und panchronisch (d.h. für dialogisches Sprechen und Schreiben unabhängig von den historischen Zeiten) zu erweisen. – Und die historische Dialogforschung erscheint, zum anderen, als Teil einer umfassenderen **pragmatischen Sprachgeschichtsschreibung**, also gleichsam als sprachgeschichtlicher „Anwendungsaspekt" (Henne/Rehbock 2001, 228f.) der gegenwartsbezogen-synchronischen Dialogforschung, mit dem Ziel, die Entwicklung und Geschichte des Dialogs im Rahmen der deutschen Sprachgeschichte zu beschreiben und einen Aspekt dieser Sprachgeschichte als Dialoggeschichte des Deutschen darzustellen.

24

Dieses zuletzt genannte empirische Erkenntnisinteresse hat das zuerst genannte eher theoretisch-methodologische Erkenntnisinteresse von Anfang an dominiert. Die Forschung hat grundsätzlich ihren Ausgang genommen von überlieferten Gesprächen und hat die Methoden und Kategorien der gegenwartsbezogen-synchronischen Dialogforschung auf diese Korpora angewandt – mehr oder minder reflektiert, doch grundsätzlich erfolgreich. Im Vordergrund der Untersuchungen standen und stehen dabei die oben genannten Dimensionen bzw. „Merkmalfelder": Erforscht werden – entweder an einzelnen „Parole"-Dialogen oder an „Langue"-Dialogsorten, sprachstrukturell zu beschreibende dialogische historische Handlungsmittel und -formen, sprachpragmatisch zu beschreibende historische dialogisch-funktionale Handlungsmuster (Dialogsorten, -typen, -klassen) sowie sprachsoziologisch zu beschreibende historische Handlungsbedingungen. Dabei ist die Forschung noch immer stark konzentriert auf die historisch-synchronische Untersuchung der Handlungsmittel, -muster und -bedingungen, während die historisch-diachronische Untersuchung von Genese und Entwicklung der „Langue"-Dialogsorten („Parole"-Dialoge erfahren in diesem Sinne keine Entwicklung) dahinter noch immer zurücksteht (vgl. Fritz 1994, 547ff.; Rehbock 2001, 964f.). Diese Konzentration auf historisch-synchronische Untersuchungen, zumal die Konzentration auf vornehmlich an einzelnen literarisch-fiktionalen „Parole"-Dialogen durchgeführte Strukturanalysen, hat nicht selten dazu geführt, in der historischen Dialogforschung ausschließlich eine philologische Hilfswissenschaft für Zwecke der literaturwissenschaftlichen Interpretation zu erblicken. Das ist die historische Dialogforschung gewiss *auch* – aber nicht nur. Vielmehr darf sie trotz eines noch fehlenden gemeinsamen Forschungszusammenhangs und trotz einer wohl immer fehlenden gemeinsamen Methodologie aller einzelnen Forschungsunternehmen den Anspruch einer eigenständigen linguistischen Disziplin im Rahmen der historischen Sprachpragmatik und der pragmatischen Sprachgeschichtsschreibung, mithin im Rahmen einer umfassenden historischen Sozialwissenschaft erheben. Bevor im folgenden Abschnitt der Forschungsstand der germanistischen historischen Dialogforschung entlang der konkreten „historischen" Gegenstände zusammengefasst wird, sei dieser Anspruch als ein Ansporn des Erkenntnisinteresses näher begründet.

Wiewohl seitens der Geschichtswissenschaft seit geraumer Zeit Ansätze vorliegen, die versuchen, die Historia rerum gestarum, also die Geschichte der vergangenen Dinge, nicht lediglich als Ereignisgeschichte zu erzählen, sondern sie als – in alphabetischer Reihenfolge – „Alltagsgeschichte", „Begriffsgeschichte", „Gesellschaftsgeschichte", „Kulturgeschichte", „Mentalitätsgeschichte", „Sozialgeschichte", „Strukturgeschichte", als Prozesse und Resultate menschlichen Denkens, Verhaltens und Handelns zu begreifen (vgl. z.B. Daniel 2001; Kocka 1986; Wehler 1980) und wiewohl der so genannte „linguistic turn" in der Geschichtswissenschaft für eine wesentlich stärkere Beachtung der Rolle der Sprache im historischen Prozess und in dessen wissenschaftlicher Erkenntnis gesorgt hat, findet die pragmatische Sprachgeschichtsschreibung – und mit ihr die historische Dialogforschung – grundsätzlich nur marginal Beachtung in geschichtswissenschaftlichen Beiträgen zu einer umfassenden „Historischen Sozialwissenschaft" (vgl. Wehler 1980; Kocka 1999). Jürgen Kocka beispielsweise führt drei Kombinationen geschichtswissenschaftlicher Forschung mit sozialwissenschaftlichem Ansatz an: 1.) Sozial- und Wirtschaftsgeschichte, 2.) Politische Sozialgeschichte, 3.) Sozialgeschichte und Kultur, und bemerkt lediglich zu 3.), die

Untersuchung der Sprache könne „einen wichtigen Zugang zur Kulturgeschichte" aufzeigen (Kocka 1986, 141ff. und 158). Im Unterschied dazu hat der Germanist Hermann Paul bereits im Jahr 1920 aus philologischer Sicht zu „Aufgabe und Methode der Geschichtswissenschaften" Stellung genommen und dabei den Aspekt der Pflege der „Kulturwerte" durch „Interpretation mit Hilfe von sprachlichen und kulturgeschichtlichen Kenntnissen" hervorgehoben (1920b, 55, Ndr. 1998, 248). Und er hat am Ende des 19. und zu Beginn des 20. Jahrhunderts eine Ordnung der Wissenschaften entworfen, die der Sprachgeschichtsschreibung einen festen Platz im Rahmen der „Kulturwissenschaften" einräumt. In seinem Buch „Prinzipien der Sprachgeschichte" erklärt er alle Kultur- und Geisteswissenschaften zu „Geschichtswissenschaften", da sie notwendigerweise nur als historische Disziplinen von der Beschreibung zur Erklärung vordringen könnten. Ordnet man die historische Dialogforschung in diesen Zusammenhang ein, so hat sie nicht nur einen Beitrag zur Erkenntnis und Beschreibung des Vergangenen zu leisten, sondern auch einen Beitrag zur Erklärung der Gegenwart.

Verständnis und Erklärung der Gegenwart

In ähnlicher Weise führt auch Jürgen Kocka aus, dass die Erkenntnisziele der Sozialgeschichte „in normativ, praktisch oder lebensweltlich vermittelte Dimensionen hinein-[ragen], in denen Aussagen über die Vergangenheit mit Einschätzungen der Gegenwart und Stellungnahmen zur wünschenswerten Zukunft verschmelzen" (1986, 100). Kocka führt schließlich sieben Funktionen und Aufgaben der historischen Sozialwissenschaft an ([2]1986, 123ff.), die, wenn denn Geschichte als Prozess und Resultat menschlichen – und mithin dialogischen – Denkens, Verhaltens und Handelns zu begreifen ist, auch der historischen Dialogforschung zuzuweisen sind: Historische Wissenschaft – damit im vorliegenden Argumentationszusammenhang auch die historische Dialogforschung – soll nach Kocka, erstens, Erkenntnisse liefern „für das Verständnis, die Erklärung und damit für die richtige praktische Behandlung einzelner Gegenwartsphänomene, indem sie deren (historische) Ursachen und Entwicklung aufdeckt" (Kocka 1986, 123).

Diese Funktion und Aufgabe der Historiographie setzt voraus, dass die Gegenwart Resultat eines historischen Prozesses ist, dass also beispielsweise auch der dialogische Haushalt der deutschen Gegenwartssprache Erbe oder Ergebnis vergangener Dialoge ist (vgl. dazu auch Paul 1920b, 37f., Ndr. 1998, 230f.; Lerchner 1988, 284). Übertragen auf einen konkreten Gegenstand der historischen Dialogforschung könnte dies z.B. heißen, dass die Untersuchungen zu verbalen Rededuellen in alt- und mittelhochdeutschen Texten, die diese Rededuelle als regelgeleitete rituelle Dialogmuster beschreiben, möglicherweise Erklärungen liefern können für gegenwartssprachliche Verbalduelle von Berufsboxern vor dem Kampf oder für verbale Duelle Jugendlicher, die als Herausforderung zum Kampf fungieren (vgl. Dundes/Leach/Özkök 1972; Bax 1983, 19), oder vielleicht auch für das so genannte „Flaming", das wechselseitige Beschimpfen und Beleidigen in computervermittelten Chats. Am Beispiel des Hildebrandliedes wird darauf in Kapitel 4 zurückzukommen sein.

26

Historische Wissenschaft, fährt Kocka fort, soll ferner, zweitens, „modellhaft Kategorien und Einsichten vermitteln, die der Erkenntnis und der Orientierung in der sozialen und
politischen [und, so ist nunmehr zu ergänzen: sprachlichen] Gegenwart dienen können."
(Kocka 1986, 123)

Auch dazu soll ein Beispiel aus dem Bereich der historischen Dialogforschung angeführt werden: Computergestützte Fremdsprachenlernprogramme gestatten den dialogischen
Vollzug einer interaktiven Mensch-Maschine-Kommunikation, in der der Fremdsprachen-
lerner sowohl in gesprochener wie in geschriebener Sprache den Lernprozess aktiv gestalten kann. Trotz der vielfältigen Möglichkeiten des Computers lassen viele computergestützte Fremdsprachenlernprogramme den Lerner indes lediglich *reagieren*, indem sie die
wortgetreue Wiedergabe vorgefertigter Sprachbausteine von ihm fordern, die, mitunter nur
leicht variiert, immer wiederkehren. Ein Ausschnitt aus einer Übung auf einer „Deutsch-
als-Fremdsprache"-CD-ROM (*Wer ist Oscar Lake? Ein interaktiver Sprachkurs! Ein span-
nendes Spiel! Deutsch als Fremdsprache. Stufe 1. Mit Handbuch*, New York 1998), in der
der Lerner auf einem virtuellen Bahnhof von einer Frau angesprochen wird und jeweils aus
zwei vorgegebenen Antworten die richtige auszuwählen hat (zur Veranschaulichung sind
drei äquivalente Antwortvarianten kenntlich gemacht):

Sequenz	Frau	Reaktion 1	Reaktion 2
1	„Hallo."	„Auf Wiedersehen."	„Hallo. Wie geht's?"
2	„Wie geht es Ihnen?"	„Gut, danke."	„Ich bin hier."
3	„Was gibt es Neues?"	„Gut."	„Nicht viel."
4	„Wie geht's?"	„Tschüß."	„Sehr gut. Und wie geht es Ihnen?"
5	„Was ist los?"	„Immer dasselbe."	„Schön, Sie kennenzulernen."
6	„Wie geht es Ihnen?"	„Mir geht es gut."	„Ich bin Student."

Historische Dialogforschung kann die Einsicht vermitteln, dass eine solche Dialogstruktur
im Rahmen didaktischer Zusammenhänge keineswegs neu ist, sondern der *Katechese*, genauer: dem *einflößenden Abfragegespräch* aus dem 17. und 18. Jahrhundert folgt. Der kö-
niglich-dänische Konsistorialrat Konrad Friderich Stresow hat diese Dialogstruktur als
„einflössende Katechisation" bezeichnet und in seinem „Handbuch für Schulmeister" im
Jahre 1765 unter Beigabe fiktiver Modellgespräche beschrieben. In einem dieser Modellgespräche etwa setzt der Lehrer ein mit der Äußerung „Gott ist ein allmächtiger Gott, und
kann allezeit helfen." Sodann beginnt die „einflössende Katechisation", die nichts anderes
zum Ziel hat, als diesen Satz als Baustein in die Köpfe der Kinder zu bringen (jeweils zwei
aufeinander folgende Auslassungsstriche stehen in der Quelle für eine richtige Schülerant-

wort; hier ist diese Schülerantwort in eckigen Klammern zwischen diesen Auslassungsstrichen ergänzt):

> Was kan Gott, weil Er allmächtig ist? – [allezeit helfen] – Sage du es auch: Was kann Gott, weil er etc. – [allezeit helfen] – Warum kan Gott allezeit helfen? – [weil er allmächtig ist] – Noch einmal ein ander Kind gefragt, und nötigen Falls eingeholfen: Warum kan Gott allezeit etc. – [weil er allmächtig ist] – (C. F. Stresow: Vollständiges Handbuch für Schulmeister [...], Halle 1765, 160)

Auf fest gefügte und beliebig wiederholbare Fragen werden syntaktisch, semantisch und pragmatisch fest gefügte und vorgestanzte Antworten eingefordert (vgl. Kilian 2004b). Historische Dialogforschung zum Gespräch im Kommunikationsbereich der Lehre kann nun die Erkenntnis vermitteln, dass diese Dialogstruktur dazu führt, dass der Lernende auswendig lernt. Johann Gottfried Herder nannte dieses Verfahren im Jahr 1800 deshalb nicht zu Unrecht ein „leibhaftiges Wortjähnen" (vgl. Kilian 2002a, 266), und damit meinte er, dass man das Wort so lange im Munde hin und herwende, bis es ohne Verstand in den Kopf gekommen sei. So negativ braucht man es wohl nicht zu sehen; die beschriebene dialogische Struktur kann beim Auswendiglernen – etwa von Vokabeln – gute Dienste leisten, und auch das Auswendiglernen fremdsprachlicher Phrasen im Rahmen eines CD-ROM-Sprachkurses ist nicht schädlich. Es muss allerdings auch den Herstellern von Lernsoftware deutlich sein, dass diese Dialogstruktur eben keine „interaktive" Dialogstruktur ist, die dem Lerner dialogische Handlungsspielräume eröffnet. Historische Dialogforschung kann in solchem Fall als angewandte Dialogforschung eine Orientierung in pädagogisch-didaktischer und dialogstruktureller Hinsicht bieten.

Legitimation, Stabilisierung und Kritik der Gegenwart

Historische Wissenschaft kann sodann laut Kocka, drittens, zur „Legitimation und Stabilisierung bestehender sozialer und politischer Herrschaftsverhältnisse" (Kocka 1986, 124) beitragen – und, gleichsam als Ausgleich, zur Kritik des Historikers an solchen Instrumentalisierungen der Geschichte. Wiederum sei ein Beispiel aus der historischen Dialogforschung gewählt, das später noch einmal aufgegriffen werden wird: In vielen Sprachkulturen, und so auch in der deutschen, gebietet es die Höflichkeitsnorm, Dinge, die dem Gesprächspartner unangenehm sein müssen, nicht zu thematisieren. Aus diesem Grund verzichtet man, zumal vor größerer Gesellschaft, z.B. auf die Frage, wo und wann der Tischnachbar seinen Arm verloren hat, wiewohl es seriös interessiert; man verzichtet im Gespräch mit einer guten Bekannten auf die Frage, weshalb sie schon zum dritten Mal eine Prüfung nicht bestanden hat, auch wenn die Frage als Hilfeangebot gelten sollte – usw. Höflichkeit in einem allgemeinen Sinne bedeutet, den Umgang mit den Mitmenschen so einzurichten, wie man antizipiert, dass der Gesprächspartner es erwarte und wünsche; Höflichkeit erlegt die Pflicht einer Erwartungserwartung bzw. einer „Perspektivenübernahme" (Beetz 1990, 156) auf. Hinweise auf die beschriebene Unterlassungs- bzw. Schweigenorm findet man nun bereits bei Plutarch (ca. 46–119 n. Chr.). In seiner Abhandlung: „Welches sind die Fragen und Scherze, von denen Xenophon sagt, daß es besser sei, sie bei Tische zu brauchen, als sie nicht zu brauchen?" heißt es:

Man hüte sich wohl, jemanden über seine Unfälle zu befragen. Denn es kann für ihn nichts anders als kränkend sein, wenn er von seinem verlorenen Prozeß, von der Beerdigung seiner Kinder oder von der Einbuße, die er bei seinem Handel zu Wasser und zu Lande leidet, vieles erzählen soll. (zit. Schmölders 1986, 101).

Historische Dialogforschung kann, indem sie die Geschichte und Entwicklung dieser im Dialog zu befolgenden Höflichkeitsnorm kritisch rekonstruiert, deren Funktion als Stabilisator gesellschaftlicher Strukturen erweisen (vgl. Beetz 1990, 177 und unten, Kapitel 5). Kinder – und Erwachsene von kindlichem oder, wenn man so will, von natürlichem Gemüt – sollen diese Norm und ihre höflichen und die Gesellschaftsordnung stabilisierenden Funktionen lernen und befolgen. Sie antizipieren grundsätzlich nicht die Erwartungserwartung des Gesprächspartners, sondern richten den Umgang so ein, wie es ihren eigenen Erwartungen entspricht und nicht den Erwartungen derer, mit denen sie sprechen.

Dass diese Höflichkeitsnorm nicht naturgegeben, sondern ein Kulturprodukt ist, führt Wolfram von Eschenbach in seinem Epos „Parzival" aus dem Anfang des 13. Jahrhunderts vor, indem er in einem ganz besonderen Fall – in Bezug auf das Leiden des Gralskönigs Anfortas – gerade die Beachtung der genannten Norm zu einer nicht erwarteten Gesprächshandlung macht. Wolfram lässt Parzival die genannte dialogische Höflichkeitsnorm erst erlernen und dann befolgen – womit Parzivals Leidensweg seinen Ausgang nimmt: Der junge Parzival erhält im 3. Buch von Wolframs Epos erstmals eine standesgemäße Erziehung durch Gurnemanz, der als „Meister adliger Erziehung" gepriesen wird. Hier lernt er unter anderem folgende Normen für höfliches dialogisches Sprachhandeln (Wolfram von Eschenbach: Parzival. Übers. u. Nachwort von Wolfgang Spiewok, Stuttgart 1992, I,3;171,17ff.):

irn sult niht vil gevrâgen:	Stellt keine überflüssigen Fragen, doch will
ouch sol iuch niht beträgen	Euch jemand mit seiner Rede ausforschen, so
bedâhter gegenrede, diu gê	seid schnell bei der Hand mit einer wohl-
rehte als jenes vrâgen stê,	überlegten Antwort.
der iuch will mit worten spehen.	

Gurnemanz macht Parzival hier mit einer Sprachhandlungsnorm bekannt, die, wie Plutarch verrät, schon seit der Antike gilt. Diese Sprachhandlungsnorm ist demach übereinzelsprachlich, möglicherweise **universal**; und sie ist historisch kaum verändert, mithin **panchronisch**. Wolfram überliefert diese Norm als Varietätennorm der mittelhochdeutschen Literatursprache und insbesondere als eine die soziale Struktur stabilisierende Diskursnorm für den höflichen, man muss hier genauer sagen: den höfischen Umgang im Rittertum.

Als Parzival etwas später zur Gralsburg gelangt, wird ihm dort in einer zeremoniellen Feier der Gral gezeigt, und er bemerkt, dass der Gralskönig Anfortas unerträgliche Leiden auszustehen hat. Im Text heißt es (I,5;239,8ff.):

wol gemarcte Parivâl	Parzival bemerkte wohl alle Pracht und das
die rîcheit unt daz wunder grôz:	ganze wunderbare Geschehen, doch seine hö-
durch zuht in vrâgens doch verdrôz.	fische Erziehung ließ ihn auf jede Frage ver-
er dâhte ‚mir riet Gurnemanz	zichten. Er dachte nämlich bei sich: ‚Gurne-
mit grôzen triuwen âne schranz,	manz hat mir wohlwollend und unzweideutig
ich sollte vil gevrâgen niht.	eingeschärft, keine unnützen Fragen zu stel-
waz ob min wesen hie geschiht	len. Soll ich durch ungeschicktes Benehmen

die mâze als dort bî im?	wieder Mißfallen erregen wie bei ihm? Auch
âne vrâge ich vernim	ohne Fragen werde ich schon erfahren, was es
wie ez dirre massenîe stêt.'	mit dieser Rittergesellschaft auf sich hat.

Am nächsten Morgen ist die Gralsburg verlassen. Parzival macht sich auf die Suche nach den Rittern, und nun erfährt er, dass er zwar einer möglicherweise universalen und panchronischen Norm für höfliches dialogisches Sprachhandeln gefolgt ist, dass dies in diesem Fall aber falsch war: Er begegnet Sigune, die ihm verrät, dass er auf der Gralsburg Munsalvaesche war – und dass eine mitleidende Frage nach der Ursache für Anfortas' Leiden diesen hätte erlösen können (Parzival I,5;255,2ff.):

,ôwê daz iuch mîn ouge siht',	,Weh, daß Ihr mir je unter die Augen kamt!'
sprach diu jâmerbaeriu magt,	rief die schmerzgebeugte Jungfrau. ,Ihr habt
,sît ir vrâgens sît verzagt!	versäumt zu fragen! [...] Ihr hättet Euch Eures
[...]	Gastgebers, den Gott so furchtbar gestraft hat,
iuch solt iuwer wirt erbarmet hân,	erbarmen und nach der Ursache seiner Qualen
an dem got wunder hât getân,	fragen müssen! Zwar lebt Ihr, doch Euer Le-
und het gevrâget sîner nôt.	bensglück ist tot!'
ir lebt, und sît an saelden tôt.'	

Zu bemerken ist, dass die Beachtung der Norm, keine unangenehmen Fragen zu stellen, zwar Anfortas' Leiden verlängert und Parzivals lange Suche nach dem Gral auslöst, dass sie gerade dadurch aber auch strukturkonservativ wirkt: Indem Parzival dieser Norm folgt, erhält er die Gralsgemeinschaft in ihrer alten Zusammensetzung.

Auf Traditionen von Normen für dialogisches Sprachhandeln, auf ihre sozialen Funktionen und auf ihre Wandlungen und Brüche wird im Kapitel zur historischen Sprachsoziologie des Dialogs (5.) zurückzukommen sein.

Wandlungsfähigkeit und Veränderbarkeit der Gegenwart

An vierter Stelle steht bei Kocka die Funktion historischer Wissenschaft, „die soziale und politische Gegenwart in ihrem Gewordensein und damit in ihrer Wandlungsfähigkeit, d.h. aber [auch] in ihrer prinzipiellen Veränderbarkeit" zu zeigen (Kocka 1986, 126). Historische Wissenschaft vermag so die Gegenwart als eine von mehreren Möglichkeiten zu erweisen und ihr die Aura der Naturnotwendigkeit zu entziehen. Ebenso stellt auch der dialogische Haushalt der deutschen Sprachgesellschaft des 21. Jahrhunderts eine durch die Kommunikationsbedürfnisse der Gesellschaft begründete Auswahl und normative Gestaltung möglicher Dialogsorten dar. Und auch die prototypische Gestaltung der einzelnen Dialogsorte ist ein Produkt menschlichen Sprachhandelns im Lauf der Sprachgeschichte, das trotz aller Normierung weiterhin veränderbar bleibt – eben Menschenwerk. Das Zeitalter der neuen Medien mit seinen vielfältigen neuen Kommunikationstechnologien macht dieses Gewordensein im Wandel und das Werden im Wandel des Seins derzeit gut beobachtbar, beispielsweise bei der Anverwandlung tradierter Dialogsorten an neue mediale Bedingungen und Möglichkeiten des *Chats*, der *E-Mail*, der *SMS* (s.u., 6). Beim Hallenser Professor Christian Thomasius beispielsweise sah eine Sprechstunde am Ende des 17. Jahrhunderts noch so aus: Professor Thomasius erlaubt Studenten, „täglich die Nachmittags=Stunden / von Ein biß Drey Uhr" für einen Besuch bei ihm zu nutzen und verspricht, ihnen „geneigt Gehör / und freundliche Antwort" zu geben – unter folgenden Bedingungen:

> 1. Macht keine unnöthigen Complimente / und versparet die wunderlichen Titel / biß ihr zu Leuten kommt / die solche gerne hören. 2. Bringet euer Begehren kurtz und deutlich für. 3. Wenn euch darauff geantwortet worden / und ihr nichts weiter zu fragen habt / so nehmet bald euren Abschied wider / es wäre denn / daß ich euch selbst nöthigte zu bleiben. (Christain Thomasius: [Vom elenden Zustand der Studenten], in: Christian Thomasius: Allerhand bißher publicirte Kleine Teutsche Schrifften […], Halle 1707, 567–614, hier 613)

Verglichen mit Thomasius' Sprechstunde sieht das Face-to-face-Gespräch in Sprechstunden von Universitätslehrern des 21. Jahrhunderts anders aus; diese Dialogsorte hat sich verändert, besser: ist verändert worden, wie denn auch die Universität als Institution ihr Gesicht gewandelt hat. So finden die Sprechstunden heute im Dienstzimmer der Lehrenden statt und nicht bei ihnen zu Hause; es gibt, wie bei Thomasius, bestimmte Sprechzeiten, allerdings nicht „täglich"; explizite Sprachhandlungsnormen für die Praxis dieser Dialogsorte werden heute kaum formuliert, wiewohl nach wie vor jede/r Lehrende diese Dialogsorte den eigenen Bedürfnissen anpasst, z.B. in Bezug auf die Tageszeit, die Dauer, die Anmeldung und seit einiger Zeit auch in Bezug auf das Medium insofern, als z.B. *E-Mail-*Sprechstunden – zumeist eingeschränkt auf bestimmte Fragestellungen – angeboten werden

Eigenwert historischen Wissens

Die letzten drei Punkte in Kockas Liste stehen gleichsam quer zu den genannten und erläutern diese in Bezug auf den Bildungswert historischer Wissenschaft für das Individuum. Sie seien deshalb im Zusammenhang referiert. Historische Wissenschaft vermag, fünftens, „zur Orientierung von Individuen und Gruppen in ihrer Gegenwart beitragen" (Kocka 1986, 126); sie kann, sechstens, aufgrund ihrer Konzentration auf konkrete empirisch vorfindliche Zusammenhänge „besser als die systematischen Sozialwissenschaften zu *konkretem* Denken erziehen" (Kocka 1986, 127); und sie ist, siebtens, auch ein intellektuelles Vergnügen mit einen allgemeinen Bildungs- und Unterhaltungswert an sich (Kocka 1986, 128f.).

Philologische Dienstleistungen

Nicht Funktion der historischen Dialogforschung im engeren Sinn, aber doch ein wesentlicher Arbeitsbereich ist schließlich die Nutzung ihrer Zugriffe und die Verarbeitung ihrer Ergebnisse im Rahmen anderer historischer Wissenschaftsdisziplinen, die es mit dialogischer Kommunikation zu tun haben. Da sind, zum ersten, natürlich die Historiker zu nennen, die in jüngerer Zeit nicht nur einen „linguistic turn" vollzogen, sondern auch die dialogische Kommunikation, zumal im Rahmen von Diskursen, als die historische Erkenntnis fördernden Untersuchungsgegenstand entdeckt haben (vgl. z.B. jüngst Landwehr 2004). Dass die historische Dialogforschung dabei weniger die Erkenntnis der historischen Ereignisse selbst revolutionieren wird, liegt wohl auf der Hand (zur diesbezüglichen Kritik Enningers s.u.; vgl. Kilian 2002a, 461f.). Die Zugriffe der historischen Dialogforschung ver-

mögen gleichwohl neue Sichtweisen auf diesen Gegenstand im Rahmen moderner gesell-
schaftsbezogener Ansätze zu initiieren. Sodann ist selbstverständlich die (germanistische)
Literaturwissenschaft zu nennen, die es in verschiedener Hinsicht mit historischen Dialogen
zu tun hat, sei es poetologisch als sprachlichem Kunstwerk (vgl. z.B. Hauenherm 2002;
Urscheler 2002), sei es literatursoziologisch (vgl. z.B. Zimmer 1982; Hasubek 1998). Des
Weiteren werden z.B. in der Politikwissenschaft Strukturen historisch-politischer Dialoge
und Dialogsorten erforscht (vgl. z.B. Ziebura 1963) oder in der Pädagogik historische Formen und Strukturen von Lehrgesprächen (vgl. z.B. Petrat 1996). Die linguistische historische Dialogforschung ist in diesen und anderen Disziplinen als philologische Dienstleistung
(im Sinne einer „linguistischen Hermeneutik" [Fritz Hermanns]) bislang noch nicht in be-
merkens- und wünschenswertem Maß zur Kenntnis genommen worden, wiewohl sie einen
nicht unwesentlichen Beitrag zum Erkenntnisgewinn leisten kann (vgl. Kilian 2003, 178f).

Historische Dialogforschung als Teildisziplin einer soziopragmatischen Sprachgeschichtsschreibung im Rahmen einer umfassenden historischen Sozialwissenschaft ist vor
dem Hintergrund dieser Funktionen eine sowohl historische wie auch gegenwartsbezogene
wie auch zukunftweisende Wissenschaft; sie ist eine im engeren Sinne philologische Kunst,
die im Rahmen einer geisteswissenschaftlichen Hermeneutik auch hilfswissenschaftliche
Dienste bei der Interpretation historischer Dialoge in anderen Disziplinen leisten kann; und
sie ist eine Disziplin der angewandten Linguistik, die mit Hilfe der Dialogvergangenheit die
Dialoggegenwart erklären kann und ein Stück weit in die Dialogzukunft blicken lässt. Neben und mit den beiden Eigenschaftsprädikaten „dialogisch" und „historisch" ist es wohl
dieses Selbstverständnis, das es gestattet, die immer noch verstreut und ohne engeren Zusammenhang publizierten Arbeiten unter einem Dach der Disziplin „historische Dialogforschung" zusammenzufassen.

Literaturhinweise: Paul 1920a; Paul 1920b; Wehler 1980; Kocka 1986; Cherubim 1998; Kocka 1999;
Daniel 2001.

1.2.3. Forschungsstand

Lässt man den Forschungsstand der sprachgermanistischen historischen Dialogforschung
aus der Perspektive des Eigenschaftsprädikats **„historisch"** Revue passieren, dann ist dieses
Eigenschaftsprädikat mit unterschiedlichen Bezügen zu versehen. Da ist, erstens, der Bezug
auf den Gegenstandsbereich selbst, also der Bezug auf die Wirkungs- und Entwicklungsgeschichte des Dialogs in deutscher Sprache: auf die Geschichte der Strukturen, Funktionen
und Bedingungen dialogischen Handelns. Und da ist, zweitens, der Bezug auf die Geschichte der wissenschaftlichen Beschäftigung mit diesem Gegenstandsbereich, das heißt
der Bezug auf die Wissenschaftsgeschichte der historischen Dialogforschung als sprachgermanistischer Disziplin.

In Bezug auf die Wirkungs- und Entwicklungsgeschichte des Gesprächs in deutscher
Sprache erstreckt sich das Eigenschaftsprädikat „historisch" grundsätzlich auf die gesamte
historische Zeit der deutschen Sprachgeschichte, das heißt auf die Zeit vom Althochdeutschen des 8. Jahrhunderts bis zur unmittelbaren Gegenwart. Wenn nämlich zutrifft, dass der

Mensch danach strebt, „mit Andern dialogiren zu können" (Herder 1772, 47; s.o., 1.1.), und dass erst Gesellschaft die Kultur ermöglicht (Paul 1920a, 7), dann kann davon ausgegangen werden, dass zu allen Zeiten tagtäglich in Form verschiedener medialer, lokaler, sozialer und fachlicher Varietäten Menschen dialogisch miteinander kommunizieren. Nur ein geringer Teil dieses alltäglichen Dialoggeschehens wird im multimedialen Zeitalter des 21. Jahrhunderts aufgezeichnet und aufbewahrt, und nur ein im Vergleich dazu verschwindend geringer Teil ist aus früheren und frühesten Sprachstufen des Deutschen überliefert. Doch obgleich die Quellenlage sowohl in quantitativer wie in qualitativer Hinsicht mit dem aszendenten Voranschreiten der historischen Zeit stetig besser wird und für das 20. Jahrhundert sogar kaum mehr zu überschauen ist, ist das „historische" Feld der historischen Dialogforschung zwar insgesamt noch sehr spärlich, über die Spanne der belegten 1300-jährigen Geschichte der deutschen Sprache indes gar nicht so ungleichmäßig bestellt. Zwar ist das dialogische Sprachleben des Althochdeutschen nicht annähernd so gut erforscht wie das des Neuhochdeutschen. Aus *historischer* Perspektive jedoch ist die jüngere und jüngste Dialoggeschichte des Deutschen, die den Dialog unter dem Einfluss neuer Kommunikationstechnologien im medialen Wandel zeigt, auch noch nicht bemerkenswert gründlicher erforscht als manche Dialogausschnitte älterer Epochen, etwa der so genannte „Reformationsdialog" in den zwanziger Jahren des 16. Jahrhunderts.

Das Forschungsinteresse hat sich in den gut dreißig Jahren sprachgermanistischer historischer Dialogforschung allerdings im großen Ganzen auf bestimmte Etappen der deutschen Sprachgeschichte konzentriert, die dialogisch herausragen, in denen der Dialog kultur- und sozial-, ideen- und mentalitätsgeschichtlich auffällt – und deshalb auch überliefert wurde –, wie z.B. das Reformationszeitalter oder auch das aufgeklärte und „pädagogische" 18. Jahrhundert. Die Grobperiodisierung der deutschen Sprachgeschichte in Alt- und Mittel-, Frühneu- und Neuhochdeutsch der Ordnung halber nutzend, werden im Folgenden einige repräsentative Beispiele für Arbeitsfelder der sprachgermanistischen historischen Dialogforschung genannt.

Dialogforschung zum Alt- und Mittelhochdeutschen

Die Sprachstufen des Alt- und Mittelhochdeutschen sind, im Vergleich zur literaturwissenschaftlichen Dialogforschung, dialoglinguistisch bislang nur wenig erforscht. Für sprachgermanistische dialoglinguistische Untersuchungen zum **Althochdeutschen** ist schon mehrfach das Hildebrandlied als erster großer Dialog des Deutschen herangezogen worden (vgl. z.B. v. Polenz 1981; Bax 1983; Bax 1991). Darüber hinaus sind alltagssprachliche Dialoge und Dialogsorten Gegenstand der Untersuchung gewesen, z.B. die so genannten Kasseler und Pariser Gespräche (9./10. Jh.). Dabei stand allerdings zumeist die Rekonstruktion der gesprochenen Sprache im Zentrum des Erkenntnisinteresses, während dialogstrukturelle, dialogpragmatische und dialogsoziologische Fragestellungen im Hintergrund blieben. Die sprachgermanistische historische Dialogforschung zum **Mittelhochdeutschen** hat das Nibelungenlied mehrfach unter die Lupe genommen (vgl. z.B. Weydt 1980; v. Polenz 1981; Sonderegger 1981; Weigand 1988). Dabei galt dem kompetitiven Dialogtyp, vornehmlich der Dialogsorte *Streit* innerhalb des Nibelungenliedes (z.B. *Streit* der Helden und Königinnen) die besondere sprachpragmatische Aufmerksamkeit, was einerseits natürlich auf die Quellenlage zurückzuführen ist, andererseits aber auch, nämlich für das ritterliche *Kampfgespräch* mit prahlerischen „gel(p)f"-Reden, als besonderes dialogisches Gesicht dieser Sprachzeiten angesehen werden kann (s.u., 4.).

Darüber hinaus sind die dialoglinguistischen Arbeiten zum Alt- und Mittelhochdeutschen thematisch breit gestreut, quantitativ insgesamt allerdings noch sehr überschaubar. Hervorzuheben sind neben der erwähnten Erforschung von Formen des *Streits* Untersuchungen zum mittelhochdeutschen *Lehrgespräch* (vgl. z.B. Kästner 1978; Neuendorff 1987), zum *Minnegespräch* (Kästner 1999), zu Gesprächssorten einzelner Epen (z.B. Urscheler 2002) sowie sprechakttheoretisch begründete Analysen einzelner dialogischer Sprachhandlungstypen (vgl. z.B. Schwarz 1984 zu *Liebeserklärungen* oder auch – eher literaturwissenschaftlich – Schnyder 2003 zur „Topographie des Schweigens"). Schließlich sind fiktionale Dialoge der alt- und mittelhochdeutschen Versepik auch herangezogen worden, um methodologische Probleme der historischen Dialogforschung gleichsam unter erschwerten Bedingungen zu klären (vgl. z.B. Michel 1979 zur Rekonstruktion der Bedingungen von Sprechakttypen am Beispiel des „Gregorius" Hartmanns von Aue; Neuendorff 1986 zur Dialogtypologie).

Dialogforschung zum Frühneuhochdeutschen

Auch die historische Dialogforschung zum **Frühneuhochdeutschen** ist zunächst durch eine dialogische Besonderheit dieser Sprachzeit inspiriert und insofern thematisch konzentriert: Der Schwerpunkt liegt bislang auf der Erforschung der so genannten *Reformationsdialoge* des 16. Jahrhunderts (vgl. z.B. Bentzinger 1990, Bentzinger 1992; Enninger 1990; Kampe 1997). Der Gegenstand *Reformationsdialog* steht – als Dialogtyp – in engem Zusammenhang mit besonderen sozialgeschichtlichen Ereignissen und erhält seine Bedeutsamkeit durch die herausragende Rolle, die dem Dialog im Rahmen der konfessionellen Auseinandersetzungen zukam – beispielsweise in Form der *Disputation*, des volksaufklärerischen *Lehrgesprächs* und wiederum des (nicht-disputativen) *Streits*. Die historische Dialogforschung kam mit der Wahl dieses historisch realen und in nicht-fiktionalen Quellen überlieferten Gegenstands in herausragender Weise der programmatischen Forderung der historischen Sprachpragmatik nach, die Geschichte authentischen Sprachhandelns vergangener Sprachstufen des Deutschen zu rekonstruieren. Dieser Bezug der historischen Dialogforschung auf authentische historisch-politische Ereignisse und der darin ausgedrückte Anspruch, nicht nur zur philologischen Erklärung literarischer Dialoge beitragen zu können, sondern auch zur kausalen Erklärung historischer Ereignisse und Vorgänge, stieß allerdings auch auf Kritik. Werner Enninger beispielsweise versuchte, am Beispiel der Zweiten Zürcher Disputation 1523 „die gesprächsstrukturierenden Verfahren [zu] rekonstruieren, mit denen die radikalen Reformer [...] aus ihrer unterprivilegierten Position in der Disputation heraus ihren argumentativen Sieg erringen." (Enninger 1990, 147). Da das Quellenmaterial allerdings nicht den Anforderungen der modernen Gesprächsanalyse genügt, kommt Enninger zu dem Schluss, dass die „Anwendung konversationsanalytischer Verfahren auf historische Dokumente [...] methodologisch nicht nur fragwürdig, sondern fahrlässig ist" (Enninger 1990, 159); in Bezug auf mögliche historiographische Erkenntnisse fiel das Urteil noch vernichtender aus:

> Die obige Skizze brachte kein Faktum ans Licht, das nicht bereits aus der bisherigen historischen und theologischen Literatur bekannt war. (Enninger 1990, 157)

Wiewohl die Schlüsse Enningers über das Ziel hinausschießen – konsequent zu Ende gedacht bedeuteten sie ein Absage an die „Geschichtswissenschaften" (Hermann Paul), denn die Quellen genügen nie den Ansprüchen, die man an sie stellen kann –, machen seine zugespitzten Bemerkungen doch auf zwei Probleme aufmerksam: das Problem des Wertes historischer dialogischer Textquellen für die historische Dialogforschung, das im Rahmen der sprachgeschichtlichen Quellenkunde und Quellenkritik zu lösen ist (s.u.); und das Problem des hermeneutischen Wertes einer angewandten historischen Dialogforschung als philologische Dienstleistung für andere Geschichtswissenschaften (s.o.).

Dialogforschung zum Neuhochdeutschen

Die linguistische historische Dialogforschung zum **Neuhochdeutschen** hat sich – in sprach- wie in wissenschaftsgeschichtlicher Chronologie – zunächst dem späten 18. Jahrhundert gewidmet und den Widerhall der sozialgeschichtlichen „Sattelzeit" in der Dialoggeschichte aufgesucht – auch hier also machte die Sozial- und Ereignisgeschichte bei der Wahl des konkreten Gegenstands Vorgaben. Am Anfang der linguistischen historischen Dialogforschung zum Neuhochdeutschen standen jedoch nicht sozial- oder ereignisgeschichtlich inspirierte thematische Erkenntnisinteressen, sondern sprachstrukturelle: die „Rekonstruktion gesprochener Sprache im 18. Jahrhundert" (Henne 1980, Untertitel; vgl. auch Betten 1985, 145ff.). Dieses Erkenntnisinteresse wurde gespeist von der grammatikographischen sowie pragma- und soziolinguistischen Entdeckung der gesprochenen Sprache in der germanistischen Linguistik der siebziger Jahre des 20. Jahrhunderts und lag zugleich angesichts des literatursprachlichen Aufbruchs zur „natürlichen" gesprochenen Sprache im letzten Drittel des 18. Jahrhunderts nahe. Denn die sozialgeschichtliche „Sattelzeit" wirkte sich auch auf die Literatursprache aus, wirkte sich aus vor allem auf die Figurensprache in den Dramen des Sturm und Drang insofern, als die Figuren nun auch in den anspruchsvollen Stücken, gar in den Tragödien – und nicht nur in den Volksstücken und Hanswurstiaden – wie „Menschen" sprechen durften und nicht mehr wie „Maschinen" sprechen mussten (so Lessing mit spitzer Zunge gegen die Figurensprache Gottscheds; Werke, hrsg. von H. G. Göpfert, IV, 505). Die Figurensprache in den Dramen im letzten Drittel des 18. Jahrhunderts wurde der gesprochenen Umgangssprache unterschiedlicher Sozialschichten (der adligen und bürgerlichen Oberschicht, aber auch der unteren Sozialschicht der Dienstpersonen) „natürlich" angenähert (allerdings noch nicht naturalistisch nachgebildet), und die Dramatiker des Sturm und Drang, vornehmlich Jakob Michael Reinhold Lenz, dürfen mit einigem Recht als „literarische Gesprächsanalytiker" bezeichnet werden (Henne 1980, 94).

Vor diesem Hintergrund wurde die linguistische Gesprächsanalyse historisch gewendet und die historische Dialogforschung zu einem „Anwendungsaspekt" derselben (vgl. Henne/ Rehbock 2001, 228ff.; Schlieben-Lange 1979, 1), wobei sie sich auch der Rekonstruktion von Dialogtypen und -sorten zuwandte. Im Mittelpunkt der Untersuchungen standen und stehen für das 17. und 18. Jahrhundert die gesellige *Konversation* in privatem Raum (vgl. z.B. Fauser 1991; Ehler 1996; zur Romania Schlieben-Lange 1983a); das eine kurze Blüte erlebende *Unterrichts-* bzw. *Lehrgespräch* der philanthropischen Sokratik (vgl. z.B. Kilian 2002a; Naumann 1991; Spinner 1992) sowie die *Briefkorrespondenz* als „schriftliches Ge- spräch" (vgl. z.B. Ettl 1984; Vellusig 2000); das die politische Ohnmacht des Bürgertums kaschierende (halb)öffentliche *Debattieren, Diskutieren, Räsonieren* hat leider bislang noch keine dialoghistorische Untersuchung erfahren. Das 19. Jahrhundert erscheint in der sprachgermanistischen historischen Dialogforschung vor allem als Jahrhundert der bürger- lichen *Konversation bzw. Causerie* (vgl. z.B. Linke 1988; Linke 1996; Kilian 1999), des studentischen Comments (Objartel 1991) und der parlamentarischen *Debatte* (vgl. z.B. Burkhardt 2003). Insofern wurden wiederum Dialogsorten zum Gegenstand gewählt, die die Sprachzeit spiegeln und deren Spuren bis in die unmittelbare Gegenwart führen, deren Erforschung also – im Sinne Kockas – auch Aufschluss über die dialogische Gegenwart bieten sollen. In Bezug auf das 20. Jahrhundert schließlich lässt sich die historische Dialog- forschung aus thematischer Perspektive dahingehend zusammenfassen, dass sie die Ge- schichte und Entwicklung des Dialogs in seiner politisch-ideologischen und medialen (Zer)streuung erkundet und beispielsweise zeigt, wie die Not der großen *Debatte* zur Tu- gend von *Beratungen* und *interfraktionellen Besprechungen* im kleinen Kreis führt (z.B. Kilian 1997a; Burkhardt 2003) und vor welche Herausforderungen neue Kommunikations- technologien wie das Telefon, das Fernsehen und der Computer den dialogischen Haushalt des Deutschen stellten, insofern sie zum Wandel überkommener oder zur Herausbildung neuer Dialogsorten führte – z.B. dem *Telefongespräch*, dem *Talk*, dem *Chat*, der *E-Mail* und der *SMS* (vgl. z.B. Schwitalla 1996; Kilian 2001a).

Insgesamt ist festzustellen, dass sich unter den sprachgermanistischen Arbeiten zur his- torischen Dialogforschung im Bereich des Neuhochdeutschen immer weniger methodolo- gisch ausgerichtete Untersuchungen finden, dafür mehr sprachgeschichtliche im engeren Sinne. Das mag mit der Nähe der Dialogsprache in den neuhochdeutschen Quellen zur Dialogsprache der Gegenwart der Untersuchenden zusammenhängen, möglicherweise auch damit, dass methodologische Bedenken nur zu oft zu umständlichen Erörterungen geführt und die empirische Forschung gehemmt haben. Wiewohl es in der Tat das vornehmste Erkenntnisinteresse der „Geschichtswissenschaften" (Hermann Paul) – und damit auch der historischen Dialogforschung – ist, zu erkunden, „wie es eigentlich gewesen ist" (Leopold von Ranke), ist es jedoch auch im Rahmen des Neuhochdeutschen methodologisch nicht unbedenklich, dialoglinguistische Kategorien, die auf der Grundlage technisch aufbereiteter Korpora der Gegenwartssprache erprobt wurden, ohne Abstriche auf Dialoge aus der jünge- ren Vergangenheit zu übertragen (vgl. Kilian 2002a, 5ff.; Fritz 1994, 547). Hier bedarf es noch einiger methodologischer Maximen und Reflexionen, zumal die Quellenbasis im Verlauf des Neuhochdeutschen immer breiter und die Qualität der Quellen aus Sicht der historischen Dialogforschung immer besser wird.

Die Lust an methodologischen Erörterungen scheint indes in den letzten Jahren auch aufgrund eines Wandels des Erkenntnisinteresses eine schöpferische Pause eingelegt zu haben. In jüngerer Zeit wird die Analyse der Mikro-, Meso- und Makroebene des *einzelnen* Dialogs und der *einzelnen* Dialogsorte nämlich zunehmend zugunsten der äußeren Geschichte von Dialogsorten und Dialogtypen in den Hintergrund gerückt und der sprachgeschichtliche Zugriff kultur- und sozial-, ideen- und mentalitätsgeschichtlich verbreitert. Die konkrete gesprochene Sprache im Gespräch, die konkrete geschriebene Sprache in der Korrespondenz wird dabei mitunter sogar ganz bewusst aus dem Kreis des Erkenntnisinteresses entlassen – nicht selten mit dem Hinweis, dass die Rekonstruktion aufgrund der Quellenlage ohnehin heikel sei – und durch Fragen nach handlungsleitenden subsistenten und statuierten Dialognormen, nach dialogischen Lebensformen, Interaktionsritualen und „Kommunikationsidealen" (Göttert 1988) ersetzt (vgl. z.B. Linke 1996, 36; aus literaturwissenschaftlicher Perspektive ähnlich Beetz 1990, 7; s.u., 5.). Als Quellen dienen diesem Zweig der historischen Dialogforschung zumeist sprachreflexive und sprachnormative Angaben zu Dialogsorten und -typen, z.B. in Anstandsbüchern oder Tagebüchern. Insofern nicht wenige der in diesen Quellen überlieferten Normen sowohl zeitspezifische Einstellungen mitteilen wie auch zugleich seit Jahrhunderten weitergereichte Leitlinien des dialogischen Wohlverhaltens wiederholen (beispielsweise dass man im Gespräch einander nicht unterbrechen solle oder dass man bei Tisch zu schweigen habe), ist der Schluss von derlei historischen Dialognormen auf die Kultur- und Sozial-, Ideen- und Mentalitätsgeschichte des Dialogs allerdings nicht weniger problematisch und nicht weniger methodologisch abzusichern als der Schluss von der Sprache in fiktionalen Dramendialogen auf die gesprochene Sprache der Zeit.

Die je konkreten Ziele der einzelnen Untersuchungen divergieren trotz dieser relativen Konzentration auf bestimmte Sprachzeiten, Dialogsorten und -typen sowie auf einzelne überlieferte Dialogexemplare sehr stark, je nachdem, ob in Bezug auf das „Dialogische" eine sprachstrukturelle, sprachpragmatische oder sprachsoziologische Fragestellung vorliegt und ein eher methodologisch-theoretisches oder eher philologisch-empirisches Erkenntnisinteresse verfolgt wird; und je nachdem, ob in Bezug auf das „Historische" eine bestimmte Zeit, eine bestimmte Dialogsorte oder ein bestimmtes Dialogexemplar den historischen Rahmen setzt und historisch-diachronisch durch die Zeit verfolgt oder historisch-synchronisch analysiert werden soll. Bei keiner Entscheidung wird die jeweilige Alternative vollkommen ausgeschlossen, doch sorgt jede Entscheidung notwendigerweise für eine fokussierende Gewichtung. So ist, wie erwähnt, im Rahmen der Forschungen zum Alt- und Mittelhochdeutschen lange Zeit die sprachstrukturelle Analyse einzelner Gesprächsexemplare zum Zweck der Rekonstruktion der gesprochenen Sprache in den Vordergrund gerückt worden, wobei dann sprachpragmatische und sprachsoziologische Fragestellungen allenfalls den Rahmen abgaben. Auf der anderen Seite stand beim selben Quellenmaterial die Rekonstruktion des Verlaufs des *Streits* und der dialogillokutionären Verzahnung der *gelpfheits*-, also der Prahlreden im Vordergrund (vgl. z.B. v. Polenz 1981; Bax 1983), und die sprachstrukturellen Aspekte dienten lediglich als Kontrastfolie. Oder: Die meisten Untersuchungen zur dialogischen Kommunikation im 19. Jahrhundert legen, wohl auch wegen der erwähnten Nähe zur Gegenwartssprache der Untersuchenden, auf die Rekonstruktion phonetischer, prosodischer und grammatischer Strukturen der gesprochenen Sprache kaum noch Gewicht, auf die Rekonstruktion sprachpragmatischer Dialogstrukturen schon mehr (vgl. z.B. Kilian 1999), fokussieren im Besonderen aber die sprachsoziologischen Dimensionen des Dialogs (vgl. z.B. Linke 1996; Kilian 2001b; Takada 2004). Und schließlich sind die Arbeiten zu erwähnen, die die Alternative zwischen methodologisch-theoretischem und philologisch-empirischem Erkenntnisinteresse zugunsten von ersterem entschieden haben und ein Dialogexemplar oder eine Dialogsorte als Erprobungs- und Veranschauungsmaterial für die methodologisch-theoretischen Erörterungen heranziehen, beispielsweise zur Erprobung dialoglinguistischer Ansätze und Kategorien (vgl. z.B. Ungeheuer 1980) – grundsätzlich hätte es ebenso gut auch ein anderes Dialogexemplar oder eine andere Dialogsorte sein können.

Die Ergebnisse der zahlreichen Einzelstudien haben dazu geführt, dass das Programm der historischen Dialogforschung zugleich erweitert und konzentriert wurde. Erweitert wurde es insofern, als sich die historische Dialogforschung von der anfänglichen Konzentration auf die Analyse einzelner literarischer Dialoge zum Zweck der Rekonstruktion gesprochener Sprache oder zum Zweck der Prüfung dialoglinguistischer Kategorien gelöst und den Blick auch für andere Erkenntnisinteressen (z.B. mentalitätsgeschichtliche) und Quellengattungen (z.B. Gerichtsprotokolle) geöffnet hat. Und das Programm erscheint konzentrierter insofern, als die historische Dialogforschung diese Erkenntnisinteressen – und damit auch ihre empirischen, methodologischen und theoretischen Fragestellungen – systematischer geordnet und zusammengefasst hat. So werden zwar noch immer längere programmatische Listen mit möglichen Fragestellungen der historischen Dialogforschung zusammengestellt (vgl. Cherubim 1998, 542ff.; Fritz 1994, 545f.), doch lassen sich all diese Fragestellungen systematisch den vier Arbeitsbereichen zuordnen, die oben im Zusammenhang mit der exemplarischen Vorstellung dieser Forschungsdiziplin am Beispiel des Gesprächs aus Lenz' „Soldaten" bereits eingeführt wurden und die auch die Untergliederung dieses Arbeitsheftes leiten werden: Es sind dies 1.) der sprachstrukturelle, 2.) der sprachpragmatische, 3.) der sprachsoziologische und 4.) der im engeren Sinne sprachhistorische Arbeitsbereich (vgl. auch Fritz 1994, 550ff.; Rehbock 2001; 962ff.).

Aus dem stichprobenartigen Überblick über die sprachgermanistische historische Dialogforschung ergeben sich aber auch einige vordringliche Desiderate. In wissenschaftsorganisatorischer Hinsicht ist eine stärkere Verknüpfung der einzelnen Forschungsvorhaben notwendig; eine bibliographische Erschließung der vorliegenden Arbeiten, und zwar auch der nicht germanistischen, ist zwar schwierig, der weiteren Forschung aber unabdingbar. In Bezug auf die Forschung selbst ist die Arbeit an Ansätzen zur Typologie bzw. Klassifikation historischer Dialogsorten und -typen voranzutreiben (s.u., 4.), eine Aufgabe, die allerdings auch die synchronisch-gegenwartsbezogene Dialogforschung noch nicht gemeistert hat. Des Weiteren liegen immer noch kaum historisch-diachronische Längsschnittuntersuchungen zu Dialogsorten und -typen vor; die vorliegenden Arbeiten selbst kommen über Begriffsgeschichten auf der Grundlage metakommunikativer und sprachthematisierender Quellen oft nicht hinaus (vgl. z.B. Fritz 1994, 547ff.; Rehbock 2001, 965). Der linguistischen historischen Gesprächsforschung ist sodann eine linguistische historische Korrespondenzforschung zur Seite zu stellen. Einige Vorarbeiten dazu sind bereits vorhanden (vgl.

z.B. Nickisch 1979; Langeheine 1983; Nickisch 2003), und in jüngerer Zeit tritt die linguistische Briefforschung, zumal die, die eine pragmatische Sprachgeschichte „von unten" anstrebt, auch deutlicher aus dem Schatten der literaturwissenschaftlich dominierten Briefforschung heraus (vgl. z.B. Schikorsky 1990; Klenk 1997; Elspaß 2002). Zu leisten ist im Rahmen der historischen Dialogforschung allerdings eine noch stärkere Lösung von rein textlinguistischen Zugriffen, die den *Brief* als formal monologische Textsorte in den Blick nehmen, und eine stärkere Hinwendung zu dialoglinguistischen Zugriffen, die nicht den Brieftext allein, sondern den dialogischen Brief(text)wechsel zum Gegenstand haben. Und schließlich: Die Darstellung der Dialoggeschichte des Deutschen mit ihren Traditionen, Wandlungen und Brüchen stellt noch immer die größte Herausforderung der historischen Dialogforschung dar.

Literaturhinweise: Kästner 1978; Nickisch 1979; Weydt 1980; Sonderegger 1981; v. Polenz 1981; Bax 1981; Bax 1983; Langeheine 1983; Schlieben-Lange 1983; Neuendorff 1987; Weigand 1988; Enninger 1990; Schikorsky 1990; Fritz 1994; Linke 1996; Klenk 1997; Rehbock 2001; Takada 2004.

1.3. Quellenkunde und Quellenkritik

Alle philologische und historische Untersuchung geht aus von den sogenannten Quellen. Wir werden diesen Begriff am besten so definieren: Quellen sind diejenigen Thatsachen aus dem Ganzen der historischen Entwickelung, welche unserer Beobachtung unmittelbar zugänglich sind. (Paul 1891, 155)

In den voranstehenden Ausführungen ist hinreichend deutlich geworden, dass die historische Dialogforschung eine angewandte Wissenschaft ist insofern, als sie dialoglinguistische Zugriffe an überlieferte historische Dialoge heranträgt. Ob sie sich nun der Beantwortung einer sprachhistorischen oder im engeren Sinne philologischen Fragestellung widmet oder aber ein theoretisch-methodologisches Erkenntnisinteresse befriedigen möchte: Sie muss ihre Antwort und ihre Erkenntnis grundsätzlich auf der Basis eines Datenkorpus erarbeiten und belegen, zumindest im Nachhinein überprüfen. Die historische Sprachkompetenz selbst eines sprachgeschichtlich sehr versierten Dialogforschers ist dafür allein nicht hinreichend, und deduktive Rückschlüsse von der Gegenwart auf die Geschichte dürfen nicht mehr als ein allererstes hermeneutisches und heuristisches Hilfsmittel sein.

Das ideale Korpus einer empirischen historischen Dialogforschung des Deutschen müsste nun alle deutschsprachigen Quellen versammeln, die die Bedingungen der Eigenschaftsprädikate »dialogisch« und »historisch« erfüllen. Die Quellen wären dann den beiden medialen Existenzformen des Dialogs – hier das mündliche Gespräch und dort die schriftliche Korrespondenz – entsprechend in ein Teilkorpus für die historische Gesprächsforschung des Deutschen und ein Teilkorpus für die historische Korrespondenzforschung des Deutschen zu ordnen. Beide Teilkorpora könnten sodann weiter unterteilt werden zum Beispiel nach außersprachlichen Daten wie „Zeit", „Raum", „Produzent" usw. (vgl. Hoffmann 1998, 879) sowie nach den gesellschaftlichen Kommunikations- und Praxisbereichen, in denen die jeweiligen Gesprächs- und Korrespondenzsorten, von denen die Quellen einzelne überlieferte Exemplare darstellen, ihre historische „bereichsspezifische Indikator-funktion" (vgl. Steger 1986, 206) haben und in denen sie ganz spezifische Zwecke erfüllen: die in 1.1. angeführte *Disputation* Luthers mit Zwingli beispielsweise verweist auf den Kommunikationsbereich der Kirche und Religion des 16. Jahrhunderts, während das *Streit-gespräch* der Schwestern Marie und Charlotte, aber auch die dort angedeutete *Brief*korres-pondenz Maries mit der „Madam" dem Kommunikationsbereich des kleinbürgerlichen Alltags am Ende des 18. Jahrhunderts zuzuordnen wäre.

Ein solches Verfahren der Quellensammlung und -ordnung – nach außersprachlichen Daten des Dialogexemplars sowie nach Kommunikations- und Praxisbereichen der Dia-logsorten – hätte für die Zeit vor etwa 1950 ein relativ reiches *Korrespondenz*korpus und ein äußerst armes *Gespräch*skorpus zum Ergebnis. Denn während zahlreiche mehr oder weniger vollständig überlieferte Briefwechsel aus verschiedenen Jahrhunderten verfügbar sind (z.B. der Briefwechsel Fürst Ludwigs von Anhalt-Köthen mit den Mitgliedern der Fruchtbringenden Gesellschaft aus den Jahren 1617–1650, der Briefwechsel zwischen Goethe und Schiller aus den Jahren 1794–1805, sodann auch private Briefe „kleiner Leute" aus dem 19. Jahrhundert oder „großer Leute" aus dem 20. Jahrhundert, wie z.B. der Brief-wechsel zwischen Theodor Heuss und Konrad Adenauer aus den Jahren 1948–1963), kön-nen Gespräche erst seit etwa 1950 (bzw. seit „den ersten Phonogrammen um 1900"; Hoff-mann 1998, 875) aufgezeichnet und archiviert werden. Für die Zeit nach 1950 dürfte sich das quantitative Verhältnis zwischen überlieferten Korrespondenzen und mit Hilfe techni-scher Mittel archivierten Gesprächen zugunsten Letzterer umgekehrt haben, doch steht diese Epoche der deutschen Sprachgeschichte nicht gerade im Fokus der historischen Dia-logforschung. Aufgrund der Entwicklung neuerer Korrespondenztechnologien (*E-Mail*, *Chat*, *SMS* u.a.) sowie des rasanten Anstiegs medial inszenierter und archivierter Gespräche (TV-Talks und Spielshows; Video-Konferenzen u.a.) wird sich das quantitative Verhältnis überdies wohl ausgleichen. Auch aus diesem Grund wird eine künftige historische Dialog-forschung des späten Neuhochdeutschen – zum Beispiel zu politischen Gesprächen der Zeit von 1945–1989 – weniger Probleme bei der Korpuserstellung haben.

Das vollständige Fehlen medial authentischer Gesprächsquellen aus früheren Zeiten hat einige Dialogforscher zu der Ansicht geführt, dass eine historische Gesprächsforschung als Teil der historischen Dialogforschung nur schwer möglich ist, da die Ergebnisse der histo-rischen Gesprächsforschung „letztlich hypothetisch" bleiben (Brinker/Sager 1996, 13), der gesprächslinguistische Zugriff auf verschriftete Gespräche gar „methodologisch nicht nur fragwürdig, sondern fahrlässig" sei (Enninger 1990, 159; vgl. die Skepsis zusammenfas-send und Auswege skizzierend Hess-Lüttich 1996, 933ff.). Diese Urteile sind vornehmlich in Bezug auf die Rekonstruktion sprachstruktureller Aspekte des Gesprächs gefällt worden; sie sind jedoch im großen Ganzen auch auf die Rekonstruktionen im Rahmen sprachprag-matischer, sprachsoziologischer und sprachhistorischer Untersuchungen übertragbar, denn die Gesprächswirklichkeit ist nun einmal nicht überliefert, es gilt vielmehr: „Das wirklich Gegebene ist nur die Überlieferung." (Paul 1891, 160). All das, was für eine exhaustive Rekonstruktion sprachstruktureller Aspekte nötig, aber nicht überliefert ist, mag in den Dialogen der untersuchten Sprachzeit existiert haben; zu erforschen ist es nicht, zu be-schreiben allenfalls im Rahmen einer Konjekturalgeschichte. Die Einwände gegen die

Möglichkeit einer historischen Gesprächsforschung wiegen deshalb schwer und sind in Bezug auf die mediale Authentizität der Quellen nicht zu entkräften: Die aus der Zeit vor etwa 1950 stammenden Quellen der historischen Gesprächsforschung sind ausschließlich schriftlich überliefert und bieten deshalb kein Korpus natürlicher Gespräche im engeren Sinn. Alle verschrifteten Gespräche, seien sie nun penibel wirklichkeitsgetreu notiert oder frei erfunden, sind in unterschiedlichem Grade bereits interpretierte Gespräche und „sind zwei bis drei Stufen von authentischen Dialogen entfernt" (Fritz 1994, 550). Brigitte Schlieben-Lange hat das methodologische Problem mit den Quellen schon sehr früh aufgegriffen und auf den Punkt gebracht, wenn sie fragt (1983b, 37):

> Ist es nicht absurd, eine *Geschichte des Sprechens* zu schreiben, wenn wir doch nur über *schriftlich fixierte Quellen* verfügen?

In ihrem Buch „Traditionen des Sprechens" gelingt es ihr, auch einer historischen Gesprächsforschung den Ruch der Absurdität zu nehmen, indem sie den Rahmen der historischen Gesprächsforschung nicht vom Erkenntnisinteresse, sondern von den Quellen her absteckt („Die Quellen geben uns vor, was wir erforschen können."; Schlieben-Lange 1983b, 38):

> Wenn man sich also klar macht, daß man als Historiograph der Sprechtraditionen nehmen muß, was die Quellen einem geben, daß dies gerade das für bewahrenswert Gehaltene ist, nicht das Alltägliche, und daß es uns in einer in Hinsicht auf welchen Zweck auch immer bearbeiteten Form überkommen ist, kann man sich auf Quellensuche machen. (Schlieben-Lange 1983b, 39; vgl. Schlieben-Lange 1979, 1f.)

Schlieben-Lange findet schließlich zwei Gattungen von Quellen: 1.) Quellen mit einer „expliziten Thematisierung sonst als selbstverständlich unterstellter Sprechtraditionen", also sprachthematisierende Quellen, wie z.B. Gesprächsbücher; und 2.) Quellen, die „zu anderen Zwecken fixiert wurden und die nur beiläufig etwas über Traditionen des Sprechens verraten", wie z.B. Parlamentsprotokolle (Schlieben-Lange 1983b, 39). Auf die Möglichkeit, Quellenlücken im Rahmen diachronischer Untersuchungen zur Entwicklung von Dialogsorten und -typen im Wege einer Konjekturalgeschichte zu schließen, macht darüber hinaus Gerd Fritz (1994, 549) aufmerksam. „Konjekturalgeschichte" bedeutet, die Lücken spekulativ mit „Ahndungsvermögen" und „Verknüpfungsgabe" (Wilhelm von Humboldt) zu schließen (vgl. Linke 1996, 33f.; Schlieben-Lange 1983b, 30ff.).

In vielen Fällen ist es um die Quellenlage allerdings gar nicht so schlecht bestellt, wie es auf den ersten Blick erscheint – vorausgesetzt, man fordert nicht von den Quellen die Erfüllung der methodologischen Ansprüche moderner Dialogaufzeichnungen, sondern richtet die Untersuchung methodologisch am vorhandenen Quellenmaterial aus. Ersetzt man beispielsweise das Kriterium der *medialen* Authentizität der sprechsprachlichen Quellen durch das der *konzeptionellen* Authentizität (s.o., 1.1.) der in den schriftlich überlieferten Quellen mitgeteilten historischen dialogisch gesprochenen Sprache und stützt dies in jedem einzelnen Fall quellenkritisch ab (z.B. durch Ermittlung der Überlieferungsintention und -situation), dann verraten die Quellen, die „zu anderen Zwecken fixiert wurden", keineswegs nur „beiläufig" etwas über historische Gespräche, sondern sind gar als Primärquellen der historischen Gesprächsforschung zu begreifen – „primär" in dem Sinne, dass sie zwar nicht die authentischen Gesprächsereignisse selbst sind, aber sie doch repräsentieren, während Sekundärquellen, wie zum Beispiel zeitgenössische Grammatiken, diesen mittelbaren Repräsentationsbezug nicht aufweisen. Gerade weil die Protokollanten von Gesprächen in Parlamentssitzungen, Schulstunden, Gerichts- oder Inquisitionsverhandlungen usw. in der Regel gar nicht beabsichtigten, der Nachwelt etwas über die Gespräche und die Gesprächssprache mitzuteilen, bieten sie in einem mittelbaren Sinn sprachliche „Überreste", nämlich das, „was unmittelbar von den Begebenheiten übrig geblieben ist", während die sprachthematisierenden Quellen reflektierte „Traditionen" sind, nämlich das, „was von den Begebenheiten übrig geblieben ist, hindurchgegangen und wiedergegeben durch menschliche Auffassung." (Ernst Bernheim [1868], vgl. Kilian 2002a, 90ff.).

Primärquellen: Überreste authentischer Dialoge

Die wichtigste Überrestquelle für die historische Gesprächsforschung sind Gesprächsprotokolle, also Mitschriften authentischer Gespräche. Hans Ramge hat solche Mitschriften aus einem Wetzlarer Erbstreit des Jahres 1309 untersucht und Sequenzen daraus publiziert Ramge (1999, 382):

Na desen redin . *sprichit* her . Ernist von Nuu*e*ren . ... eymutliche daʒ
Hencle . Conradis brudir sún . quam vʒ siner mudir hûiz gegangen vor Conradis huis . vn*d* sprach
federe /ich bedin dich . daʒ dů mit mir deylis solich gůuit . so dů mit mir deylen . salt von
reitte .
Dů sprach Conraid
neve dů bist nů in eynnen andirn wech gevallen . ich sal gerne mit dir deylen . also dů mostis
aber liber zů Rome dar vore sin .

(Nach diesen Reden spricht Herr Ernst von Nauborn [Schöffe] einmütig, dass Hencle, Conrads Neffe, vom Haus seiner Mutter zu Conrads Haus ging und dort sprach: Onkel, ich bitte dich, dass du mit mir das Gut teilst, wie du mit mir teilen sollst von Rechts [*reitte* ‚Recht'] wegen. Da sprach Conrad: Neffe, du hast nun einen anderen Weg eingeschlagen. Ich werde gerne mit dir teilen, doch musst du zuvor in Rom gewesen sein [d.h. ‚da musst du dir erst ein oberstes Urteil zu deinen Gunsten besorgen'; Ramge 1999, 391]).

Dieses Protokoll lässt, gemessen an den Daten, die „in einem maximal informativen Korpus der Gesprächsanalyse aufgezeichnet und notiert werden müßten" (Henne/Rehbock 2001, 55f.; s.u., Aufgaben), zwar zahlreiche Wünsche offen und verschweigt gerade solche Phänomene, die als typisch für die gesprochene Sprache gelten, wie zum Beispiel Ausklammerungen, Kontraktionen, Elisionen, Herausstellungen und Anakoluthe als typische phonologische und morphosyntaktische Phänomene (vgl. Schwitalla 1994, 20ff.; Schwitalla 1997, 38ff.), ferner simultanes Sprechen, Gesprächsschrittübernahme durch Unterbrechung oder Überlappung, hörerseitige Gesprächsschrittbeanspruchungen als gesprächspragmatische Phänomene sowie den ganzen Bereich der parasprachlichen und nonverbalen Informationen. Und dennoch erlaubt dieses Gesprächsprotokoll Einblicke in die Wirklichkeit dialogischen Sprechens vor nunmehr rund 700 Jahren, weil „die mündlichen Äußerungen der Prozeßbeteiligten in diesen Protokollen [Gerichtsprotokolle, J.K.] häufig in direkter Rede wiedergegeben werden" (Mihm 1995, 22f.). Überliefert werden in diesem Protokoll z.B.

42

Formen der Anrede im Face-to-face-Gespräch (*federe*, *neve*), Formen bestimmter Sprechhandlungen (z.B. die noch relativ höfliche ABLEHNUNG mit Hilfe von Modalverben [*sal deylen*] oder auch sprachhandlungsbezeichnende Ausdrücke für die innenperspektivische Interpretation des dialogischen Sprechens (*sprach*). Diese Überlieferung ist zwar nicht „unmittelbar von den Begebenheiten übrig geblieben" (s.o.), sondern hindurchgegangen durch den Überlieferungsfilter des Protokollanten, doch gewährt sie „direkte und indirekte Auskünfte über die verlorenen mündlichen Sprachtraditionen" (Mihm 1995, 21) und gestattet Einblicke in die Genese und Entwicklung charakteristischer Handlungsabläufe und Dialogstrukturen (vgl. Ramge 1999, 378ff.).

Primärquellen: Erinnerte Dialoge

Während in einem Protokoll idealerweise ein Gespräch in actu aufgezeichnet wurde, gibt es eine relativ umfangreiche Gattung von Quellen, die im Nachhinein aufgezeichnete Gespräche versammeln, wie beispielsweise das nachfolgende Gespräch zwischen Goethe und seiner Mutter, das Bettine Brentano ca. 35 Jahre später, am 28. November 1810 in einem Brief an Goethe selbst überliefert (aus: E. Grumach/R. Grumach (Hrsg.): Goethe. Begegnungen und Gespräche, Bd. 1: 1749–1776, Berlin 1965, 243):

> An einem hellen Wintertag, an dem Deine Mutter Gäste hatte, machtest Du ihr den Vorschlag, mit den Fremden an den Main zu fahren: „Mutter, sie hat mich ja doch noch nicht Schlittschue laufen sehen, und das Wetter ist heut so schön pp – Ich [Elisabeth Goethe] zog meinen karmesinrothen Pelz an, der einen langen Schlepp hatte und vorn herunter mit goldnen Spangen zugemacht war, und so fahren wir denn hinaus: da schleift mein Sohn herum wie ein Pfeil zwischen den andern durch, die Luft hatte ihm die Backen roht gemacht und der Puder war aus seinen braunen Haaren geflogen; wie er nun den karmesinrothen Pelz sieht, kommt er herbei an die Kutsch und lacht mich ganz freundlich an. – nun was willst Du? sag ich. Ey Mutter Sie hat ja doch nicht kalt im Wagen, geb Sie mir ihren Sammetrock!– Du wirst ihn doch nit gar anziehen wollen? – freilich will ich ihn anziehen. ich zieh halt meinen prächtig warmen Rock aus, er zieht ihn an, schlägt die Schleppe über den Arm, und da fährt er hin, wie ein Göttersohn auf dem Eiß...

Die Forschung spricht in Bezug auf solche Quellen, die wirklich stattgehabte Gespräche nachgeschrieben überliefern, vom „erinnerten Gespräch" (Henne/Rehbock 2001, 33ff.). Das erinnerte Gespräch ist vom mit technischen Mitteln archivierten authentischen natürlichen Gespräch noch weit entfernt, doch verweist es auf ein vergangenes medial authentisches Gespräch und ist deshalb an diesem schon nah genug dran, um noch kein erfundenes fiktionales oder fiktives Gespräch zu sein. In Bezug auf die Struktur, auf den Verlauf und auf die überlieferte Sprache sind erinnerte Gespräche mitunter allerdings – wie alle Erinnerung – vom Erfindungsgeist der Erinnernden geprägt. Goethe selbst zum Beispiel erinnert den von Bettine Brentano überlieferten Gesprächsschritt „Ey Mutter Sie hat ja doch nicht kalt im Wagen, geb Sie mir ihren Sammetrock!" so: „Geben Sie mir, liebe Mutter, Ihren Pelz!' rief ich aus dem Stegreife, ohne mich weiter besonnen zu haben, ‚mich friert grimmig.'" (Goethe, Dichtung und Wahrheit, 4. Teil, 16. Buch; Hamburger Ausgabe Bd. 10, 85). Aus beiden Versionen kann die historische Dialogforschung unter Annahme der konzeptionellen Authentizität der Überlieferung Rückschlüsse darauf ziehen, wie die gesprochene Sprache um 1775 – vielleicht aber auch eher um 1810 – geklungen und wie ein junger Mann seine Mutter angesprochen haben *könnte*; wie dieses Gespräch in Wirklichkeit verlief, bleibt indes das Geheimnis der (Gesprächs)geschichte. In Bezug auf diese Quellengruppe ist des Weiteren zu beklagen, dass erinnerte Gespräche zumeist nur von so genannten „großen" historischen Persönlichkeiten überliefert sind, beispielsweise von Lessing und Goethe (vor allem die Gespräche mit Eckermann), von Kant und Fichte.

Primärquellen: Fiktionale und fiktive Dialoge

Auf der Basis des Kriteriums der konzeptionellen Authentizität sind damit, wie angedeutet, rekonstruierende „Annäherungen" an die historische gesprochene Sprache im natürlichen und spontanen Gespräch möglich (vgl. Henne 1980, 91f.; Schlieben-Lange 1983b, 37f.; Kilian 2002b, 154ff.). So bieten die schriftlich überlieferten Gesprächsquellen zwar niemals ein medial authentisches Gespräch, doch verhalten sich manche von ihnen zum authentischen Gespräch ihrer Zeit wie ein Porträtgemälde oder eine Fotografie zum porträtierten bzw. fotografierten Menschen. Dies gilt auch – vielleicht sogar: insbesondere – für die bislang prominenteste Quellengattung der historischen Dialogforschung, für literarisch-fiktionale Gespräche, freilich abhängig von zeitspezifischen und literarästhetischen Rahmenbedingungen. So ist für Dialogpartien und Dialogfragmente in der alt- und mittelhochdeutschen Dichtung verschiedentlich gezeigt worden, dass die schriftliche Einfassung dieser dialogischen wörtlichen Rede trotz starker Stilisierung und Neigung „zur kunstvollen Rhetorik" (Betten 1990, 332) „einzelne Bausteine oder Versatzstücke wirklich gesprochener Sprache" (Sonderegger 1990, 310) überliefert und somit Rückschlüsse auf die gesprochene Sprache der jeweiligen Zeit zulässt. Die Verschriftung des Mündlichen folgt hier der gesprochenen Sprache mitunter gar enger als dies für die zumeist morphosyntaktisch normierten und orthographisch standardisierten Schriftdialoge in neuhochdeutscher Dichtung vorausgesetzt werden darf – es sei denn, der neuhochdeutsche Autor sucht bewusst die konzeptionelle Authentizität des gesprochenen Wortes sowie den typischen Verlauf eines Exemplars einer bestimmten Gesprächssorte seiner Zeit zu treffen. Der Dramatiker Jakob Michael Reinhold Lenz beispielsweise hat in seinen „Soldaten", deren erste Szene oben zitiert wurde, ganz bewusst „alltags- und umgangssprachliche Gesprächskommunikation als literarisches Kunstmittel" eingesetzt (Henne 1980, 91; vgl. Betten 1985, 147ff.). Wenngleich also das fiktionale Gespräch zwischen Marie und Charlotte schriftlich erfunden ist und medial nur beim Spiel auf der Bühne mündlich wird, so hat es der dramatische Gesprächsanalytiker Lenz (Henne 1980, 94) doch so der konzeptionellen Mündlichkeit seiner zeitgenössischen Gesprächswirklichkeit nacherfunden, dass dieses Gespräch im Jahr 1776 auch wirklich hätte geführt worden sein *können*. Mit Hilfe zeitgenössischer Sekundär- bzw. „Traditions"-Quellen, die also nach Schlieben-Lange „explizite Thematisierungen" bieten – z.B. Grammatiken und Wörterbücher, aber auch Rezensionen dieser „Komödie" –, ist nun zu prüfen, ob und inwieweit Lenz die Gesprächswirklichkeit des niederen Bürgertums im letzten Drittel des 18. Jahrhunderts getroffen hat und die historische Dialogforschung ihm folgen darf.

Fiktionale Dialoge können also, wie erwähnt, aus dialoghistorischer Perspektive als Überreste vergangener Sprachzeiten gelesen werden. Häufig bieten gerade diese Quellen aufgrund der ästhetischen (Über)formung sehr realitätsnahe Einblicke in Strukturen von Dialogsorten und typische Verläufe von ihnen zugehörigen Dialogexemplaren und lassen auf diese Weise auch historisch-diachronische Untersuchungen zu. In Wolframs von Eschenbach mittelhochdeutschem „Parzival" aus dem Anfang des 13. Jahrhunderts (etwa 1210) wird beispielsweise die Struktur einer GRUSS-Sequenz wie folgt in wörtlicher Rede ausgeführt (Wolfram von Eschenbach: Parzival. Übers. u. Nachwort von Wolfgang Spiewok, Stuttgart 1992, I, 7, 351, 5ff.):

dô sach er [Gawan] wie si lâgen,	Gawan beobachtete, wie man sich einrichtete,
wes diese und jene pflâgen.	was dieser oder jener tat, und wenn ihm jemand ein Willkommen zurief, so gab er einen
swer ‚Bien sey venûz' dâ sprach,	
‚gramerzîs' er wider jach.	Dankesgruß zurück."

Auf einen GRUSS – *Bien sey venûz* entspricht dem altfranzösischen *bien seies venuz* (*bien venu*), also ‚willkommen' – folgt nicht, wie in der deutschen Gegenwartssprache üblicherweise, die Wiederholung der Grußformel als Gegengruß (vgl. „Guten Tag" – „Guten Tag"), sondern ein Dank – das schwache Verb *gramerzîen* entspricht französischem *grand merci*, bedeutet also ‚Dank sagen'. Wolframs „Parzival" überliefert als dialoggeschichtliche Quelle nicht allein die sprachliche Gestalt der Formeln, sondern vor allem diese pragmatische Struktur des Minimaldialogs EINANDER GRÜSSEN, bestehend aus zwei korrespondierenden Gesprächsakten, einem so genannten Adjacency pair. Diese Struktur findet sich schon in der Bibel (2 Könige 4, 29) und hat auch mythologische Züge angenommen (vgl. DWb und HWbdA, s.v. *danken* und *grüßen*). Wolfram belegt, dass und wie sie im Mittelhochdeutschen gebräuchlich war. Sie lässt sich nun z.B. auf der Grundlage fiktionaler Quellen durch die sprachgeschichtliche Zeit weiter verfolgen, wobei man die Veränderungen der sprachlichen Gestaltung beobachten kann bis ins Neuhochdeutsche, zum Beispiel in Lessings Lustspiel „Minna von Barnhelm" aus dem Jahr 1763, dessen 2. Auftritt wie folgt einsetzt:

DER WIRT. Guten Morgen, Herr Just, guten Morgen! Ei, schon so früh auf? Oder soll ich sagen: noch so spät auf?
JUST. Sage Er, was Er will.
DER WIRT. Ich sage nichts, als guten Morgen; und das verdient doch wohl, daß Herr Just, großen Dank, darauf sagt?
JUST. Großen Dank!

Der Blick in zeitgenössische Sekundärquellen, wie zum Beispiel historische Wörterbücher, bestätigt schließlich die Authentizität dieser fiktional überlieferten Struktur, für Lessings Zeitalter etwa der Blick in das „Grammatisch-kritische Wörterbuch der Hochdeutschen Mundart" von Johann Christoph Adelung (2. Aufl. 1793–1801; Ndr. mit einer Einführung und Bibliographie von Helmut Henne, Hildesheim [2]1990), in dem es im Artikel *danken* u.a. heißt (Bd. 1, 1793, Sp. 1387):

Für einen Gruß danken, wieder grüßen, da es denn auch von dem bloßen Danken durch Geberden gebraucht wird. Ich grüßte ihn, aber er dankte mir nicht.

Historische fiktionale literarische Dialoge, wie sie zum Beispiel in Dramen des Sturm und Drang vorliegen, und fiktive Modelldialoge, wie sie beispielsweise in Gesprächsbüchern für ausländische Deutschlerner zu finden sind (vgl. Glück [u.a.] 2002; Koch 2002, 285ff.; zu „fiktional" und „fiktiv" vgl. Henne/Rehbock 2001, 27f.), spiegeln auf diese Weise die kommunikativen Haushalte der in ihnen figurierten Sozialgruppen und veranschaulichen im Wege der mimetischen Nachbildung von zeitgenössisch möglichen Dialogen verschiedene gesellschaftliche Kommunikations- und Praxisbereiche als Dialogbereiche mit ihren ver-schiedenen Dialogtypen und Dialogsorten. Von besonderem Quellenwert sind hierbei die Gesprächs- und Konversationsbücher (vgl. z.B. Beetz 1990, 64ff.) insofern, als bei ihnen in besonderem Maße mit einer „expliziten Thematisierung sonst als selbstverständlich unter-stellter Sprechtraditionen" zu rechnen ist (Schlieben-Lange 1983b, 39; Prowatke 1985, 67), da sie diese Sprechtraditionen vermitteln sollen. Sie gewähren Einblicke in dialogische Mikrostrukturen und typische Dialogverläufe, wie sie zu einer bestimmten Zeit von einer bestimmten Sprechergruppe erwartet wurden. So bieten beispielsweise die so genannten „Kasseler Gespräche" aus dem 9. Jahrhundert und die „Pariser Gespräche" aus dem 9./10. Jahrhundert dialogstrukturelle Einblicke in den Kommunikationsbereich des Alltags auf einer Reise im fremden Land, etwa im Gespräch zwischen fremdem Reisenden und heimi-schem Knecht:

51. Gimer min ros. (da mihi meum equum) [Gib mir mein Pferd]
52. Gimer min schelt. (scutum) [Gib mir meinen Schild]
53. Gimer min spera, spata. [Gib mir meinen Speer]
54. Gimer min suarda. [Gib mir mein Schwert]
[...]
72. Habes corne min rossa? (abes annonam ad equos?) [Hast du meinem Pferd Futter gegeben?]
73. So thon ich, herro, (sic habeo) [Das habe ich getan, Herr]
    (Wilhelm Braune: Althochdeutsches Lesebuch [...], 14. Aufl. [...], Tübingen 1965, 8ff.)

Während hier Rückschlüsse auf grammatische Strukturen der gesprochenen Sprache mög-lich gemacht werden (vgl. die Enklise des Personalpronomens *mir* in der Form *gimer* < ‚gib mir'), ist der Quellenwert der zumeist schriftsprachlich geprägten Gesprächsbücher aus späterer Zeit vor allem in Bezug auf historisch-soziopragmatische Erkenntnisinteressen bedeutend. So gewährt etwa Nikolaus Volckmarus in seinen deutsch-polnischen „Viertzig Dialogi, Nützliche Arten zu reden" (Danzig 1729) Musterdialoge aus verschiedenen kom-munikativen Ereignissen und Kommunikationsbereichen, z.B. „wie man in die Kirchen gehet" (IX. Gespräch), „vom Wetter" (XV. Gespräch), „Von Kauffmañschafft und Schiff-fahrt" (XXXV. Gespräch). In ähnlicher Weise enthält Marian Lanossovichs „Einleitung zur Slavonischen Sprache" aus dem Jahr 1778 u.a. auch ein Gesprächsbuch mit Musterdialogen zu verschiedenen kommunikativen Ereignissen aus dem Kommunikationsbereich des All-tags (z.B. „Zum Mittagessen einladen"), aus dem Kommunikationsbereich der Kirche und Religion („Von der Kirche"), aus dem Kommunikationsbereich der Wirtschaft („Vom Kau-fen und Verkaufen") oder zu den „Redensarten, deren man sich über Tische zu bedienen pflegt, nebst den Namen der Tischgeräte", wie z.B das folgende Gespräch (Lanossovich 1778, 219):

[Gast]   Diese Suppe hat einen recht schönen Geschmack.

[Wirt] Sie scherzen, mein Herr.
[Gast] Wahrlich nein, ich rede im Ernst.
[Wirt] Es ist mir lieb, wenn sie ihnen schmeckt.
[Gast] Ich habe lange Zeit keine so gute Suppe gegessen.
[Wirt] Das beliebt ihnen nur so zu sagen.
[Gast] Nein, in allem Ernst.

Schon an diesem Beispiel wird deutlich, dass solche zum Erwerb des Deutschen als Fremdsprache gestaltete Gesprächsbücher konventionelle Idealnormen überliefern. Nur sehr eingeschränkt lassen sie auch Rückschlüsse auf die gesprochene Gesprächssprache zu, da sie
sich, wie erwähnt, an der (Standard)schriftsprache orientieren.

Sekundärquellen: Statuierte und subsistente Dialognormen

Neben dieser Gruppe der protokollierten, erinnerten oder erfundenen (fiktionalen und fiktiven) Gespräche sowie der authentischen Korrespondenzen (z.B. zwischen den Mitgliedern
der Fruchtbringenden Gesellschaft im 17. Jahrhundert) oder der erfundenen Korrespondenzen (z.B. in Goethes Briefroman „Die Leiden des jungen Werthers") steht eine zweite
Großgruppe von Quellen der historischen Dialogforschung, nämlich die Gruppe der Sekundärquellen. Dabei handelt es sich um Quellen, die keine Dialoge bieten, sondern, wie
Schlieben-Lange es beschreibt, „explizite Thematisierungen" des Dialogs, das heißt: Informationen *über* den Dialog, vornehmlich über bestimmte Normen und Mittel desselben. So
überliefert schon eine der ältesten deutschsprachigen Tischzuchten, „Daz ist des tanhausers
getiht und ist gout hofzuht" aus der Mitte des 13. Jahrhunderts eine Dialog-, genauer: eine
Gesprächsnorm, nämlich die Norm, beim Essen möglichst zu schweigen, zumindest nicht
mit vollem Mund zu sprechen und keinesfalls zu streiten (Text und Übersetzung aus Heinz
Kischkel: Tannhäusers heimliche Trauer [...], Tübingen 1998, 305):

17. Der beide reden und ezzen will,	17. Wer essen und reden,
diu zwei werc mit einander tuon,	beide Dinge gleichzeitig tun will
und in dem slâf will reden vil,	und schlafen und ausgiebig erzählen möchte,
der kann vil selten wol geruon.	der wird niemals seine Ruhe finden.
18. Ob dem tisch lât daz rehten sîn,	18. Bei Tisch, während ihr eßt,
sô ir ezzent, daz sümlîche tuont.	streitet nicht mit Worten, so wie einige es tun.

Normative Textsorten wie Tischzuchten oder Sittenbücher versammeln zumeist so genannte subsistente Idealnormen, das heißt solche, die weder konkrete Verfasser noch recht-
liche Kraft besitzen, vielmehr oft über Jahrhunderte hinweg tradiert und irgendwie „ge-
wusst" werden, wie beispielsweise die beim Tannhäuser anklingende Norm, bei Tisch zu
schweigen. Diese subsistente Norm findet sich bereits im lateinischen „numquam ridebis
nec faberis ore repleto" (vgl. Elias 1989, 112) und darf zu den Basisregeln, das heißt, zu
den normativen Universalien kommunikativer Ordnungen gezählt werden. Schon diese eine
Dialognorm hat im Lauf der Zeit viele Facetten erfahren, die vom generellen Schweigegebot bei Tisch bis zur mittelbaren Redeerlaubnis reichen – vorausgesetzt, im Mundraum
befinden sich keine Speisen mehr (vgl. z.B. die redensartlichen Einfassungen „Wer den

Mund hat voll/Der nicht reden soll." oder in der gegenwartssprachlichen Fassung „Man spricht nicht mit vollem Mund."). Kinder der oberen Schichten durften noch bis weit ins 19. Jahrhundert hinein bei Tisch überhaupt nicht sprechen (vgl. Beetz 1990, 313).

Demgegenüber bieten zum Beispiel Schulordnungen oder Gesetzestexte statuierte Normen, das heißt von Normenverfassern formulierte und kodifizierte Regelungen und Vorschriften, darunter auch des dialogischen Sprachhandelns. Nicht selten sind subsistente Normen späterhin kodifiziert und so zu statuierten geworden, wie beispielsweise das Schweigegebot während der Mahlzeiten. So ist etwa in der „Schulordnung aus der Kirchenordnung des Herzogs Julius" aus dem Jahre 1569 die obige subsistente Norm in Form eines absoluten Redeverbots während der Mahlzeiten in eine statuierte Norm verwandelt worden:

> So dann einer unter dem gebet und lesen uber dem tisch schwatzen [...] würde, derselbig sol, so offt es geschicht, mit abbruch etlicher malzeit oder noch herter, mit dem gefengnuß, auch wasser und brodt, gebüßt werden. (nach Friedrich Koldewey [Hrsg.]: Schulordnungen des Herzogtums Braunschweig [...], Bd. 2, Berlin 1890, 69)

In beiden Fällen, den subsistenten wie den statuierten Dialognormen handelt es sich zumeist um Dialogideale; schon die ständige Wiederholung zeigt diesen idealnormativen Wert (im Vergleich zum gebrauchsnormativen) an.

Sekundärquellen: Sprachthematisierende Quellen

Des Weiteren gibt es im engeren Sinne sprachthematisierende Quellen, die über bestimmte Mittel und Formen des dialogischen Sprechens und Schreibens Auskunft geben. In erster Linie sind hier zeitgenössische Grammatiken und Wörterbücher zu nennen, des Weiteren Stilistiken, Rhetoriken und Briefsteller. So kann z.B. ein Blick in Johann Christoph Adelungs „Grammatisch-kritisches Wörterbuch der Hochdeutschen Mundart" (2. Aufl. 1793–1801; Ndr. mit einer Einführung und Bibliographie von Helmut Henne, Hildesheim [2]1990) Aufschluss geben über die Anrede *Herr* am Ende des 18. Jahrhunderts, die der Wirt im obigen Zitat aus Lanossovichs Gesprächsbuch gebraucht:

> Der Hêrr [...], so wohl ein jeder, welcher einem andern zu befehlen hat, in Beziehung auf denselben, als auch der eigenthümliche Besitzer einer Sache. [...] 2) Besonders, in vielen derjenigen Stufen, deren die Macht zu befehlen, oder die Gewalt über andere fähig ist. [...] Nachmahls ward dieses Wort den Freyherren und Baronen eigen, in welcher Bedeutung es noch nicht ganz veraltet ist, ob es gleich jetzt am häufigsten einer jeden adeligen männlichen Person beygeleget wird; [...]. Auch die bürgerliche Obrigkeit in den Städten, die Rathsglieder, werden von ihren Bürgern nur schlechthin die Herren genannt, [...] Ingleichen der Besitzer eines Land- und Rittergutes, der Gutsherr, in Absicht auf die Unterthanen und Leibeigenen. [...] Aus Höflichkeit nennt man auch eine jede männliche Person von einigem Stande, auch wenn es nicht der bloße Titel ist und den Nahmen begleitet, einen Herren [...]. (Adelung, Bd. 2, 1796, 1131ff.)

Insgesamt lassen sich, gleichsam als Fazit, auf einer Skala mit den Polen „authentischer Dialog" auf der einen und „idealer Dialog" auf der anderen Seite acht Quellengattungen für die historische Dialogforschung unterscheiden, von denen je vier Gattungen als „Überrest"- bzw. Primärquellen und vier Gattungen als „Traditions"- bzw. Sekundärquellen zu begreifen sind (vgl. Rehbock 2001, 962; Kilian 2002a, 96ff.):

1.) protokollierte authentische Dialoge,
2.) erinnerte authentische Dialoge,
3.) fiktionale Dialoge,
4.) fiktive Dialoge,
5.) statuierte Dialognormen,
6.) subsistente Dialognormen,
7.) allgemeine sprachreflexive Quellen zu Dialogmitteln,
8.) Quellen zur Ideengeschichte des Dialogs.

Hinzu kommen die zahlreichen sprachreflexiven Quellen(stellen), die verstreut und wahrscheinlich noch viel zu oft unentdeckt im Zusammenhang anderer Quellen überliefert sind (vgl. Gloning 1993).

Der Wert, den eine konkrete Quelle für die historische Dialogforschung hat, bemisst sich allerdings nicht allein nach der Überlieferungsintention des Verfassers der Quelle und nach dem Grad der medialen bzw. konzeptionellen Authentizität, wie es dieser quellenkundliche Ordnungsversuch in „Überrest-" und „Traditionsquelle", „Primär-" und „Sekundärquelle" suggeriert. Der tatsächliche Quellenwert kann vielmehr nur vor dem Hintergrund des je konkreten Forschungs- und Erkenntnisinteresses ermittelt werden. Je nachdem, ob eher sprachstrukturelle oder sprachpragmatische, sprachsoziologische oder im engeren Sinne sprachgeschichtliche Ziele verfolgt werden, sind die einzelnen Quellengattungen, sofern überhaupt Quellen aus jeder Gattung zur Verfügung stehen, unterschiedlich zu gewichten. So sind für sprachstrukturelle Erkenntnisinteressen literarisch-fiktionale Dialoge und zeitgenössische Sekundärquellen wie Grammatiken und Wörterbücher oft wertvollere Quellen als authentische Dialogprotokolle; für kultur- und sozial-, ideen- und mentalitätsgeschichtliche Erkenntnisinteressen hingegen sind Sekundärquellen *über* den Dialog, genauer: über zeitgenössische Einstellungen und Erwartungen in Bezug auf bestimmte Dialogsorten und -typen, oft ergiebiger als ein lückenhaftes Korpus vorhandener Primärquellen; und für eine sich über größere Zeiträume erstreckende Entwicklungsgeschichte der dialogischen Rechte und Pflichten junger Frauen etwa sind Anstands- und Tagebücher eine reichere Quelle als lückenhafte Korrespondenz- und Gesprächskorpora. Auf der Grundlage Letzterer könnte man wohl zwar mit einigen Strichen skizzieren, „wie es eigentlich gewesen ist" (Leopold von Ranke); die Anstandsbücher hingegen gewähren zumindest mittelbar Einblicke in das „Denken, Fühlen und Wollen" (Hermanns 1995, 71) einer ganzen Sprechergruppe zu einer bestimmten Zeit – und zumeist noch darüber hinaus bis zur Gegenwart (vgl. z.B. Linke 1996).

Literaturhinweise: Gernentz 1981; Kunze 1982; Schlieben-Lange 1983b, 37ff.; Prowatke 1985; Betten 1990; Sonderegger 1990; Gloning 1993; Jacobs/Jucker 1995, 6ff.; Hess-Lüttich 1996, 933ff.; Hoffmann 1998; Henne/Rehbock 2001, 33ff.; Kilian 2002a, 90ff.; Kilian 2002b.

Aufgaben

7. Carl Friedrich Bahrdt, ein namhafter Pädagoge des Aufklärungszeitalters, hat in seinem
   Buch „Philanthropinischer Erziehungsplan" aus dem Jahr 1776 das folgende fiktive Gespräch als Muster für ein sokratisches *Lehrgespräch* gegeben (142ff.):

> LEHRER. (Stellt sich in die Mitte; giebt ein Zeichen zur Stille; sieht gen Himmel mit ernster nach-
> denkender und dabey heiterer Miene. Nach einer kleinen Pause hebt er die Hände auf und
> fängt an zu bethen).
> Allgegenwärtiger Gott! du siehest mich mit diesen Kindern versammlet, Wahrheit zu lernen.
> Wir wissen, daß du allein Verstand und Weisheit hast, um denen davon mitzutheilen, die
> Wahrheit suchen. [...] Amen.
> Kinder! was hab ich jetzt gemacht? – Erster!
> ERSTER. Sie haben gebethet.
> 2. LEHRER. Was ist das? ‚Sie haben gebethet?'
> ERSTER. Sie haben mit Gott geredet.
> 3. LEHRER. Kann man denn mit jemand reden, den man nicht vor sich hat? Zweyter!
> ZWEYTER. Nein: aber Gott ist allgegenwärtig.
> 4. LEHRER. So ists. Gott ist allenthalben. Er weiß und siehet alles. Man sey noch so allein so ist
> man doch nicht ohne Gott. Der ist immer um und neben uns, ob wir ihn schon nicht sehen:
> wie ich euch zu anderer Zeit gelehret habe. Also kann ich auch allenthalben mit ihm reden.
> Und so sagen Sie mir, Dritter! was muß ich mir vorstellen, wann ich bethe?
> DRITTER. Das Gott allgegenwärtig ist.
> 5. LEHRER. Hab ich an weiters nichts zu denken?
> DRITTER. (besinnt sich.)
> 6. LEHRER. Ists genug, wann ich mit jemand reden will, daß ich nur an die Person denke, mit der
> ich rede? Vierter!
> VIERTER. Ich muß auch an das denken, was ich rede.
> 7. LEHRER. Darf ich dabey an weiter nichts denken?
> VIERTER. (besinnt sich.)
> 8. LEHRER. Darf ich keine fremde Gedanken haben?
> VIERTER. Nein.
> 9. LEHRER. Was würde es zu bedeuten haben, wenn ich sie hätte? Fünfter!
> FÜNFTER. Gott würde mich nicht erhören.
> 10. LEHRER. Warum? Wäre das nicht Eigensinn? Was schadets dem lieben Gott?
> FÜNFTER. Dem lieben Gott schadets nichts. Aber –
> 11. LEHRER. Nun was meynen Sie? – denken Sie einmal nach; hat man denn bey seinen Handlun-
> gen nur darauf zu sehen, ob Sie dem lieben Gotte s c h a d e n?
> FÜNFTER. (schweigt.)
> 12. LEHRER. Sechster! Wenn Ihnen ein armes Kind eine Gabe abforderte, und Ihnen dabey ins Ge-
> sicht lachte: würden Sie das Uebel nehmen?
> SECHSTER. Ja.
> 13. LEHRER. Warum?
> SECHSTER. Weil es beleidigend ist.
> 14. LEHRER. Aber was schadets Ihnen, daß es lacht? Verlieren Sie etwas dabey?
> SECHSTER. Nein. Es zeigt aber doch, daß es keine Achtung für mich hat.
> 15. LEHRER. Was würden Sie also gegen Gott zeigen, wann Sie mit ihm redeten und die wenigen
> Augenblicke, da Sie es thun, nicht einmal Ihre Gedanken beysammen haben wollten?
> SECHSTER. Ich würde zeigen, daß ich keine Ehrerbietigkeit gegen Gott hätte.
> 16. LEHRER. Was wird also erfordert, Siebender! wenn ich auf die rechte Art bethen will?
> SIEBENDER. Ich muß an Gott denken.
> 17. LEHRER. Und –
> SIEBENDER. An das, was ich mit Gott rede.
> 18. LEHRER. Erster! Wie nennt man diese Eigenschaft des Gebeths.

ERSTER. (besinnt sich.)

19. LEHRER. Haben Sie nie ein Wort gehört, das von an etwas denken herkömmt?

ERSTER. Andacht.

20. LEHRER. Was heißt also andächtig bethen?

ERSTER. Es heist mit Gott reden und sich vorstellen, daß Gott bey mir ist, und – (denkt nach) an das denken, was ich bethe."

Die folgende Taxonomie gibt an, „welche Datentypen in einem maximal informativen Korpus der Gesprächsanalyse aufgezeichnet und notiert werden müßten" (Henne/Rehbock 2001, 55f.). Die historische Gesprächsforschung hat es demgegenüber eher mit minimal informativen Korpora zu tun. Angenommen, das im Anschluss an die Taxonomie wiedergegebene Bild zeigte die Situation des von Bahrdt aufgesetzten *Lehrgesprächs*: Tragen Sie auf der Grundlage von Gespräch und Bild Daten zusammen, die helfen, einige der fehlenden Daten der medialen Mündlichkeit (z.B. „Stimmgrundklang", „ruhig") mit „Ahndungsvermögen" und „Verknüpfungsgabe" annäherungsweise zu ermitteln (Worterklärungen: *sonor* ‚schallend, klangvoll', *segmental* ‚in Form kleinster Einheiten, z.B. Lauten, vorliegend', *suprasegmental* ‚über das Segment, die kleinste Einheit hinausgehend, z.B. lautübergreifend', *Kadenz* ‚Tonhöhenverlauf').

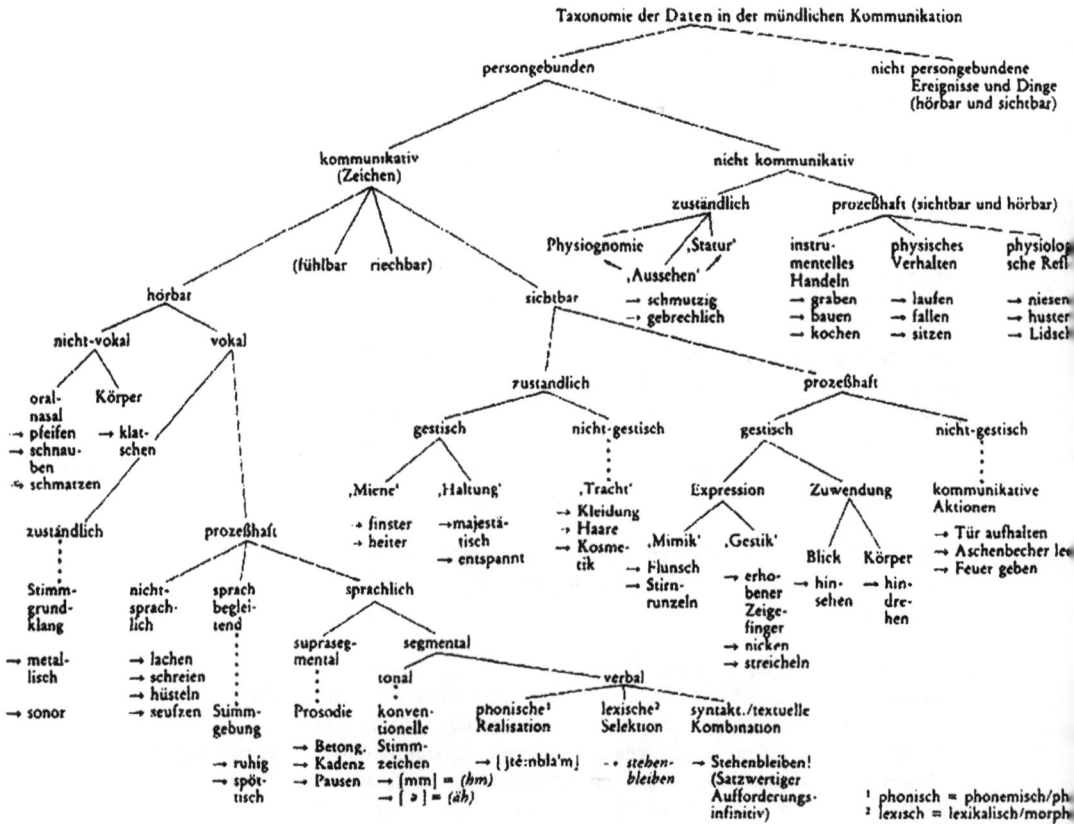

Taxonomie der Daten in der mündlichen Kommunikation

personengebunden — nicht personengebundene Ereignisse und Dinge (hörbar und sichtbar)

kommunikativ (Zeichen) — nicht kommunikativ

zuständlich — prozeßhaft (sichtbar und hörbar)

Physiognomie ‚Statur' ‚Aussehen' — instrumentelles Handeln → schmutzig → gebrechlich → graben → bauen → kochen — physisches Verhalten → laufen → fallen → sitzen — physiologische Reflexe → niesen → husten → Lidschl

(fühlbar riechbar)

hörbar — sichtbar

nicht-vokal — vokal

oral-nasal → pfeifen → schnauben → schmatzen | Körper → klatschen

zuständlich — prozeßhaft

gestisch — nicht-gestisch | gestisch — nicht-gestisch

‚Miene' ‚Haltung' → finster → heiter → majestätisch → entspannt | ‚Tracht' → Kleidung → Haare → Kosmetik | Expression ‚Mimik' → Flunsch → Stirnrunzeln | ‚Gestik' → erhobener Zeigefinger → nicken → streicheln | Zuwendung Blick → hinsehen Körper → hindrehen | kommunikative Aktionen → Tür aufhalten → Aschenbecher le → Feuer geben

Stimmgrundklang — nicht-sprachlich | sprachbegleitend | sprachlich

→ metallisch → sonor | → lachen → schreien → hüsteln → seufzen | Stimmgebung → ruhig → spöttisch

suprasegmental — segmental

Prosodie → Betong. → Kadenz → Pausen | tonal | konventionelle Stimmzeichen → [mm] = (hm) → [ə] = (äh)

verbal

phonische[1] Realisation → [jté:nbla'm] | lexische[2] Selektion → stehenbleiben | syntakt./textuelle Kombination → Stehenbleiben! (Satzwertiger Aufforderungsinfinitiv)

[1] phonisch = phonemisch/ph
[2] lexisch = lexikalisch/morph

Abb. 3: Taxonomie der Daten in der mündlichen Kommunikation

Abb. 4: Gelehrter Unterricht

8. Stellen Sie auf der Grundlage historischer Grammatiken (z.B. J. G. Schottelius: Ausführliche Arbeit von der Teutschen HaubtSprache, Braunschweig 1663, Ndr. Tübingen 1995) ein Inventar historischer Gesprächswörter (zur Definition s. Sachregister und Glossar) zusammen (Tipp: Die Suche erfolgt über das Register-Stichwort „Interjectiones" oder „Zwischenwort" oder „Triebwort" oder „Empfindungswort" u.a.). Schlagen Sie die Gesprächswörter dann in Wörterbüchern nach, die aus der Zeit der Grammatiken stammen (zu Schottelius z.B. K. Stieler: Der Teutschen Sprache Stammbaum und Fortwachs, Nürnberg 1691, Ndr. 1968). Tragen Sie Informationen über die Funktionen dieser Wörter zusammen. Welche Argumente sprechen dafür, welche dagegen, dass Sie mit diesem Inventar und den Erklärungen ein Stück vergangener Gesprächswirklichkeit rekonstruiert haben?

2.   Ansätze, Methoden und Kategorien der historischen Dialogforschung

Historische Dialogforschung bedient sich, insoweit sie als ein „Anwendungsaspekt" der synchronisch-gegenwartsbezogenen Dialogforschung verstanden wird, aus dem Arsenal der verschiedenen theoretischen und methodischen Richtungen derselben – das „Handbuch der Dialoganalyse" aus dem Jahr 1994 führt acht „Konzepte der Dialoganalyse" an (Fritz/Hundsnurscher 1994), das sieben Jahre später erschiene große Handbuch zur „Gesprächslinguistik" sogar 10 „Forschungsphasen und Forschungsansätze" (Brinker/Antos/ Heinemann/Sager 2001). Die historische Dialogforschung hat selbst allerdings noch keinen eigenen systematischen Ansatz im engeren Sinne eines theoretisch und methodologisch gefestigten Bestandes operationalisierbarer Zugriffe entwickelt. Was bislang dazu vorliegt, sind mehr oder weniger vom Forschersubjekt geprägte individuelle Anwendungen bzw. Übertragungen synchronisch-gegenwartsbezogen erprobter Ansätze auf historische Dialoge. Der Entwicklung der historischen Dialogforschung hat dies in gewisser Weise sogar gut getan. Denn während in der synchronisch-gegenwartsbezogenen Dialogforschung erst in jüngerer Zeit die starren Grenzen zwischen den mitunter widerstreitenden Ansätzen gelockert und integrative Zugriffe erprobt werden (vgl. z.B. Weigand 1992; Luttermann 1997), ist die historische Dialogforschung von Anfang an sprachtheoretisch erfrischend unorthodox und methodologisch zwar anspruchsvoll, aber wenig wählerisch. Nimmt sie von den Quellen, was sie bekommen kann, so nimmt sie von den an synchronisch-gegenwartbezogenen Korpora entwickelten und erprobten dialoglinguistischen Kategorien und Methoden, was ihr gerade nützlich erscheint – was, wie oben dargelegt, aber auch nicht immer ganz unproblematisch war und ist, da es die Gefahr anachronistischer Interpretationen birgt.

Entsprechend den in 1.2. dargestellten, der historischen Dialogforschung phänomenologisch vorgegebenen drei Dimensionen, nämlich: 1.) die sprachlichen Strukturen dialogischer Handlungsmittel und -formen, 2.) die pragmatischen Funktionen dialogischer Handlungsmittel und -formen sowie 3.) die sozialen Bedingungen dialogischer Handlungsmittel und -formen, lassen sich drei Ansätze der historischen Dialogforschung voneinander abgrenzen, die jeweils eine dieser Dimensionen fokussieren, ohne jedoch – dies sei wiederholt und kann auch nicht deutlich genug hervorgehoben werden – die anderen auszuschließen: Die ethnomethodologisch inspirierte, induktiv operierende **historische Gesprächsanalyse** nimmt ihren Ausgang von der sprachstrukturellen Rekonstruktion historischer Handlungsmittel und -formen des dialogischen Sprechens; die sprechakttheoretisch inspirierte, deduktiv operierende **historische Dialoggrammatik** fokussiert demgegenüber die funktional-pragmatische Rekonstruktion dialogischer Handlungsmittel und –formen, während die kultur- und sozial-, mentalitäts- und ideengeschichtlich inspirierte Forschungsrichtung, die man unter der Bezeichnung **kulturhistorische Diskursanalyse** zusammenfassen könnte, sich vorrangig für die sprachsoziologische Außenansicht des Dialogs interessiert, insbesondere für das ideale – und mitunter ideologische – Kleid, das Dialogsorten und -typen von bestimmten Sprechergruppen zu bestimmten Zeiten übergestreift wurde. Die vierte, im engsten Sinne historische Dimension, ist grundsätzlich für alle drei voranstehend genannten

Ansätze gleichermaßen offen, doch neigt die historische Gesprächsanalyse mit ihrer Konzentration auf die Untersuchung von Dialogexemplaren eher zu historisch-synchronischen
Querschnittanalysen, während die historische Dialoggrammatik mit ihrer Konzentration auf
die Rekonstruktion von Dialogsorten eher Anlagen zur historisch-diachronischen Forschung hat, sie bislang allerdings kaum nutzt.

2.1.   Rekonstruktion als Methode und Ziel

In den folgenden Abschnitten werden die Methoden, Kategorien und Arbeitsweisen der
genannten Ansätze vorgestellt und anhand von Beispielen vorgeführt. An dieser Stelle ist
allerdings zuvor noch der Begriff der „Rekonstruktion" zu erläutern, der gleichsam der
Fluchtpunkt aller Ansätze, Methoden und Kategorien der historischen Dialogforschung ist.
Was also heißt „Rekonstruktion" im Rahmen der historischen Dialogforschung? Rekonstruktion heißt grundsätzlich ‚Wiederaufbau', ‚Wiederherstellung'; es geht also um die
verstehende Wiederherstellung des sprachlich vermittelten Sinns, den einzelne Dialogexemplare für die an ihnen Beteiligten gehabt haben, und es geht sodann um den verstehenden Wiederaufbau von Formen und Strukturen einzelner Dialogsorten, denen Sprecher
früherer Zeiten bei der Produktion – bzw. Konstruktion – von Dialogsorten gefolgt sind.

„Wie Vergleichung das einzige Mittel des Rekonstruierens ist", schreibt Ferdinand de
Saussure, „so ist auch umgekehrt das Rekonstruieren der einzige Zweck des Vergleichens."
(F. de Saussure: [dt.] Grundfragen der allgemeinen Sprachwissenschaft, Berlin [2]1967, 262)
Alle im Folgenden vorzustellenden Ansätze der historischen Dialogforschung betreiben die
Rekonstruktion – sei es nun die eines historisch-synchronischen Zustands oder die einer
historisch-diachronischen Entwicklung – grundsätzlich kontrastiv. Das heißt, es wird entweder ein Dialogexemplar, eine Dialogsorte oder ein Dialogtyp aus der Zeit t_A untersucht
und – explizit oder implizit – historisch-synchronisch mit einem weiteren Dialogexemplar,
einer Dialogsorte oder einem Dialogtyp aus der Zeit t_A verglichen, um Erkenntnisse über
die Struktur (den Zustand) und das Funktionieren derselben zu gewinnen, oder es werden
verschiedene synchronische Zustände A, B, C usw. (ein Dialogexemplar, eine Dialogsorte
oder ein Dialogtyp aus den Zeiten $t_{A, B, C\ usw.}$) miteinander verglichen, um Erkenntnisse über
die diachronische Entwicklung der Dialogsorte – nur Dialogsorten erfahren, wie erwähnt,
historische Entwicklung – in der Zeit von t_A bis $t_{C\ usw.}$ zu gewinnen. Die kontrastive Methode der Rekonstruktion vermag so aus synchronischer und diachronischer Perspektive zu
strukturellen und funktionalen sowie aus diachronischer Perspektive zu genetischen Erklärungen zu führen (vgl. Presch 1981, 218ff.). Die größten Möglichkeiten, aber auch die
größten Gefahren birgt die kontrastive Methode, wenn die Dialoggegenwart des Dialogforschers zur Vergleichsgröße gewählt wird. Die größten Möglichkeiten bietet dieses Verfahren dann deshalb, weil die Gegenwart die beste Quellenlage bietet und zudem erlaubt, dass
der Dialogforscher introspektiv kompetenzlinguistisch arbeitet, das heißt: sein eigenes
Dialogwissen als Kontrastfolie setzt. Der noch heute maßgebliche Theoretiker der Sprachgeschichtsforschung, Hermann Paul, schrieb diesbezüglich schon 1920:

Von den Zuständen der Gegenwart muß jeder Forscher schon deshalb ausgehen, weil er selbst innerhalb dieser Zustände steht und zugleich innerhalb nationaler und sonstiger Schranken, von denen aus er erst zur Beurteilung abweichender Zustände gelangen kann. (Paul 1920b, 37; Ndr. 230)

Die größten Gefahren allerdings birgt der Ausgang von der Gegenwart, weil er dazu verleitet, die Gegenwart als Norm zu setzen und alles davon Abweichende lediglich als Vorstufe oder frühere Variante dieser Norm zu erkennen, und weil sie zu anachronistischen Interpretationen verführt, wenn der außenperspektivisch-gegenwartsgeprägte Blick des Dialogforschers die Einnahme der Innenperspektive der Zeitgenossen verstellt. Auf diese Gefahren wird noch zurückzukommen sein.

2.2.   Dialogexemplar – Dialogsorte – Dialogtyp – Dialogbereich

Eine exhaustive historisch-dialoglinguistische Rekonstruktion vergangener dialogischer Wirklichkeit müsste, wie oben bereits erwähnt, eigentlich die Fragestellungen und Untersuchungsrichtungen aller drei Ansätze gleichermaßen ausführlich verfolgen oder besser noch: integrativ miteinander verbinden. Denn die strukturellen Aspekte des in einer Quelle überlieferten Dialogs, etwa die Formen des Sprecherwechsels und der Hörerrückmeldungen, sind doch erst richtig verstanden, wenn sie funktional-pragmatisch erklärt und vor dem Hintergrund der sprachsoziologischen Handlungsbedingungen der Dialogbeteiligten beschrieben werden können; ebenso sind die prototypischen Funktionen einer bestimmten historischen Dialogsorte nur dann hinreichend sprachpragmatisch zu beschreiben, wenn zusätzlich auch die typischen sprachstrukturellen Handlungsmittel und -formen dieser Dialogsorte bekannt sind und wenn die sprachsoziologischen Bedingungen der Realisierung dieser Dialogsorte in die dialogtypologische Bestimmung einfließen; und schließlich kann auch die kulturhistorische Verortung eines Dialogexemplars, einer Dialogsorte und erst recht eines ganzen Dialogtyps im Gesamt eines Diskurses oder gar im Gesamt des gesellschaftlichen Dialogsortenrepertoires nur dann erfolgreich geleistet werden, wenn die Strukturen und Funktionen einzelner dialogischer Handlungsmittel und -formen dieser Dialogsorte bekannt sind. Diese wechselseitige Abhängigkeit der verschiedenen Untersuchungsrichtungen wird in der praktischen Arbeit der historischen Dialogforschung sehr rasch deutlich – womit noch einmal daran erinnert sei, dass die historische Dialogforschung eine *angewandte* Dialogforschung ist, deren wahre Herausforderungen, aber auch (Entdecker)freuden eben in der Praxis der Rekonstruktion liegen.

„Rekonstruktion", so können die voranstehenden Erörterungen zusammengefasst werden, meint im Rahmen der historischen Dialogforschung vorrangig die verstehende Wiederherstellung, den verstehenden Wiederaufbau vergangener Dialogsorten. Die Dialogsorte ist damit die wichtigste Untersuchungseinheit der historischen Dialogforschung und der vorrangige Gegenstand der Rekonstruktion. Das ist keine Entscheidung der Mehrzahl der Dialogforscher, sondern in der Sache selbst begründet: Nur Dialogsorten können eine Entwicklung erfahren; nur Dialogsorten können aus diesem Grund diachronisch aus der Geschichte bis zur Gegenwart oder auch deszendent ausgehend von der Gegenwart in die Geschichte hinein untersucht werden; nur Dialogsorten unterliegen dem Sprachwandel im

engeren Sinne – bzw. treiben diesen an; und nur Dialogsorten sind für die Sprachgeschichtsschreibung von Interesse insofern, als nur sie als virtuelle Sprachhandlungsmuster
Elemente der Sprache (im Sinne der „Langue" Saussures) sind. Ein Dialogexemplar, sei es
ein Gespräch oder eine Korrespondenz, erfährt hingegen keine Entwicklungsgeschichte,
sondern übt als singuläre Erscheinung allenfalls eine zeitlich befristete Wirkungsgeschichte
aus (ebenso wie es auch ein ausgesprochenes oder geschriebenes Wort tut); ein Dialogtyp
wiederum ist ein sehr abstraktes hypothetisches Konstrukt zum Zweck der systematischen
Ordnung der Dialogsorten einer Sprechergruppe, besitzt selbst aber keine Funktion im
Sprachgebrauch (vergleichbar einem Archilexem, um beim Vergleich mit dem Wortschatz
zu bleiben). Am Beispiel des Dialogtyps *Lehrgespräch*, das in Kapitel 3 im Mittelpunkt
stehen wird, lässt sich die Differenzierung von Dialog(exemplar), Dialogsorte und Dialogtyp (und entsprechend Gespräch(sexemplar), Gesprächssorte, Gesprächstyp bzw. Korres-
pondenz(exemplar), Korrespondenzsorte, Korrespondenztyp) wie folgt veranschaulichen (s.
folgende Seite; vgl. Kilian 2002a, 73ff.; anders Sager 2001).

Die Graphik macht deutlich, dass jedes einzelne Gespräch und jede einzelne Korrespondenz grundsätzlich dem prototypischen Muster einer Sorte folgt (wie stereotypisch auch
immer dieses Muster vom einzelnen Sprecher/Schreiber erworben wurde). Wenn Kantor
Bruns etwa seinen Schülern eine vom Text gelöste Entscheidungsfrage stellt, wie z.B.
„**B**[runs]. Friz! bist du denn ein Jüngling?", so wird den Schülern mit diesem initialen Gesprächsakt angedeutet, dass das folgende Gespräch nicht der Sorte *examinierendes Prüfungsgespräch* zuzuordnen ist, sondern eher der Sorte des *gelenkten Unterrichtsgesprächs*.
Von der anderen Seite ausgehend gewährleisten Dialogtypen systematische, zweckbestimmte Ordnungen unterschiedlicher Dialogsorten relativ zu einem konkreten Kommuni-
kations- und Praxisbereich. Vor dem Hintergrund der schulischen Institution sind alle Fragen, die Bruns stellt, Lehrerfragen, also solche, bei denen die Schüler davon ausgehen können, dass der Kantor die Antwort bereits weiß. Sie können aber nur deshalb von dieser
Prämisse ausgehen, weil dies ein Merkmal von Lehrerfragen innerhalb des Dialogtyps
Lehrgespräch ist und für alle diesem Dialogtyp angehörigen Dialogsorten gilt. Dialogtypen
dienen also nicht nur der Dialogforschung als hypothetisches Konstrukt, sondern wohl auch
jedem kompetenten Sprecher als Orientierungshilfe bei der Produktion und Rezeption eines
Dialogexemplars über den Weg der Dialogsorte. Alle Dialogtypen, die in einem Kommunikationsbereich repräsentiert sind, bilden wiederum das dialogische Gesicht dieses Kommunikationsbereichs.

Welchen Weg die Rekonstruktion einer historischen Dialogsorte letztlich nimmt – den
Weg vom Dialoge x e m p l a r ausgehend oder den vom Dialo t y p ausgehend –, ist abhängig
vom je konkreten Erkenntnisinteresse; mitunter wird auch die Quellenlage den Ausschlag
geben. Stehen etwa zahlreiche überlieferte Dialogexemplare von guter Qualität für die
Rekonstruktion einer Dialogsorte zur Verfügung, bietet sich eine induktive sprachstrukturelle, sprachpragmatische und sprachsoziologische Rekonstruktion an (vom Exemplar zur
Sorte als funktionales Muster innerhalb eines Typs, gleichsam vom Kleinen zum Großen);
ein Mangel an überlieferten Dialogexemplaren hingegen zwingt zur deduktiven Rekonstruktion sprachstruktureller und sprachpragmatischer Aspekte (vom Typ zur Sorte als
abstraktes Muster von Exemplaren, gleichsam vom Großen zum Kleinen), während die Re-

56

(medial) mündlich   (medial) schriftlich

konkretes
Einzelereignis

Gespräch(sexemplar)
(z.B. das Gespräch, das
Kantor Bruns an einem Schul-
tag im Sommer 1780 führte)

Korrespondenz(exemplar)
(z.B. der Briefwechsel zwischen Rochow und Felbiger
Ende 1772/Anfang 1773)

repräsentieren als die beiden
medialen Grundformen sprachlicher
Kommunikation den (das)
Dialog(exemplar)

aufgrund
ähnlicher
funktionaler,
formaler,
situativer
Merkmale
zu klassifizieren in

Gesprächssorten
(das Gespräch von Kantor
Bruns ist der Sorte
maieutisches Gespräch
zuzuordnen)

Korrespondenzsorten
(der Briefdialog ist der Sorte
schriftliche Diskussion
zuzuordnen)

repräsentieren bei Äquivalenz funktionaler, formaler und situativer Muster
unterschiedliche mediale Existenzformen einer
Dialogsorte

aufgrund
zweckgebundener
Zuordnung
zusammenzufassen
zu einem

Gesprächstyp
(Lehrgespräch
im 18. Jahrhundert)

Korrespondenztyp
(Fachkorrespondenz
im 18. Jahrhundert)

repräsentieren mediale Erscheinungsformen des Dialogbereichs
in Form eines
Dialogtyps
(Lehrdialog/Fachdialog im 18. Jahrhundert)

im Rahmen eines
Dialogbereichs

als dialogisch organisierter Teil eines
Kommunikationsbereichs

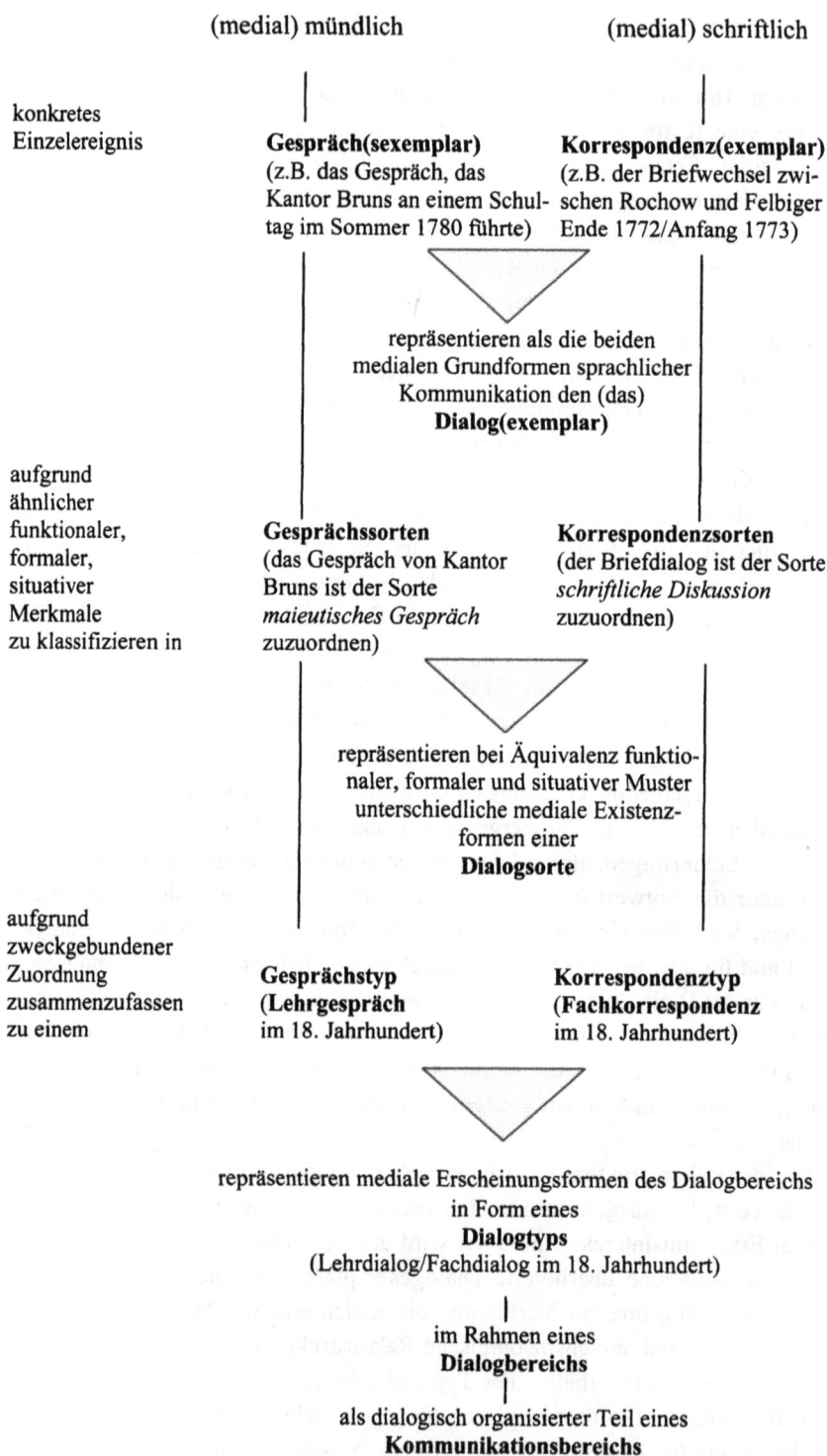

Abb. 5: Dialogtypologie

konstruktion sprachsoziologischer Aspekte davon nicht so stark betroffen ist. Unabhängig vom konkreten Erkenntnisinteresse und auch unabhängig von der Quellenlage ist jedoch festzuhalten, dass die historische Dialogforschung bei der Rekonstruktion von Dialogsorten nicht den Weg der additiven Pragmatik gehen kann, sondern den der integrativen Pragmatik beschreiten muss (s.o.). Was heißt das? Das heißt, dass die Auswahl und kritische Bewertung, die Analyse und Interpretation der Quellen voraussetzt, dass jedes überlieferte Dialogexemplar stets vor dem Hintergrund des gesamten Dialogumfelds zu betrachten ist, vor dem Hintergrund des gesellschaftlichen Kommunikations- und Praxisbereichs, in dem dieses einzelne Dialogexemplar seinen Ort hat, und vor dem Hintergrund des Diskurses, mit dem dieses einzelne Dialogexemplar verknüpft ist. Diese Rückbindung des Dialogexemplars an sein Dialogumfeld ist der Schritt zum Verstehen des Dialogs, ganz unabhängig davon, ob allein die sprachstrukturellen oder die sprachpragmatischen oder die sprachsoziologischen Daten fokussiert werden sollen, und ob sie historisch-synchronisch oder historisch-diachronisch untersucht werden, oder ob gar eine exhaustive Untersuchung geleistet werden soll. Pointiert formuliert: Die obige Skizze ist stets insgesamt abzuarbeiten, nur mit dem Unterschied, dass das sprachsoziologische Erkenntnisinteresse den Schwerpunkt auf das untere Drittel legt, das sprachpragmatische Erkenntnisinteresse auf das mittlere Drittel und das sprachstrukturelle Erkenntnisinteresse auf das obere Drittel (jeweils bezogen auf die Anordnung in der Skizze).

Die Abfolge der folgenden Kapitel 3 bis 5 – Kapitel 6 steht quer dazu – folgt denn zwar dem Verlauf der obigen Skizze von oben nach unten, vom „Kleinen" zum „Großen", ist gleichwohl der integrativen Pragmatik geschuldet insofern, als auch die kleinen und kleinsten Strukturelemente, wie Phoneme und Morpheme, Wörter und Sätze, stets in ihrer meso- und makrostrukturellen dialogisch-funktionalen Einbettung, mithin gar als Indikatoren für bestimmte Dialogsorten von Interesse sind. Zwar sind beispielsweise morphosyntaktische Strukturen und Wortschätze in einem überlieferten Dialogexemplar formal-strukturell auch ohne Kenntnis dieser ko- und kontextuellen Einbettung im Sinne einer additiven Pragmatik beschreibbar; die dialogischen Funktionen dieser Strukturen sowie die Feststellung der konzeptionellen Mündlichkeit bzw. Schriftlichkeit der in ihnen überlieferten dialogischen Sprache ist gleichwohl stets abhängig von Kriterien der Redekonstellation und diese wiederum steht in Bezug zu einer Dialogsorte im Rahmen eines Dialogtyps in einem bestimmten Kommunikations- und Praxisbereich. Die (historische) Gesprächsanalyse zielt denn auch bei der Analyse der sprachlichen Mikrostrukturen auf deren dialogpragmatische Funktion.

Als eine methodologische Faustregel für historisch sprachpragmatische Untersuchuchungen im Sinne der integrativen Pragmatik kann der von Matthieu de Vendôme bereits im 12. Jahrhundert aufgesetzte „Inventionshexameter" dienen: *quis, quid, ubi, quibus auxiliis, cur, quomodo, quando.* Auf die historische Dialogforschung übertragen: Wer [sagt/schreibt] was, wo, mit welchen Mitteln, warum/wozu [mit welchem Erfolg], auf welche Weise, wann [zu wem]? Der Soziologe Harold D. Lasswell hat im Jahre 1948 eine Frageformel für die pragmatische Analyse von Texten formuliert, die ganz ähnlich lautet – allerdings nicht so vollständig ist. Die so genannte „Lasswell-Formel" lautet: „Who says what in which channel to whom with what effect?" („Wer sagt was in welchem Kanal oder

Medium zu wem mit welcher Wirkung?"; vgl. Henne 1975, 93). Mit beiden Formeln wird daran erinnert, dass trotz des Ausgangs von einem sprachstrukturellen oder einem sprach-pragmatischen oder einem sprachsoziologischen Erkenntnisinteresse für die hinreichende Interpretation stets alle drei Dimensionen des Dialogs zu beachten sind – und dass dialogisches Sprechen und Schreiben zuallererst soziales Sprachhandeln von Menschen vor dem Hintergrund seiner sprach-, kultur- und sozialgeschichtlichen Situierung war und ist.

Literaturhinweise: Weigand 1992; Fritz/Hundsnurscher 1994; Luttermann 1997; Brinker/Antos/Hei-nemann/Sager 2001.

3.   Historische Sprachstruktur des Dialogs: Rekonstruktion historischer
      Handlungsmittel und -formen des dialogischen Sprechens

Die ethnomethodologisch inspirierte, induktiv verfahrende Gesprächsanalyse hat als erster
der drei genannten Ansätze die Anwendung ihrer Methoden und Kategorien auf historische
Korpora gewagt. Schon deshalb steht in diesem Kapitel zwangsläufig die historische **Gespräch**sanalyse im Zentrum des Interesses. Für die dialoglinguistische Interpretation der
Korrespondenz sind vergleichbare sprachstrukturelle Analyseansätze noch nicht entwickelt; zumeist werden text(sorten)linguistische Ansätze herangezogen, die die Schriftstücke
(vor allem Briefe) allerdings kaum als auch formal-dialogische „Turns" im Rahmen dialogischer Kommunikation erfassen können (s.u., 6.).
    Aufgrund der ethnomethodologischen Herkunft der historischen Gesprächsanalyse
(*ethnomethodologisch* meint, vereinfacht ausgedrückt, dass der beobachtende Wissenschaftler die (Innen)perspektive der beobachteten Sprechergruppe [„Ethnie"] einnimmt)
existieren Sprachhandlungen nicht per se in der Welt, sondern sind stets Interpretationskon-
strukte der am Dialog Beteiligten (vgl. Bergmann 1994). Auch der Dialog ist somit keine
vorfindliche Größe, sondern jedes einzelne Dialogexemplar entsteht als soziale Wirklichkeit allein dadurch, dass Menschen ihr aufeinander bezogenes Sprachhandeln als dialogisch
organisieren und, während sie dies tun oder auch im Nachhinein, als Dialogexemplar einer
bestimmten Dialogsorte interpretieren. Diese sprachtheoretische Grundüberzeugung der
(historischen) Gesprächsanalyse erweist sich bei der Erforschung von Strukturen historischer Gespräche als Erleichterung und Erschwernis des Zugangs zugleich. Sie erweist sich,
einerseits, als Erleichterung insofern, als der Dialogforscher im Grunde nichts anderes tun
muss, als die Rolle eines Gesprächsbeteiligten und dessen Innenperspektive einzunehmen.
Er interpretiert dann das überlieferte Gespräch und seine Strukturen so, als sei er dabei
gewesen. Da die historische Gesprächsanalyse ohnehin induktiv verfährt, also stets von
überlieferten Gesprächsexemplaren ihren Ausgang nimmt, erscheint dieser Zugang also
zunächst relativ problemlos.
    Die sprachtheoretische Grundüberzeugung von der Konstitution des Dialogs im Zuge
der Interpretation eines kommunikativen Ereignisses *als* Dialog durch die daran Beteiligten
birgt, andererseits, für die historische Dialogforschung aber auch zahlreiche Schwierigkeiten. Das beginnt schon mit der für diesen Ansatz höchst unzureichenden Qualität der
schriftlich überlieferten Gesprächsquellen, wozu im Abschnitt 1.3. das Notwendige ausgeführt wurde. Es setzt sich fort bei der Erkenntnis – und dem Eingeständnis –, dass ein Dialogforscher aus dem 21. Jahrhundert schwerlich die Innenperspektive eines Gesprächsbeteiligten aus dem 8. bis 19. Jahrhundert einnehmen kann – unter anderem deshalb, weil er
die sprachstrukturellen und sprachpragmatischen Handlungsmittel und -formen, die für die
Einnahme der Innenperspektive notwendig sind, ja erst rekonstruieren will. In der Praxis
hat sich eine streng ethnomethodologisch orientierte (historische) Dialogforschung deshalb
als undurchführbar erwiesen, was vornehmlich zu zwei Konsequenzen geführt hat:

1. Da allein schon die Auswahl von Dialogquellen einen außenperspektivischen Begriff
   von „Dialog" voraussetzt, und da zudem auch die Rekonstruktion der Handlungsmittel
   und -formen entsprechende Begriffe von Handlungsmitteln und -formen voraussetzt

(man muss ja wissen, was man rekonstruieren will und wonach man suchen muss), wird der *wissenschaftliche* Zugang zur Einnahme der Innenperspektive geleitet durch panchronische Kategorien. Das heißt: Der Dialogforscher gewinnt seine Kategorien nicht auf der Grundlage der jeweiligen Innenperspektive der am Dialoggeschehen Beteiligten, sondern bedient sich wissenschaftlich vordefinierter Analysekategorien, die unabhängig sind von den Wechselfällen der Zeit. Diese Kategorien werden in der Regel der gegenwartsbezogen-synchronischen Gesprächsanalyse entnommen und gegebenenfalls für das historische Material modifiziert bzw. „historisiert" (vgl. Cherubim 1998, 542; Kilian 2002a, 29ff.).

2. Um dennoch die Innenperspektive einnehmen und so nah wie nur möglich an vergangenes dialogisches Sprachhandeln heranzukommen, wird die durch außenperspektivische wissenschaftliche Kategorien geleitete Interpretation gestützt durch die Rekonstruktion des mittelbaren zeitgenössischen Gesprächsumfelds sowie der unmittelbaren Handlungsbedingungen, die die an einem konkreten Gesprächsexemplar Beteiligten geschaffen haben bzw. denen sie unterworfen waren, kurzum: Das zur Untersuchung anstehende Gesprächsexemplar muss analytisch aus seiner Konstruktionsgeschichte herausgenommen und zugleich interpretativ in diese wieder eingebettet werden – ein geradezu klassisches Beispiel für das hermeneutische Wechselbad von verstehender Analyse und Synthese.

In diesem Sinne haben Helmut Henne und Helmut Rehbock 1979 „Ansätze eines Forschungsprogramms zur historischen Gesprächsanalyse" formuliert, in dem sie den im vorigen Abschnitt schon eingeführten Begriff der „Rekonstruktion" an den genannten Problemen einer sprachstrukturellen Analyse der Handlungsmittel und -formen ausrichten:

> Hervorzuheben ist in diesem Zusammenhang der Begriff ‚Rekonstruktion‘ [...], weil er von vornherein unterstellt, daß historische Sprache im Gespräch nicht als solche verfügbar ist, sondern zumindest dreifach gefiltert: 1) durch gesprächsanalytische Kategorien (innerhalb einer Gesprächstheorie); 2) durch sprachhistorische Kategorien (innerhalb einer Theorie der Sprachgeschichte); 3) durch die Interpretation des Wissenschaftlers (Sprache im Gespräch als interpretierte Sprache [...]). (Henne/Rehbock 2001, 229 [4. Aufl.]; vgl. Linke 1996, 41ff.)

Als vierter Filter wird noch die historische Gesprächstheorie und -praxis des durch die Quellenwahl abgegrenzten Gesprächsbereichs angeführt (Henne/Rehbock 2001, 229). Das von Henne/Rehbock nun vorgelegte „Forschungsprogramm" selbst kann gleichsam als Anleitung zur Rekonstruktion historischer Handlungsmittel und -formen des dialogischen Sprechens und Schreibens gelesen werden. Anzumerken ist, dass dieses „Forschungsprogramm" den oben erläuterten Weg vom Großen zum Kleinen einschlägt: vom „Gesprächsbereich" über „Gesprächstypen" bis hin zum einzelnen Gesprächsakt, gar zu prosodischen Merkmalen einzelner Sprachhandlungspartikeln. Damit bestätigt dieses „Forschungsprogramm" den oben dargelegten Weg der integrativen Pragmatik und auch die Notwendigkeit, dass die vom Erkenntnisinteresse abhängige Fokussierung nur *einer* der Untersuchungsperspektiven nicht dazu führen darf, dass die anderen unberücksichtigt bleiben. Das „Forschungsprogramm" lautet wie folgt:

1. Zunächst ist die Frage zu beantworten, welchen Stellenwert das Gespräch und unterschiedliche Gesprächsbereiche im öffentlichen und privaten Leben der Menschen haben. Diese Frage kann nur vergleichend angegangen werden: indem andere Formen der Kommunikation, wie Brief- und Buchwesen, auf dem Hintergrund gesellschaftlicher Zusammenhänge vergleichend skizziert werden. Zweck einer solchen Bestandsaufnahme ist: Einblick in den historischen Prozeß der Einschätzung und Ausbildung der Kategorie Gespräch zu bekommen.
2. Danach sind vorliegende [...] natürliche, fiktive und fiktionale Gespräche, jeweils in der Form vorliegender Verschriftlichung, zu einem Korpus zusammenzufassen und nach Gesprächsbereichen und Gesprächstypen zu sortieren. Dieses Korpus ist [...] hinsichtlich des Kunstcharakters (fiktionale Gespräche), des didaktischen Charakters (fiktive Gespräche) und des durch die Überlieferungsform der Verschriftlichung bedingten defizitären Charakters (natürliche Gespräche) zu bewerten und zu interpretieren.
3. Auf dieser Basis kann dann der Versuch unternommen werden, typische Gesprächsstrukturen der Zeit und deren sprachliche Mittel zu rekonstruieren: Welche sprachlichen Mittel werden in welchen Gesprächsbereichen und Gesprächstypen [...] verwendet (z.B. sprachliche Rückmeldungsakte und strukturelle Gesprächsakte)? Welche Versatzstücke, also ritualisierte Gesprächsstücke, haben institutionalisierte Gespräche, z.B. Gespräche im Unterricht und wissenschaftliche Diskussionen? Wie ist insgesamt der Zusammenhang von Gesprächen in der Literatur, im Unterricht, im öffentlichen und privaten Leben? (Henne/Rehbock 2001, 230)

Dieses „Forschungsprogramm" wird durch die „Fragestellungen einer historischen Gesprächsanalyse", die Brigitte Schlieben-Lange – ebenfalls erstmals 1979 – formuliert hat, unterstützt (Schlieben-Lange 1979, 3):

1. Welche Verfahren der Gesprächsführung auf verschiedenen Ebenen (Verständigung; formale Organisation; Handlungssinn; eventuell auch noch Interaktionsmodalitäten; Sachverhaltsdarstellungen) sind aus den vorliegenden Texten zu erschließen?
2. Werden in den Texten explizit Regeln für Gesprächsführung formuliert?
3. Läßt sich die gesellschaftliche Bewertung des Gesprächs oder bestimmter Formen des Gesprächs aus den zugänglichen Quellen erschließen?

Zwei „komplementäre Fragestellungen" ergänzen diesen Katalog, nämlich die Frage „nach allgemeinsten Techniken der Lösung komplexer verbaler Aufgaben" und die Frage „nach kulturspezifischen und epochenspezifischen Unterschieden bei eben diesen Lösungsversuchen."

Gesprächsexemplar

Sowohl das „Forschungsprogramm" wie auch die „Fragestellungen" nehmen ihren Ausgang von einem konkreten Gesprächsexemplar. Aufgabe der sprachstrukturellen Analyse ist es nun, „den heutigen Traditionen des Sprechens ältere gegenüberzustellen und zunächst einmal einfach festzustellen, daß sie anders waren, in einem zweiten Schritt auch danach zu fragen, in welchem Ausmaße und in welcher Hinsicht sie anders waren." (Schlieben-Lange 1983b, 30; vgl. auch Presch 1981, 224ff.).

Als Beispiel sei ein Gespräch aus der sehr spärlich überlieferten Quellengattung der protokollierten authentischen Gespräche gewählt: Es handelt sich um ein *Lehrgespräch*, das ein Kantor namens Bruns laut den Angaben des Protokollanten Heinrich Gottlieb Zerrenner am 13. Mai 1787 in der Elementarschule des Freiherrn von Rochow im brandenburgischen

Reckahn geführt hat. Herinrich Gottlieb Zerrenner überliefert es 1788 in der Zeitschrift „Journal für Prediger" (Noch etwas über Rekan [...], in: Journal für Prediger Zwanzigsten Bandes erstes Stück, Halle 1788, 1–47, hier 16f.):

> Das Stück [„Der sterbende Jüngling" aus Friedrich Eberhard von Rochows Lesebuch ‚Der Kinderfreund' aus dem Jahr 1776, J.K.] wurde erstlich von dem Lehrer deutlich, bedächtlich und musterhaft vorgelesen; dann noch 3 bis 4 mal von einem und dem andern Kinde wiederholt, und darauf durchgegangen der sterbende Jüngling!
>
> B[runs]. Friz! bist du denn ein Jüngling? F. Nein!
>
> **B.** Ist denn wol ein Jüngling im Dorfe? **K.** o ja Rüzens Steffen ist ein Jüngling. **B.** Recht! – Nun der war tödlich krank. Sind denn alle, die krank sind, tödlich krank? wer denn? Allemal? **K.** nein manchmal.
>
> **B.** Wie war der Jüngling denn vorher gewesen? – Also fleissig war er gewesen? was heißt denn das? – ein bischen fleissig war er? **K.** nein recht sehr. – **B.** Und das half ihn ia doch nun nicht, da er sterben mußte? oder halfs ihn doch etwas. **K.** O ja! er war ja verständig und gut dadurch geworden. Ein andres: er konnte ja nun freudig sterben, weil er gut war.
>
> **B.** Aber Kinder! das hätt' ich doch nicht gethan, daß ich so fleißig in die Schule gegangen wäre. Wenn der Herr in die Schule käme und sagte: Kinder! es soll nun keine Schule mehr seyn! Jedes Kind kann nun den ganzen Tag spielen und herumlaufen, wie es will!
>
> **Kinder.** Wenn auch! das wäre doch nicht gut! **B.** Warum denn nicht? Ich meyne das wäre doch recht hübsch – oder nicht? Was lernt ihr in der Schule? – Sollt sich etwa mit Schreiben allein schon einen Thaler verdienen lassen? etc.etc. Und den fleißigen und gehorsamen Jüngling ließ Gott sterben? Ey warum das? was sagte der Jüngling zu seinen Eltern? was waren das für Ursachen? – Wißt ihr sie? **Kinder.** Nein! **B.** Nun fragt mich einmal, ob ichs weiß? **Kinder.** Nun sagen Sie uns doch: Warum der liebe Gott den fleißigen Jüngling sterben ließ? – Hr. **B.** (nach einer Pause, mit einem ehrerbietigen Ernst:) ich weiß es nicht! (wie weise, wie bedeutend und lehrreich!) Aber sehr gut war es gewiß, weil Gott es geschehen ließ.
>
> **B.** Aber Kinder! geht ihr denn auch gern in die Schule?
>
> **K.** 1. O ja! recht gern. **K.** 2. Ich auch. **K.**3.4.5. u.s.w. Ich auch! o ich auch!
>
> **B.** Ich weiß doch aber zwey, die jetzt lieber draußen herumrennten? – Die Kinder sahen sich betroffen einander an. Nicht wahr du? – und du? – –"

Wiewohl der Protokollant Zerrenner durch typographische Hervorhebungen (z.T. Absätze und Fettdruck) bereits die dialogische Struktur des Gesprächs andeutet, muss die historische Gesprächsanalyse zur Vorbereitung der Arbeit eine kategoriell gestützte Notation vornehmen, die das Gespräch in die Gesprächsschritte der Sprecher zerlegt und die Kommentare des Protokollanten (z.B. „Die Kinder sahen sich betroffen einander an.") tilgt. Dieser Notation seien bereits einige kategorielle Termini zur Seite gestellt und exemplarisch veranschaulicht, die im Folgenden die Analyse leiten werden (s. folgende Seite).

Die sprachstrukturelle Rekonstruktion des Gesprächs konzentriert sich auf die Analyse der Mikrostrukturen, wie sie im dritten Schritt des „Forschungsprogramms" von Henne/ Rehbock bzw. in der ersten der drei „Fragestellungen" Schlieben-Langes angedeutet werden. Auf dem Weg vom Großen zum Kleinen sind zuvor allerdings die anderen Schritte zu gehen und die anderen Fragestellungen zu beantworten: die Frage nach dem gesellschaftlichen Umfeld des Gesprächsexemplars im Rahmen eines Gesprächstyps – hier also des Gesprächstyps *Lehrgespräch* im 18. Jahrhundert – und im Rahmen des gesellschaftlichen Kommunikations- und Praxisbereichs, ferner die Frage nach dem zeitgenössischen Stellenwert des Gesprächstyps und nicht zuletzt die Frage nach einem Korpus gleichartiger Ge-

63

Gesprächseröffnung
[nicht überliefert]

Gesprächsmitte

Gesprächsschritte

B[runs]. Friz! bist du denn ein Jüngling [‚Jugendlicher']?
F. Nein!
B. Ist denn wol ein Jüngling im Dorfe?
K. o ja Rüzens Steffen ist ein Jüngling.
B. Recht! – Nun der war tödlich krank. Sind denn alle, die krank sind, tödlich krank? wer denn? Allemal?
K. nein manchmal.
B. Wie war der Jüngling denn vorher gewesen? – Also fleissig war er gewesen? was heißt denn das? – ein bischen fleissig war er?
K. nein recht sehr. –
B. Und das half ihn ia doch nun nicht, da er sterben mußte? oder halfs ihn doch etwas.
K. O ja! er war ja verständig und gut dadurch geworden.
Ein andres: er konnte ja nun freudig sterben, weil er gut war.
B. Aber Kinder! das hätt' ich doch nicht gethan, daß ich so fleißig in die Schule gegangen wäre. Wenn der Herr in die Schule käme und sagte: Kinder! es soll nun keine Schule mehr seyn! Jedes Kind kann nun den ganzen Tag spielen und herumlaufen, wie es will!
Kinder. Wenn auch! das wäre doch nicht gut!
B. Warum denn nicht? Ich meyne das wäre doch recht hübsch – oder nicht? Was lernt ihr in der Schule? – Sollt sich etwa mit Schreiben allein schon einen Thaler verdienen lassen? etc.etc. Und den fleißigen und gehorsamen Jüngling ließ Gott sterben? Ey warum das? was sagte der Jüngling zu seinen Eltern? was waren das für Ursachen? – Wißt ihr sie?
Kinder. Nein!
B. Nun fragt mich einmal, ob ichs weiß?
Kinder. Nun sagen Sie uns doch: Warum der liebe Gott den fleißigen Jüngling sterben ließ? –
Hr. **B**. (nach einer Pause, mit einem ehrerbietigen Ernst:) ich weiß es nicht! (wie weise, wie bedeutend und lehrreich!) Aber sehr gut war es gewiß, weil Gott es geschehen ließ.

B. Aber Kinder! geht ihr denn auch gern in die Schule?
K. 1. O ja! recht gern.

K. 2. Ich auch.
K.3.4.5. u.s.w. Ich auch! o ich auch!
B. Ich weiß doch aber zwey, die jetzt lieber draußen herumrennten? Nicht wahr du? – und du? – –"

Gesprächswörter

Gesprächsschritt-verknüpfung (z.B. FRAGE → ANTWORT) und zugleich Sprecherwechsel (Selbstselektion nach Gesprächsschrittübergabe)

Hörerrückmeldung (Schweigen?)

Gesprächsbeendigung
[nicht überliefert]

Abb. 6: Kategorien der Gesprächsanalyse

64

sprächsexemplare und nach expliziten Normen für das *Lehrgespräch* in dieser Zeit. Diese
Fragen können hier nicht ausführlich beantwortet werden; einige stichwortartige Hinweise
müssen genügen (ausführlich Kilian 2002a, Kap. III.3.).

Stellenwert des Dialogs im historischen Kommunikationsbereich

Im Lauf des 18. Jahrhunderts setzte sich die pädagogisch-psychologische Ansicht immer
mehr durch, dass der Erwerb von Bildung und Wissen nicht allein durch Lehrervorträge
und abfragende Prüfungsgespräche zu fördern ist, sondern vor allem dann, wenn der Lernende aktiv am Unterrichtsgeschehen mitwirken kann. Man erinnerte sich in diesem Zusammenhang an die maieutischen Gespräche des Sokrates, der seinen Schülern durch „iro-
nisches" Fragen das in ihnen ruhende Wissen „abgelockt" hatte. Praktiziert wurden solche
„sokratischen Gespräche" im letzten Drittel des 18. Jahrhunderts auf einigen privaten Re-
formschulen (den „Philanthropinen"), die von Kindern gut situierter Bürger besucht wurden. Auf den Landschulen dagegen blieb es beim *Lehrervortrag* und bei *katechetischen
Prüfungsgesprächen* – abgesehen von der Elementarschule in Reckahn. Hier wurde der
Versuch unternommen, auch mit Kindern der Landbevölkerung und in relativ großen Klassen sokratische Gespräche zu führen. Aus diesem Grund sind die Reckahner Lehrgespräche
des Kantors Bruns schon von Zeitgenossen als etwas Besonderes erkannt und der Aufzeichnung für wert gehalten worden. Mit den Protokollen dieser Lehrgespräche liegen erste
sprachgeschichtliche Zeugnisse für die schulische Praxis des *gelenkten Unterrichtsgesprächs* im Rahmen des Gesprächstyps *Lehrgespräch* vor – einer didaktischen Gesprächssorte, die das Unterrichtsgeschehen der Gegenwart beherrscht.
    Die Reckahner Elementarschule war aber auch eine Ausnahmeerscheinung insofern, als
es hier zwei nach Alter unterschiedene Schulklassen gab und die „Klasse der kleinern Kinder", aus der das vorliegende Gespräch stammt, nur von „10 Knaben und 14 Mädchen"
besucht wurde, während es sonst nicht ungewöhnlich war, das 50 bis 100 Kinder den Klas-
senraum füllten. Sehr wichtig für die historische Gesprächsanalyse sind schließlich, sofern
vorhanden, explizite Angaben über die räumliche Anordnung der am Gespräch Beteiligten,
da dies Auswirkungen hat auf die Wahl der Gesprächssorte und den Gesprächsverlauf. Für
die Reckahner Elementarschule liegen auch dazu Informationen vor. Carl Friedrich Riemann, der im Frühjahr und Sommer 1780 den Schulbetrieb beobachtet und zahlreiche Gesprächsprotokolle angefertigt hat, beschreibt auch die schulische Sitzordnung als Neuerung,
da sie 1. überhaupt eine Ordnung in die Kinder-„Haufen" einer Elementarschule brachte
und 2. die sonst fast allerorts übliche Frontalausrichtung aller Schüler auf den Lehrer nicht
ganz übernahm. Riemann beschreibt die Sitz- und Gesprächsordnung folgendermaßen (Carl
F. Riemann: Beschreibung der Reckanschen Schuleinrichtung 1781, 189):

> Beym Eingange in die Schulstube findet man links an der Wand die Knaben in zwey Reihen auf
> Bänken sitzen, welche fest und nicht zu hoch stehen, damit sie mit ihren Füßen die Erde erreichen
> können, und eine jede dieser Bänke hat einen schmalen schräge abgehenden Aufklappetisch vor
> sich [...]. Die Mädchen sitzen dem Eingange gerade über, haben eben einen solchen Tisch vor
> sich, welcher aber der Anständigkeit wegen vorne mit Leinewand zugeschlagen ist, doch so, daß

sie unten durchkommen können. Die ganzen Sitze machen ein halbes Quadrat nach nach folgender ohngefährer Zeichnung:

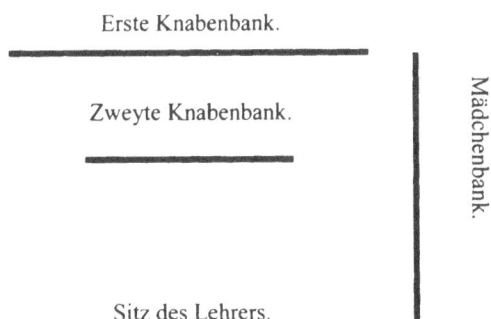

Erste Knabenbank.

Zweite Knabenbank.

Mädchenbank.

Sitz des Lehrers.

3.1. Makro- und Mesostrukturen des Dialogs

Nach der Auswahl des Gesprächsbereichs („Forschungsprogramm", Schritt 1) und eines darin zu verortenden Gesprächsexemplars („Forschungsprogramm", Schritt 2) folgt nun die sprachstrukturelle Arbeit im engeren Sinn: die kategoriengeleitete Analyse der Makro-, Meso- und Mikrostrukturen des Gesprächs. Es kann es im Rahmen dieser Einführung nicht das Ziel sein, jede einzelne Kategorie der gegenwartsbezogen-synchronischen Gesprächsanalyse zu definieren und zu diskutieren; vielmehr gilt es, die (An)wendbarkeit der Kategorien auf historische Dialogexemplare vorzuführen. Folgende Kategorien stehen dabei im Vordergrund (Überblicke über das Kategorieninventar der synchronisch-gegenwartsbezogenen Gesprächsanalyse bieten z. B. Henne/Rehbock 2001, 247ff. und Brinker/Sager 1996, 171ff.):

- Kategorien der Makroebene: Gesprächseröffnung, Gesprächsmitte, Gesprächsbeendigung;
- Kategorien der mittleren Ebene/Mesoebene: Gesprächsschritt, Gesprächsschrittverknüpfung, Hörerrückmeldung, Sprecherwechsel;
- Kategorien der Mikroebene: syntaktische, lexikalische, morpho-phonologische Kategorien.

3.1.1. Analyse historischer Gesprächsphasen der Makroebene (I): Gesprächseröffnung und Gesprächsbeendigung

In der gegenwartsbezogen-synchronischen Gesprächsanalyse werden auf der Makroebene des Gesprächs drei Phasen unterschieden: die Gesprächseröffnung, die Gesprächsmitte und die Gesprächsbeendigung. Eröffnung und Beendigung sind beziehungsorientierte Ge-

66

sprächsphasen, die Gesprächsmitte ist – zumeist – gegenstandsorientiert, also im engeren Sinne thematisch.

Gesprächseröffnung

Im Zuge der Gesprächseröffnung sollen „die Gesprächspartner eine wechselseitig akzeptierte Situationsdefinition hinsichtlich ihrer sozialen Beziehungen als Gesprächspartner erreichen" (Henne/Rehbock 2001, 15). Gesprächseröffnungen (und -beendigungen) sind grundsätzlich ritualisiert (für das 17. und 18. Jh. vgl. Beetz 1990, 140), zum Beispiel durch wechselseitige Begrüßungsformeln („Guten Tag! der gewöhnliche Gruß, wenn man einander am Tage begegnet"; J. C. Adelung: Grammatisch-kritisches Wörterbuch der Hochdeutschen Mundart [...], Bd. 4, 1801, 518) und -gesten („Abziehung des Huthes", „Verbeugung"; ebd., Bd. 2, 1796, 841). Die sozialen Beziehungen zwischen Lehrer und Schülern sind zudem durch die Institution Schule vorbestimmt und werden nicht in jedem *Lehrgespräch* erneut festgelegt. Die sprachliche Seite der Gesprächseröffnung ist dadurch gewissermaßen institutionell ritualisiert, aber auch entlastet, und gerade dies sorgt für bestimmte Freiräume des dialogischen Umgangs – und seines Wandels.

Um einen historischen Wandel oder auch Kontinuitäten überhaupt feststellen zu können, muss der Gesprächsanalytiker, wie Schlieben-Lange es formulierte, „kontrastiv" arbeiten und die Eröffnungsphase des überlieferten Gesprächs entweder mit der Gestaltung der Eröffnungsphasen gleichartiger Gespräche der heutigen Gegenwart vergleichen oder aber, auf der Grundlage eines weiteren historischen Korpus, mit der Gestaltung gleichartiger Gespräche derselben Untersuchungszeit oder gar früherer Zeiten. Allein die Feststellung, welche Gespräche „gleichartig" sind, zwingt dazu, Kriterien für eine vorerst hypothetische Gesprächssorte *gelenktes Unterrichtsgespräch* oder zumindest einen hypothetischen Gesprächstyp *Lehrgespräch* aufzustellen. Schon dieses scheinbar kleine Vorhaben des historischen Vergleichs von Eröffnungen *gelenkter Unterrichtsgespräche* führt also in den erwähnten hermeneutischen Zirkel von – zumeist der Gesprächsgegenwart entnommener – Hypothese (allein die Verwendung des Begriffs „gelenktes Unterrichtsgespräch" für das oben zitierte Gespräch ist eine solche Hypothese) und deren Überprüfung und Modifikation am historischen Material. Dieser Zugriff auf historische Dialogexemplare mit Hilfe von Hypothesen, die der Dialoggegenwart des Dialogforschers entstammen, widerspricht bereits der reinen ethnomethodologischen Lehre. Anders ist es allerdings gar nicht möglich, denn es kann dem Dialogforscher niemals gelingen, sein „Selbst gleichsam auszulöschen" (Leopold von Ranke). Auch aus diesem Grund hat die germanistische Gesprächsanalyse den ethnomethodologischen Ansatz modifiziert, wenn nicht gar hinter sich gelassen.

Das überlieferte *gelenkte Unterrichtsgespräch* des Kantors Bruns setzt unvermittelt ein, ein Text bildet – wie noch im Unterricht der Gegenwart nicht unüblich – den Anlass des Gesprächs, seine mehrfache Lektüre ist gleichsam eine narrative Vor-Eröffnung, ein Initiator des Gesprächs, aber noch kein Teil desselben etwa in Form eines Gesprächsschritts. Eine Gesprächseröffnung im engeren Sinne, beispielsweise durch eine Begrüßung, ist diesem Protokoll nicht zu entnehmen, aber in vergleichbaren Quellen dieser Gesprächssorte überliefert, so dass die historische Gesprächsanalyse in der Lage ist, diese Gesprächsphase für die Gesprächssorte des *gelenkten Unterrichtsgesprächs* zu rekonstruieren. Von Kantor Bruns selbst überliefert Zerrenner zum Beispiel die ironisch motivierende Gesprächseröffnung „Kinder zum Rechnen habt ihr heut wol keine Lust?" (Zerrenner 1788, 9), und ein weiteres Gespräch eröffnet Bruns sogar mit der für die Ohren der Kinder scheinbar ernst gemeinten Frage: „Ich wollte ja heute etwas fragen? was doch wol?" (Zerrenner 1788, 14). Beide Eröffnungen deuten darauf hin, dass Kantor Bruns die institutionell vorbestimmte Gesprächsrolle des die Unterrichtskommunikation asymmetrisch dominierenden Lehrers zugunsten der Inszenierung einer symmetrischeren Gestaltung der sozialen Beziehungen zwischen den Gesprächsbeteiligten abschwächte, im einen Fall indiziert durch die freundliche Anrede „Kinder" und die Abtönungspartikel *wol*, im anderen Fall durch eine Fragestellung, deren „sokratische Ironie" ebenfalls durch Partikeln (*ja* und *wol*) indiziert ist.

Gesprächsbeendingung

Die historische Analyse der strukturellen Aspekte der Organisation der Gesprächsmitte – vornehmlich der Organisation von Gesprächsschritten und Höreraktivitäten sowie die Organisation des Sprecherwechsels – wird in den folgenden Abschnitten vertiefend erörtert; vorab sei die Phase der Gesprächsbeendigung aus der Sicht der historischen Gesprächsanalyse betrachtet.

Das oben zitierte Gespräch über den „sterbenden Jüngling" endet nach einem auch aus heutiger Sicht äußerst bemerkenswerten Abschluss der Gesprächsmitte mit einer ERMAHNENDEN und zugleich AUFMUNTERNDEN Suggestivfrage; eine Verabschiedungssequenz ist nicht überliefert, möglicherweise weil auch sie vom Protokollanten Zerrenner zum rituellen Procedere des institutionellen Gesprächstyps *Lehrgespräch* gerechnet wurde. Wie bei der Gesprächseröffnung achtet die historische Gesprächsforschung hier vor allem auf lexikalisierte Verabschiedungsformeln und -gesten, die, wie die formelhafte Gesprächseröffnung, einen Eindruck von der sozialen Ordnung geben, in der ein Gespräch situiert ist (vgl. z.B. „Adieu bis auf Wiedersehen! eine im vertraulichen Umgange gewöhnliche Formel"; J. C. Adelung: Grammatisch-kritisches Wörterbuch der Hochdeutschen Mundart [...], Bd. 4, 1801, 1536).

Auf das Beispiel bezogen, ist nicht nur die Verabschiedung, sondern die ganze Phase der Gesprächsbeendigung im Rahmen der Sorten des *Lehrgesprächs* zumindest in funktionaler Hinsicht institutionell ritualisiert, zumeist in Form gegenstandsorientiert ZUSAMMENFASSENDER oder beziehungsorientiert ERMAHNENDER Lehrerhandlungen, Stellung der Hausaufgabe und schließlich die erwähnte Verabschiedung selbst. Das ist heute nicht grundsätzlich anders, und so erscheint auch die folgende von Kantor Bruns überlieferte Gesprächsbeendigung, isoliert betrachtet, auf den ersten Blick kaum „historisch":

Den dritten Spruch sollt ihr zu Hause nachschlagen: er steht Syr.23, v. 26–29. Morgen will ich fragen, ob ihr auch darin was gefunden habt, was zu unsrer Geschichte gehört. (Riemann 1781, 129)

68

Eine andere Gesprächsbeendigung des Kantors Bruns dagegen verschafft einen nachhalti-
gen Eindruck von der Neuartigkeit der Unterrichtskommunikation in Reckahn, wenn man
kontrastiv die aus anderen Quellen bekannten und am Ende des 18. Jahrhunderts (proto)-
typischen Formen der verbalen – zumeist Sequenzen aus Frage-Befehl und Antwort-Gehor-
sam – und nonverbalen – die Rute war gleichsam ein Symbol für den Lehrerstand und körperliche Züchtigung alltäglich – Unterrichtskommunikation auf Landschulen dagegen hält.
Zerrenner überliefert diese Beendigung eines *gelenkten Unterrichtsgesprächs* im Rechen-
unterricht:

> Herr B. Nun Kinder hören wir auf; dächt ich!
> K[ind]. O nein noch eins! ein andres: noch 2!
> L[ehrer]. wenn ihr mich nun aber im Stiche laßt.
> K. o nein.
> L. Nun, ich will mal sehen: [er stellt eine neue Aufgabe, J.K.] [...]
> Die Kinder wollten jetzt noch schreiben; allein der Lehrer sagte: nein! –
> L. Wer schreibt mir denn morgen aber etwas aus der Predigt auf. K. Alle: ich! ich!
> L. Nun sammlet euch;
> Jetzt sang der Lehrer stehend mit den Kindern, mit unbeschreiblicher Ehrerbietung und auf eine
> sehr sanfte und anmuthige Weise, aus dem N. Ges. Buch Nr. 287. den 7. und 8. Vers: was du ge-
> beutst ist für uns gut etc. Schon hier schmeckt er dir zugethan etc. Diese, so wie alle Verse, die in
> der Schule gesungen werden, konnten die Kinder auswendig. Hierauf gingen erstlich die Knaben,
> dann die Mädchen sehr sittsam und still zu Hause. (H. G. Zerrenner: Noch etwas über Rekan [...],
> in: Journal für Prediger Zwanzigsten Bandes erstes Stück, Halle 1788, 12f.)

Es mag sein, dass Bruns mit seinem ersten Gesprächsschritt den Unterricht tatsächlich be-
enden wollte, doch musste sein strukturierender, gesprächsschrittübergebender Gesprächsakt „dächt ich" von den Kindern als Angebot verstanden werden, selbst darüber zu befinden. Dies und auch die Betonung einer persönlichen Beziehung zu den Arbeiten der Kinder
(„Wer schreibt *mir* denn [...] etwas [...] auf.") belegt ein weiteres Mal die besondere, weil
als freundschaftlich-kooperative, mitunter annähernd symmetrisch inszenierte, soziale Beziehung zwischen Kantor Bruns und „seinen" Kindern. In vergleichbarer Weise nivelliert
auch der strukturierende Gesprächakt „Ich meyne" im Gespräch über den „sterbenden
Jüngling" die institutionell bestimmte Rollendistanz.

3.1.2. Analyse historischer Gesprächsphasen der Makroebene (II): Gesprächsmitte

Die so genannte mittlere oder Mesoebene der gesprächsanalytischen Arbeit bezieht sich auf
die Analyse der Strukturen der Gesprächsorganisation im engeren Sinne, auf Gesprächsschritte und Gesprächsakte des Sprechers, auf Rückmeldungsakte und Gesprächsschrittbeanspruchungen des Hörers, auf Arten der Verknüpfung von Gesprächsschritten sowie auf
Arten und Formen des Sprecherwechsels. Die genannten Kategorien sind universal und
panchronisch insofern, als sie auf Gespräche in allen Sprachen und zu allen Zeiten anwend-
bar sind und nicht deren jeweils besonderen Bedingungen unterliegen; einzelsprachlich-
kulturell und historisch variabel sind dagegen ihre konkreten Erscheinungsformen.

Die konkreten Erscheinungsformen von Sprecher- und Höreraktivitäten sowie die Erscheinungsformen des Sprecherwechsels im Rahmen eines Gesprächsexemplars folgen in der Regel normativen Vorgaben der Gesprächssorte im Rahmen eines Gesprächstyps; die Beschreibung historischer Erscheinungsformen führt somit zur Rekonstruktion der Gesprächssorte als Variante eines Gesprächstyps. Das Gespräch des Kantors Bruns ist, wie erwähnt, eines der frühen authentischen Zeugnisse der Gesprächssorte *gelenktes Unterrichtsgespräch*, doch kann eine solche Feststellung, das sei nochmals betont, nur getroffen werden auf der Grundlage kontrastiver Vergleiche mit dem Repertoire an Gesprächssorten, die der Gesprächstyp *Lehrgespräch* im deutschsprachigen Raum vor etwa 1750 aufzuweisen hatte, zum Beispiel im Mittelhochdeutschen (vgl. Kästner 1978) und Frühneuhochdeutschen, namentlich unter dem Einfluss des durch Luther popularisierten *katechetischen Gesprächs*, das aus einer Abfolge von aus dem Buch vorgelesenen Fragen und auswendig gelernten Antworten bestand (man denke etwa an Luthers „Was ist das"-Fragen im „Kleinen Katechismus" von 1529; vgl. v. Polenz, Bd. 1, ²2000, 238ff.; Ehlich 1999). Ohne Vergleich, das heißt allein aufgrund der isolierten Analyse der Sprecher- und Höreraktivitäten sowie der Formen des Sprecherwechsels in einem einzelnen historischen Gesprächsexemplar wie dem hier behandelten, kann man solche über das Einzelgespräch hinausgehenden und sprachgeschichtlich interessanteren Ergebnisse nicht erlangen. Für die historische Gesprächsforschung insgesamt ist deshalb wiederum festzuhalten, dass die A n a l y s e historischer Gesprächsexemplare erfolgen kann, indem die Kategorien der synchronisch-gegenwartsbezogenen Gesprächsanalyse an historische Korpora herangetragen werden; die verstehende I n t e r p r e t a t i o n jedoch bedarf zu jedem einzelnen Gesprächsexemplar vergleichbarer Gesprächsexemplare und Sekundärquellen.

Zur Veranschaulichung der historisch kontrastiven Arbeit zum Zweck der I n t e r p r e t a t i o n der Gesprächsorganisation wird hier deshalb ein fiktionales *examinierendes katechetisches Gespräch* hinzugezogen, das ein Landschulinspektor namens Walkhof im Jahr 1797 publiziert hat, um diese an Landschulen immer noch übliche Gesprächspraxis zu kritisieren. Die Textvorlage des Gesprächs bildet das vierte Gebot:

> Was sollst du nach diesem Gebote thun? Wen sollst du ehren? deinen Vater. Wen mehr? deine Mutter. Was sollst du deinem Vater und deiner Mutter thun? Du sollst sie ehren. Wozu sollst du sie ehren? Die Kinder schweigen. Der Lehrer: Auf daß – die Kinder fallen ein: Auf daß dirs wohl gehe. Wozu noch mehr? Und du lange lebest auf Erden. Wie soll dirs gehen? Wohl. Wo sollst du lange leben? Auf Erden. (Walkhof: Kurze Anleitung zur Uebung des Nachdenkens der Kinder [...], in: Der deutsche Schulfreund, Bd. 17, 1797, 3–29.)

Gesprächsschritt

Ein Gesprächsschritt ist, nach der sprechenden Definition des amerikanischen Soziologen Erving Goffman, das, „was ein Individuum tut und sagt, während es an der Reihe ist" (vgl. Henne/Rehbock 2001, 16f.). Der Gesprächstyp *Lehrgespräch* weist gleichsam als universale, panchronische Grundform die paarweise Abfolge der Gesprächsschritte Lehrerfrage und Schülerantwort auf; kulturell und historisch variabel ist nun deren Realisierung, zum Beispiel in Bezug auf die Themenentfaltung und die strukturelle Organisation des Gesprächs. Was diese Realisierung anbelangt, sind die Unterschiede zwischen dem von Walkhof aufgesetzten fiktionalen *examinierenden Gespräch* und dem von Zerrenner überlieferten authentischen *gelenkten Unterrichtsgespräch* sehr deutlich: Im *examinierenden Gespräch* Walkhofs folgen die Gesprächsschritte von Lehrer und Schülern noch streng dem Inhalt der Textvorlage, den der Lehrer nur abfragt: Was?, Wen? Wen mehr? Was? usw. Im Grunde wird nichts anderes getan, als den Text des vierten Gebots in Frage und Antwort zu zerlegen, wobei die Lehrerfrage einzelne Satzinhalte abfragt.

Kantor Bruns dagegen stellt zwar auch u.a. W-Ergänzungsfragen, doch kann man den Text „Der sterbende Jüngling" aus seinem *Lehrgespräch* nicht mehr rekonstruieren. Das Gespräch dient offensichtlich anderen Zwecken als dem Auswendiglernen. Die die Gesprächsmitte einleitende Frage: „Friz! Bist du denn ein Jüngling?" greift lediglich ein Wort aus dem Titel der Textvorlage auf, eröffnet sodann aber einen von dieser Vorlage gelösten Gesprächsrahmen. Man kann im Vergleich dieser beiden etwa gleichzeitig entstandenen Gesprächsexemplare denn auch sehr schön beobachten, „daß [und wie] sich das ganze [Sprach-]Spiel verändert, wenn eine neue Zugmöglichkeit eingeführt wird" (Fritz 1994, 550): Insofern Bruns den Gesprächsschritt der Lehrerfrage als Zug im Gesprächsspiel vom vorliegenden Text löst, dürfen auch die Schüler freier antworten. Die Verknüpfung zwischen FRAGEN und ANTWORTEN wird im Gespräch hergestellt und ist nicht schon durch den Text vorgegeben. Eine Folge davon kann dann wie im vorliegenden Fall sein, dass die Gesprächsschritte der Schüler kürzer werden: Betrachtet man das Reckahner Gespräch unter quantitativen Gesichtspunkten, so fällt rasch auf, dass Lehrer Bruns das Gespräch auch quantitativ dominiert: Er ist der Sprecher mit den meisten Gesprächsschritten (insgesamt 11) und auch hinsichtlich der Länge der Gesprächsschritte überragt er seine Gesprächspartner (Bruns spricht 204 Wörter, alle Schüler zusammen 64).

Gesprächsschrittverknüpfung

In Bezug auf die strukturelle Organisation des Gesprächs ist die Frage nach der Art der Gesprächsschrittverknüpfung von großem Interesse für die linguistische Gesprächsanalyse – und die Antwort darauf von noch größerem Aussagewert für die historische Gesprächsforschung. Unter Gesprächsschrittverknüpfung ist zu verstehen, dass ein Sprecher mit seinem Gesprächsschritt den Gesprächsschritt des anderen Sprechers in irgendeiner Weise vorbestimmt; man spricht hier von „Determination" (vgl. Henne/Rehbock 2001, 199ff.). Die Determination bezieht sich 1. auf die Gesprächshandlung (Illokution), die ein Gesprächsschritt ausführt: Die FRAGE des Kantors Bruns: „Wißt ihr sie?" determiniert illokutionär eine ANTWORT; die AUFFORDERUNG „Nun fragt mich einmal, ob ichs weiß?" determiniert illokutionär, dass der Aufforderung Folge geleistet wird. Die Determination bezieht sich sodann 2. auf den Inhalt, der im Gesprächsschritt geäußert wird (Proposition). Mit seiner Frage „Wißt ihr sie?" bezieht sich Bruns inhaltlich auf die Ursachen für den Tod des Jünglings, und legt damit den folgenden Gesprächsschritt auf dieses Thema fest. Und die Determination bezieht sich schließlich 3. auf die Beziehung zwischen den Gesprächspartnern, die der Sprecher mit seinem Gesprächsschritt festlegt, zumindest erwirken will

(Perlokution). Wer eine Frage stellt, gibt grundsätzlich zu verstehen, dass er eine Information wünscht, die er selbst nicht hat, und er gibt zu verstehen, dass er annimmt, dass der Befragte sie hat und sie geben wird. Die Beziehung ist damit als eine asymmetrisch-komplementäre Beziehung definiert: Der Befragte als der Informationbesitzende ist dem Fragenden gleichsam übergeordnet (bei der Lehrerfrage ist dies freilich anders).

Wenn der zweite Gesprächsschritt der Determination des ersten in irgendeiner dieser drei Dimensionen entspricht, dann „respondiert" er auf ihn und verknüpft sich mit ihm; man spricht hier von „Responsivität". Auch die Responsivität bezieht sich auf die Handlungs-, die Inhalts- und die Beziehungsebene. In der Institution Schule ist die Abfolge von FRAGE und ANTWORT ein Grundtyp der Gesprächsschrittverknüpfung. Eine Lehrerfrage determiniert den folgenden Gesprächsschritt in der Regel sehr stark: Die Schüler haben (illokutionär) Antwortpflicht, müssen (propositional) der inhaltlichen Vorgabe der Frage folgen und (perlokutionär) die Beziehungsdefinition akzeptieren.

Vor dem Hintergrund dieser geradezu universalen, panchronischen Struktur der Gesprächsschrittverknüpfung im *Lehrgespräch* und dem kontrastiven Vergleich mit dem von Walkhof aufgesetzten Gespräch ist es ein kleiner sprachgeschichtlicher Quellenfund, wenn im Reckahner Gesprächsprotokoll Gesprächsschritte des Lehrers zu verzeichnen sind, die aus der syntaktischen Frageform ausbrechen und damit die illokutionäre Determination lockern. So ist Bruns' Äußerung „Jedes Kind kann nun den ganzen Tag spielen und herumlaufen, wie es will!" formell keine Frage, und doch vollzieht er damit eine FRAGE-Handlung. Solche Gesprächsschritte Bruns' sind, zumal sie auch in propositionaler und perlokutionärer Hinsicht keine strenge determinierende Kraft entfalten, Indizien dafür, dass er eine andere Sorte des *Lehrgesprächs* realisiert als Walkhof. Die Fragen des Lehrers Bruns im *gelenkten Unterrichtsgespräch* sind vor allem in propositionaler Hinsicht nicht mehr so stark determinierend wie die Walkhofs. Sie sind propositional offener, nicht mehr nur auf die Alternative „richtig" oder „falsch" festgelegt und lassen dadurch den Schülern Raum zur selbstständigen Antwort fern der Textvorlage – bis hin zum Widerspruch („Wenn auch!"). Die Gesprächsschritte von Lehrer und Schülern sind nicht mehr über den Text, sondern dialogintern verknüpft: Bruns lässt sich auf die Antworten der Schüler ein, FRAGT NACH („Kinder. Wenn auch! das wäre doch nicht gut! B. *Warum denn nicht?*"), HAKT NACH („Also fleissig war er gewesen? *was heißt denn das?* – ein bischen fleissig war er? K. nein recht sehr.") und LENKT dadurch das Unterrichtsgespräch.

Gesprächsschritt und Hörerrückmeldung

Die zahlreichen Auslassungsstriche am Ende des Reckahner Gesprächsexemplars stellen die historische Gesprächsanalyse allerdings vor große Interpretationsprobleme, denn sie erscheinen oft nach Ergänzungsfragen. Interpretiert man die Auslassungsstriche nicht als Aussparungen des Protokollanten (wie sein „etc. etc", „u.s.w."), sondern als Schweigen der Kinder, so könnte das darauf hinweisen, dass die Reckahner Kinder mit dem noch neuen *gelenkten Unterrichtsgespräch* überfordert waren – und entweder den Gesprächsschritt nicht übernehmen und aus der Hörerposition schweigen oder aber nonverbal zur Antwort aufgefordert werden und als Sprecher schweigen.

Während andere Quellen zum deutschen *Lehrgespräch* eine solche Interpretation nahelegen insofern, als in ihnen auch häufig explizit gemacht wird, dass der Schüler „schweigt", „stockt" oder „sinnt", scheinen die Striche in Zerreners Protokoll nicht immer ein Schweigen der Schüler wiederzugeben, sondern in der Tat auch Auslassungen des Protokollanten anzudeuten. Als Auslassungen des Protokollanten sind sie vornehmlich dann anzusehen, wenn das Gespräch gegenstandsorientiert verläuft und im Anschluss an den Strich ein neuer thematischer Aspekt erscheint: „B. Wie war der Jüngling denn vorher gewesen? – Also fleissig war er gewesen?". Ein Indiz für diese Interpretation ist also, dass im Gespräch über den „sterbenden Jüngling" auch dann keine Antwort notiert wird, wenn diese dem Text zu entnehmen wäre („was sagte der Jüngling zu seinen Eltern?"). Letzte Gewissheit muss die historische Dialogforschung in Bezug auf dieses konkrete Gesprächsexemplar jedoch schuldig bleiben.

Sobald das Gespräch beziehungsorientiert wird, schweigen die Kinder allerdings tatsächlich „betroffen", und damit gibt diese authentische Quelle auch Auskunft über die Aktivitäten der Schüler als Hörer:

> B. Ich weiß doch aber zwey, die jetzt lieber draußen herumrennten? – Die Kinder sahen sich betroffen einander an. Nicht wahr du? – und du? – –

Über weitere Höreraktivitäten lässt dieses Reckahner Gesprächexemplar keine Aussagen zu. Dass der Hörer im Gespräch aktiv und nicht passiv ist, hat die synchronisch-gegenwartsbezogene Gesprächsforschung nachgewiesen (vgl. Henne 1979; Henne/Rehbock 2001, 170ff.; Brinker/Sager 1996, 57ff.). Insofern die Quellen der historischen Gesprächsforschung im Vergleich zur Datenbasis moderner Gesprächstranskriptionen schon in Bezug auf die Spreiteraktivitäten zahlreiche Lücken aufweisen, ist es kaum verwunderlich, dass Bemerkungen über Höreraktivitäten und gar konkrete Angaben über die Art des Rückmeldeverhaltens zumeist fehlen. Spätestens hier sind dann wirklich „Ahndungsvermögen" und „Verknüpfungsgabe" gefragt.

Historische Arten und Formen des Sprecherwechsels

Ein Dialog ist nach der unter 1.1. gegebenen Definition „eine im Medium der Sprache geführte, thematisch gebundene Interaktion mit mindestens zwei in den Rollen von Sprecher/Schreiber und Hörer/Leser einander abwechselnd Beteiligten". Der Wechsel der Rollen von Sprecher und Hörer, kurz: der Sprecherwechsel, stand lange Zeit im Zentrum der linguistischen Gesprächs- bzw. Konversationsanalyse. Interessant werden die kategoriell gefassten abstrakten Arten und Formen des Sprecherwechsels in der Tat erst in ihren „Ethno-Varianten", das heißt in ihren historisch und kulturell variablen Erscheinungsformen. Während die synchronisch-gegenwartsbezogene Dialogforschung vornehmlich die Strukturen des Sprecherwechsels im Alltag untersucht, bieten sich der historischen Dialogforschung die institutionellen Arten und Formen des Sprecherwechsels an, zumal sie nicht selten auch in Sekundärquellen thematisiert werden, etwa in Schulordnungen. Auch hier bietet es sich an, mit dem Kategorieninventar der synchronisch-gegenwartsbezogenen Gesprächsanalyse an das historische Gesprächsexemplar heranzugehen – stets in dem Bewusstsein, dass nicht alles, was die Kategorien vorgeben, in der Quelle belegbar sein muss, und dass das, was in der Quelle belegbar ist, nicht alles sein muss, was tatsächlich vorhanden war.

Die linguistische Gesprächsanalyse unterscheidet grundsätzlich drei Arten des Sprecherwechsels: Wechsel durch Gesprächsleiter, Wechsel durch Selbstwahl und Wechsel durch den aktuellen Sprecher (vgl. Henne/Rehbock 2001, 17f.). Die institutionelle Rollenverteilung zwischen Lehrer und Schülern sieht noch heute vor, dass der Lehrer das Lehrgespräch auch in Bezug auf die Vergabe des Rederechts – und damit in Bezug auf den Sprecherwechsel – moderiert. Die institutionell vorgesehene Art des Sprecherwechsels ist also die Art „Gesprächsleiter wählt nächsten" (Henne/Rehbock 2001, 18). Schon der erste Gesprächsschritt des Kantors Bruns („Friz! bist du denn ein Jüngling?") belegt diese Art des Sprecherwechsels und ihren Vollzug durch namentliches AUFRUFEN in der Reckahner Landschule. Da dies der einzige Beleg für namentliches AUFRUFEN eines einzelnen Schülers in diesem Gespräch ist, im weiteren Verlauf dieses Gesprächs aber auch keine Störungen des Sprecherwechsels auftreten, scheint Bruns auch nonverbal mit gestischen oder mimischen Mitteln den Sprecherwechsel vollzogen zu haben, doch schweigt sich der Protokollant darüber aus. Auszuschließen ist jedenfalls, dass das ganze Gespräch ein Zwiegespräch zwischen Bruns und dem Schüler Friz ist, denn nur die unmittelbar auf die Gesprächsschrittübergabe folgende Antwort ist mit „F." für „Friz" als Sprechername gekennzeichnet, während sonst durchgehend ein „K." für „Kind" folgt – auch dies übrigens ein Indiz für die Authentizität des Protokolls insofern, als dem Protokollanten nur der Name des namentlich aufgerufenen Kindes bekannt ist. Für den Fall, dass „K." für ein und dasselbe Kind steht, wäre hier der Sprecherwechsel durch die illokutionäre Determination der Gesprächsschritte des Lehrers vollzogen: Ist ein Kind einmal als Gesprächspartner gewählt, so ist es qua institutioneller Rolle verpflichtet, den Gesprächsschritt zu übernehmen, wenn der Lehrer etwa eine Frage stellt, und ihn solange im Wechsel mit dem Lehrer zu halten, bis ein anderes Kind gewählt wird. Diese Interpretation könnte auf eine Passage zutreffen, die noch eine ganz andere Art des Sprecherwechsels zeigt:

B. Wie war der Jüngling denn vorher gewesen? – Also fleissig war er gewesen? was heißt denn das? – ein bischen fleissig war er? **K.** nein recht sehr. – **B.** Und das half ihn ia doch nun nicht, da er sterben mußte? oder halfs ihn doch etwas. **K.** O ja! er war ja verständig und gut dadurch geworden. **Ein andres:** er konnte ja nun freudig sterben, weil er gut war.

Möglicherweise referieren die beiden „K." auf dasselbe Kind, das den Gesprächsschritt aufgrund der illokutionären „Autorität" der Lehrerfrage auch übernimmt. Erstaunlich vor dem Hintergrund der kommunikativen Praxis auf Landschulen am Ende des 18. Jahrhunderts ist der „glatte" Sprecherwechsel durch Selbstselektion („Ein andres"). Im kontrastiven Vergleich mit Lehrgesprächen der Gegenwart mag die historische Gesprächsanalyse hier kaum Erstaunliches erkennen – was darauf hinweist, wie „modern" die sokratischen *Lehrgespräche* des Kantors Bruns sind. Im kontrastiven Vergleich mit dem zeitgleichen Walkhof-Gespräch erscheint die Selbstselektion eines Kindes denn auch als Indiz für einen Wandel des deutschen *Lehrgesprächs*. Die Kategorien der historischen Gesprächsanalyse legen wiederum die Grundlage für die Analyse, gestatten aber keine weiter reichende Interpretation. Der Rückgriff auf Sekundärquellen offenbart die dialoghistorische Freizügigkeit des Schülers oder der Schüler. Carl Friedrich Riemann, ein anderer Besucher der Reckahner Schule, vermerkt einen ähnlichen Fall in Reckahn und fühlt sich beinahe zur Entschuldigung dieses Vorfalls hingezogen:

> Da die unfähigern Kinder immer zuerst catechisirt werden, so kann sichs auch zuweilen treffen, daß eins von ihnen dem Lehrer eine Antwort schuldig bleibt, und daß denn zuweilen ein andres, die Antwort von selbst giebt, ohne besonders gefragt zu werden. (C. F. Riemann: Versuch einer Beschreibung der Reckanschen Schuleinrichtung [...], Berlin und Stettin 1781, 118)

Im weiteren Verlauf des Gesprächs gibt es dann wieder ausschließlich durch den Gesprächsleiter Bruns initiierte Sprecherwechsel, wobei außer den bereits genannten Formen noch das AUFRUFEN des Kollektivs zu erwähnen ist („Wißt ihr sie?", „Aber Kinder! geht ihr denn auch gern in die Schule?"). In diesen Fällen antworten die Kinder auch kollektiv (der Protokollant vermerkt: „Kinder.") und einmal wohl gar nicht im Sprechchor, sondern in lebhaftem Durcheinander („K. 1. O ja! recht gern. K. 2. Ich auch. K.3.4.5. u.s.w. Ich auch! o ich auch!"). Einmal schließlich findet sich im oben zitierten Gespräch auch ein gesprächsschrittausleitendes Rückversicherungssignal in Form der phrastischen Gliederungspartikel „oder nicht?" („Ich meyne das wäre doch recht hübsch – *oder nicht?*; vgl. Burkhardt 1982, 148ff.), die funktional als AUFFORDERUNG zur Gesprächsschrittübernahme (mit der Determination, eine ZUSTIMMENDE Antwort zu geben) zu interpretieren ist. Wenn man dem Protokoll folgt, scheint Bruns selbst aber sogleich weiterzusprechen, behält also den Gesprächsschritt.

In dem Reckahner Gesprächsexemplar sind ausschließlich „glatte" Sprecherwechsel überliefert. Über die anderen Formen, die die synchronisch-gegenwartsbezogene Gesprächsanalyse beschreibt (z.B. „überlappender Wechsel", „Wechsel nach Pause", „Wechsel durch Unterbrechung", „Wechsel nach einer Phase simultanen Sprechens"; vgl. Henne/Rehbock 2001, 184ff.) gibt diese Quelle keine Auskunft – was nichts über die Existenz dieser Formen im Gespräch des 18. Jahrhunderts aussagt. Hier können Dramendialoge eine ergänzende Quelle abgeben, etwa Dramendialoge aus der Zeit des Sturm und Drang, in denen Figuren simultan sprechen oder einander ins Wort fallen.

3.2. Mikrostrukturen des Dialogs

Dass die im Gespräch gesprochene Sprache sich nicht den – schrift- bzw. standardsprachlichen – grammatischen Normen fügt, ist unmittelbarer Beobachtung (bzw. unmittelbarem Gehör) zugänglich. Insofern die Grammatikographie der deutschen Sprache seit ihren frühesten Anfängen der Vereinheitlichung und Normierung der deutschen Schriftsprache verpflichtet war (und ist), haftet der gesprochenen Sprache seit alters her das Stigma des sozial oder regional bedingten Defizitären an. Die wissenschaftliche Anerkennung des onto- und phylogenetischen Primats der (gesprochenen) „Sprache" vor der „Schrift", das heißt: die Anerkennung der Tatsache, dass der Mensch erst sprechen und dann, wenn überhaupt, schreiben lernt, hat dieser Werthaltung keinen Abbruch getan. Abgesehen von einigen wenigen frühen Ansätzen einer wertfreien, zumindest nicht normativ wertend kontrastiven, Beschreibung der gesprochenen und der geschriebenen hochdeutschen Sprache (vgl. Behaghel 1899) sind diese beiden Existenzformen des Hochdeutschen erst seit etwa 1965 (vgl. Rupp 1965; Kilian 2003) als unterschiedliche mediale Varietäten begriffen worden, die im sprachpragmatischen Haushalt einer Sprachgesellschaft unterschiedliche Funktionen zu erfüllen haben.

Auf die Diskussion, ob und inwiefern es eine Grammatik der gesprochenen Sprache, gar eine Grammatik des Gesprächs gibt, soll hier nicht eingegangen werden (vgl. dazu die Titel in der Bibliographie von Hoffmann 1998); den Dialogforscher, schreibt Helmut Rehbock zu Recht, „interessieren mündliche Sprachformen vor allem dann, wenn ihnen spezifische konversationelle Funktionen zugeschrieben werden können" (Rehbock 2001, 963). Einige dieser Untersuchungsgegenstände der Erforschung und Rekonstruktion historischer mündlicher Sprachformen des Gesprächs werden im Folgenden am Beispiel des Reckahner *Lehrgesprächs* exemplarisch herausgegriffen und dargestellt.

3.2.1. Historische Syntax des Dialogs

Es ist ein typisches Kennzeichen gesprochener Sprache im Gespräch, dass die Äußerungen der Gesprächsteilnehmer syntaktisch reduziert, aus schriftsprachensyntaktischer Perspektive gar mehr oder weniger unvollständig sind. Die Erforschung regulärer Strukturen der gesprochenen Sprache der Gegenwart hat gezeigt, dass es sich bei dieser Unvollständigkeit keineswegs um defizitäre oder gar fehlerhafte Strukturen handelt, sondern um Strukturen, die in der Tat „spezifische konversationelle Funktionen" (Rehbock 2001, 963) erfüllen, z.B. insofern, als sie ko- und kontextuell Gegebenes als bekannt voraussetzen und die Gesprächsteilnehmer im Rahmen der Verbalisierungsleistung entlasten. Der historischen Gesprächsforschung ist u.a. aufgegeben, solche regulären syntaktischen Strukturen der gesprochenen Sprache für frühere Sprachstadien zu rekonstruieren. Der erste Zugriff geht dabei wiederum von den kategoriell gefassten Strukturen der gesprochenen Sprache der Gegenwart aus. So sind etwa, wie Gerd Fritz in seinem Überblicksartikel zur „Geschichte von Dialogformen" ausführt, im Rahmen der syntaktischen Äußerungsformen u.a. „Kurzformen, Satzarten, Wortstellungsvarianten, der Gebrauch von Anakoluthen, der Gebrauch von Modalpartikeln, Mittel der Redewiedergabe (z.B. Konjunktivgebrauch)" zu untersuchen (Fritz 1994, 554). Des Weiteren – und im Besonderen – sind die in der Erforschung der gesprochenen Sprache der Gegenwart kontrovers diskutierten regulären Strukturen auch in historischen Korpora aufzuspüren, z.B. die Ausklammerung und die Herausstellung, die Verbzweitstellung bei schriftsprachlich subordinierender Konjunktion (z.B. *obgleich, obwohl, weil*) sowie die Übernahme syntaktischer Konstruktionen des Vorredners oder die Strukturen der so genannten Ellipse.

Einer Ellipse im Sinne einer „Ersparung von Redeteilen" (Duden-Grammatik [6]1998, §§1250ff.) begegnet man gleich zu Beginn des Gesprächs über den „sterbenden Jüngling". Denn auf die Frage des Lehrers: „Friz! bist du denn ein Jüngling?" lautete die sprachdidaktisch noch bis ins 20. Jahrhundert gewünschte syntaktisch vollständige Antwort „Nein, ich bin kein Jüngling." Im 17. und 18. Jahrhundert stand diese Forderung nach syntaktisch vollständigen Antworten in engem Zusammenhang mit der Herausbildung und Etablierung einer überregionalen deutschen Hoch- und Schriftsprache, und da ist es um so wertvoller für die Rekonstruktion der Syntax historischer gesprochener Sprache, dass der Protokollant Zerrenner die schriftsprachensyntaktisch unvollständige, pragmatisch und propositional gleichwohl völlig hinreichende Antwort des Schülers überliefert: „Nein!" Und Zerrenner gibt noch weiteren Einblick in derlei schriftsprachensyntaktisch unvollständige Strukturen in der Praxis des deutschen *Lehrgesprächs*, denn auch der Lehrer Bruns verzichtet auf die wiederholte Versprachlichung von bereits Gesagtem, etwa, wenn er Fragen propositional an vorausgehende Fragen anschließt, wiewohl – zumindest dem Anschein nach – Schülerantworten dazwischenliegen („Sind denn alle, die krank sind, tödlich krank? wer denn? Allemal?") oder wenn er die Proposition aus der Schülerantwort implizit übernimmt und gegebenenfalls wiederum durch eine textanaphorische Verknüpfung (z.B. abtönendes *denn*) den dialogischen Zusammenhang hervorhebt („Kinder. Wenn auch! das wäre doch nicht gut! B. Warum *denn* nicht?").

Eine ähnliche Erscheinung der Syntax der gesprochenen Sprache ist zu beobachten, wenn Bruns nur den Nebensatz eines konditionalen Satzgefüges äußert: „B. […] Wenn der Herr in die Schule käme und sagte: Kinder! es soll nun keine Schule mehr seyn! Jedes Kind kann nun den ganzen Tag spielen und herumlaufen, wie es will!". Dem konditionalen Nebensatz müsste schriftsprachensyntaktisch ein korrespondierender irrealer oder potentialer Fragesatz (z.B. „Was wäre [dann], wenn...?") vorausgehen oder ein korrespondierender Aussagesatz (z.B. „dann hätte ich") folgen. Im dialogischen Zusammenhang ist dies aber nicht nötig und war es offenkundig auch in Lehrgesprächen auf Landschulen am Ende des 18. Jahrhunderts nicht nötig, denn die Schüler interpretieren sogleich die Aussage als pragmatisch-ironisch verpackte Frage („Kinder. Wenn auch! das wäre doch nicht gut!").

An diesem Exemplar eines *Lehrgesprächs* aus dem 18. Jahrhundert können des Weiteren beispielsweise noch Besonderheiten der Wortstellung belegt werden, die „spezifische konversationelle Funktionen" erfüllen. Zweimal innerhalb einer Gesprächsteilphase bemüht Bruns die Entscheidungsfrage mit Zweitstellung des Finitums und rückt das prädikative Satzadjektiv ins Vorfeld: „B. Wie war der Jüngling denn vorher gewesen? – *Also fleissig war er gewesen*? was heißt denn das? – *ein bischen fleissig war er*? K. nein recht sehr." Es ist anzunehmen, dass hinter den Gedankenstrichen nicht protokollierte Schüleräußerungen stehen, die Bruns in seinen Fragen wieder aufgreift; möglich ist allerdings auch ein Bezug auf den Text des „Sterbenden Jüngling". In jedem Fall aber handelt es sich um Nachfragen, die ein dialogisches Vorspiel voraussetzen und mit denen Bruns dementsprechend NACH-HAKT. Die Ausdrucksstellung des prädikativen Satzadjektivs stützt diese Funktion. Ob und inwiefern diese Strukturen typisch sind und einen Rückschluss erlauben auf die Syntax gesprochener deutscher (Hoch)sprache am Ende des 18. Jahrhunderts, kann freilich nur vor dem Hintergrund der Analyse größerer Korpora im Rahmen von Untersuchungen zur historischen Syntax des Deutschen festgestellt werden (vgl. z.B. Betten 1990). Die historische Dialogforschung kann ihren Beitrag dazu leisten, indem sie der strukturellen Beschreibung die funktionale Erklärung reicht.

3.2.2. Historische Lexikologie des Dialogs

Aufgabe der historischen Lexikologie des Dialogs ist es, relativ zu bestimmten historischen Sprachstufen Wortschätze zusammenzustellen, die innerhalb historischer Dialogtypen und Dialogsorten spezifische Funktionen erfüllten. Teilbereiche solcher dialogspezifischer Wortschätze sind vor allem:

- Anredepronomina (*Ich*, *Du*, *Er/Sie*, *Wir*, *Ihr*, *Sie*) und -formen sowie Gruß- und Abschiedsformeln in Gespräch und Korrespondenz mit ihren jeweiligen sozialsemiotischen Funktionen im Dialog (z.B. „Hochwohlgebohrner Herr" als Anrede, „Ew. [Euer] Excellenz unterthäniger und gehorsamster Knecht" als Beendigungsformel im Brief eines „Clienten" an seinen „Gönner"; vgl. C. F. Gellert: Briefe, nebst einer praktischen Abhandlung von dem guten Geschmacke in Briefen, Leipzig 1751, 17; s.u., 6.);
- Gesprächswörter (vgl. z.B. „Ach / auwe / [...] ei nun!, ach ja!"; J. G. Schottelius: Ausführliche Arbeit von der Teutschen HaubtSprache, Braunschweig 1663, 666ff.; s.u., 4.);
- sprechhandlungsbezeichnende Ausdrücke, wie z.B. dialogisches Sprechhandeln benennende Verben wie z.B. *disputieren*, *räsonieren*, *diskutieren*; ferner Bezeichnungen für Dialogsorten wie z.B. *Katechese*, *Konversation*, *Verhandlung*; s.u., 4.);
- substandardsprachliche Wörter in dialogischer Funktion (z.B. Schimpfwörter oder Dialektwörter, wie sie beispielsweise ein Schüler Bruns' in einem anderen Gespräch äußert: „K. Dat miner Mutter keiner wat rut dregt. B[runs]. Rut dregt? was ist das? wie muß das heissen?"; vgl. Kilian 2002a, 432), sodann Phraseolexeme und lexikalische Sprachmischungen (vgl. z.B. das migrationssprachliche Code-Switching der Figur Riccaut de la Marliniere in Lessings „Minna von Barnhelm": „RICCAUT. Nit? Sie sprek nit Französisch, Ihro Gnad? [...] Gutt, gutt! Ik kann auk mik auf Deutsch explicier." Lessing, Minna von Barnhelm, IV, 2).

Am Beispiel der Gesprächswörter und der Anredepronomina soll die Rekonstruktion und Beschreibung historischer Wortschätze des Dialogs am Reckahner *Lehrgespräch* veranschaulicht werden.

Gesprächswörter

Mit dem Gesprächsschritt „Friz! bist du denn ein Jüngling?", eröffnet Kantor Bruns das Gespräch; er hakt nach „Ist denn wol ein Jüngling im Dorfe?" und erhält schließlich die Antwort: „o ja Rüzens Steffen ist ein Jüngling." Allein in diesen drei vergleichsweise kurzen Gesprächsschritten notiert der Protokollant Zerrener vier lexikalische Einheiten, die als Gesprächswörter zu klassifizieren sind: *denn*, *wol*, *o* und *ja*, und im weiteren Verlauf dieses kurzen Gesprächs werden immerhin zehn weitere Gesprächswörter-Typen überliefert (*aber*, *also*, *doch*, *etwa*, *ey*, *nein*, *nicht wahr?*, *nun*, *oder nicht?*, *schon*). Gesprächswörter sind Wörter, die der Organisation und Gliederung gesprochener Sprache im Gespräch dienen und besondere gesprächsfunktionale Aufgaben erfüllen. Im Anschluss an die Arbeiten von Helmut Henne (1978) und Armin Burkhardt (1982) werden in der Hauptsache fünf Klassen unterschieden (vgl. Paul 2002; Kilian 2002a, 437ff.):

- Gliederungspartikeln, „mit denen Sprecher ihre Gesprächsschritte gliedern und zugleich Kontakt, Aufmerksamkeit und Zustimmung erheischen" (Henne 1978, 45), z.B. gesprächsschritteinleitendes *o* („o ja, Rüzens Steffen") oder gesprächsschrittausleitendes und zugleich gesprächsschrittübergebendes *nicht wahr* („Nicht wahr du?");
- Rückmeldungspartikeln, die vom Hörer ausgehend das Rederecht des Sprechers akzeptieren, Aufmerksamkeit bekunden und gegebenenfalls auch zum Inhalt des Gesagten Stellung beziehen (vgl. Burkhardt 1982, 148). Rückmeldungspartikeln sind im vorliegenden Gesprächsexemplar nicht überliefert. Eine typische Rückmeldungspartikel ist beispielsweise rückmeldendes *hm*, zu dem Johann Christoph Adelung in seinem „Grammatisch-kritischen Wörterbuch der Hochdeutschen Mundart" unter dem Stichwort *Hum* u.a. ausführt: „ein Zwischenwörtchen, welches oft nur hm! lautet, und besonders in folgenden Absichten gebraucht wird. [...] Ein Zeichen, seine Gleichgültigkeit gegen eine Sache an den Tag zu legen. Oft ist es auch ein Zeichen eines geringen Grades der Verwunderung, einer Bejahung u.s.f." (J. C. Adelung, Grammatisch-kritisches Wörterbuch der Hochdeutschen Mundart [...], Bd. 2, 1796, 1315);
- Interjektionen sind „lexikalisierte und so konventionalisierte, kurze, satzwertige Ausrufe" (Burkhardt 1982, 155), wie z.B. die emotive Interjektion *o* im vorliegenden Gesprächsexemplar, die hier zugleich als gesprächsschritteinleitende Gliederungspartikel erscheint („O ja! er war ja verständig und gut dadurch geworden.");
- Abtönungspartikeln tönen die mit dem Sprechakt vollzogene Handlung ab und verdeutlichen sie, wie z.B. das häufige *denn* des Kantors Bruns („Ist denn wol ein Jüngling im Dorfe?"). Dieses abtönende *denn* „[d]ienet [...] auch zur Ausfüllung der Rede, um ihr die gehörige Vollständigkeit zu geben [...] Besonders nach Fragewörtern." (J. C. Adelung, Grammatisch-kritisches Wörterbuch der Hochdeutschen Mundart [...], Bd. 1, 1793, 1451);
- Sprechhandlungspartikeln sind Partikeln, mit denen Handlungen vollzogen werden, wie beispielsweise ZUSTIMMENDES *ja*, ABLEHNENDES *nein* oder das zugleich die Schülerantwort propositional BESTÄTIGENDE und den Schüler beziehungsorientiert LOBENDE *Recht!* des Kantors Bruns.

Der Umstand, dass *Gesprächswort* ein Terminus der Sprachwissenschaft des 20. Jahrhunderts ist (vgl. Paul 2002), weist darauf hin, dass erst die linguistische Erforschung der gesprochenen Sprache und die linguistische Gesprächsforschung die wichtigen Funktionen dieser lexikalischen Einheiten entdeckt haben. Schon der hoch- und schriftsprachlich orientierten Sprachforschung früherer Jahrhunderte waren Gesprächswörter jedoch bekannt und wurden in Wörterbüchern und Grammatiken gemeinhin unter der Bezeichnung „Interiectiones" beschrieben bzw. unter den Bezeichnungen „Bewegwörter" (Wolfgang Ratke 1630), „Zwischenwörter" (Justus Georg Schottelius 1663), „Triebwörter" (Kaspar Stieler 1691), „Empfindungswörter" (Johann Christoph Adelung 1782) oder „Ausrufungswörter" (Joachim Heinrich Campe 1801) geführt. Jede historische Gesprächsforschung, die der Funktion eines konkreten Gesprächswortes in einem überlieferten Gesprächsexemplar nachspürt, ist auf die historischen Wörterbücher und Grammatiken angewiesen insofern, als diese Sekundärquellen die historischen Subklassifizierungen dieser Wortart und die konventionellen zeitgenössischen semantisch-pragmatischen Kommentare zu den einzelnen historischen Gesprächswörtern bereithalten. Eine Aufgabe der historischen Gesprächsforschung ist es dann, die historisch besonderen Funktionen der Gesprächswörter zu rekonstruieren, nach Möglichkeit sogar historisch besondere bereichsspezifische Funktionswerte im Rahmen von Dialogsorten und -typen. So ist beispielsweise das Gesprächswort *also*, von Kantor Bruns im vorliegenden Gesprächsprotokoll immerhin auch einmal gebraucht („Also fleissig war er gewesen?"), im Jahr 1800 als Indikator für den Gesprächstyp *Lehrgespräch* Gegenstand pädagogischer Kritik gewesen:

> Was mußt du a l s o thun? [...] Dieß A l s o ist ächt katechetisch. [...] Das ‚Also' ist ein wahrer Nothknecht, sowohl bey den neuern, als ältern Katecheten. Jener Katechet hatte das Unglück, daß er nie bey der Sache bleiben konnte. Kaum fieng er an zu reden, so verlor er seinen Gegenstand aus dem Gesichte; [...]. Erinnerte dieser Mann auf seinem Kreuzzuge sich des Gegenstandes, von welchem er handeln wollte: so half das katechetische Wunderwort A l s o, wie ein D e u s e x m a - c h i n a, ihm jederzeit zurecht. ([anonym]: Alte und neue Methode beym Religionsunterrichte in Beyspielen, in: Bibliothek der Pädagogischen Literatur, Bd. 2, 1800, 88–103, 96).

Eine weitere Aufgabe der historischen Gesprächsforschung ist es, dem sprachhistorischen Verbleib, Wandel oder Ersatz von Gesprächswörtern nachzuspüren. Auch bei der Lösung dieser Aufgabe sind historische Grammatiken und Wörterbücher behilflich, können indes die dialogischen Funktionen, die den Verbleib, Wandel oder Ersatz steuern, nicht einfangen. Insofern Gesprächswörter per definitionem Funktionen im Gespräch erfüllen, gibt ihre Existenz, geben aber auch ihr Wandel, ihr Ersatz und ihr Fortfall Aufschluss über das Gespräch in seiner historischen Entwicklung. Das *ey* des Kantors Bruns etwa ist zwar in der syntaktischen Position und in der Funktion eines gesprächsschritteinleitenden Gliederungssignals heute – u.a. mit anderer Aussprache (/ɛi/ statt /ai/) – noch gebräuchlich, allerdings kaum noch in dieser Funktion eines Empfindungswortes als vielmehr, vor allem jugendsprachlich, in der eines Verstärkungswortes.

Anrede- und Grußformen

Sprache im Dialog wird, nach den Worten Wilhelm von Humboldts, konstituiert durch „Anrede" und „Erwiderung". Es liegt auch von daher nahe, im Rahmen einer historischen Lexikologie des Dialogs nach den jeweils zeittypischen Anredeformen und ihren Funktionen zu fragen. Im Rahmen der historischen Dialogforschung ist dieser Arberitsbereich lange Zeit vernachlässigt worden. So wird in einschlägigen Untersuchungen zumeist noch immer auf Gustav Ehrismanns Arbeiten zum „Duzen und Ihrzen im Mittelalter" (1901ff.) oder auf die 1938 erschienene Arbeit von George J. Metcalf „Forms of Address in German (1500–1800)" verwiesen. Erst in jüngerer Zeit gewinnt die Untersuchung von Anredeformen im Rahmen dialogischer Kommunikation größere Aufmerksamkeit (vgl. z.B. Fritz/ Muckenhaupt 1984, 189ff.; Besch 1996, 88ff.).

Formen der Anrede verweisen auf gesellschaftliche Ordnungen; und weil sie nur im Dialog ihre Funktion erfüllen können, verweisen sie mittelbar auch auf dialogische Ordnungen. Wenn beispielsweise, wie im Mittelhochdeutschen, der ständisch Untergebene den ständisch Übergeordneten zu *ihrzen* hatte, während er selber *geduzt* wurde, oder wenn, wie im vorliegenden Lehrgespräch, der institutionell Untergebene den institutionell Übergeordneten zu *siezen* hatte, während er selber *geduzt* wurde, so sind damit Typen von wiederkehrenden Dialogsituationen in Sprachhandlungsmuster, hier in Anredeformen, geronnen. Ein Wechsel der Anredeformen kann deshalb im Rahmen eines einzelnen Dialogexemplars ein Symptom sein für eine Veränderung der sozialen Beziehung zwischen den je konkret Sprechenden und auch Symptom für das gewählte dialogische Sprachhandlungsmuster, die Dialogsorte. Häufen sich Belege für diesen Wechsel, so ist er zugleich Symptom für eine Veränderung im Rahmen der Gesellschaftsordnung, auf der jede soziale Beziehung aufruht.

So spiegelt die semantisch-pragmatische Ausgliederung einer neuen Teilbedeutung der 2. Person Plural des Personalpronomens *du*, also die Ausgliederung der Form *ihr*, aus dem Flexionsparadigma und ihre Etablierung als eigene – singularische – Anredeform für Gesprächspartner höherer Abkunft und Würde die Gliederung der Gesellschaft in hierarchisch geordnete Stände, namentlich die Herausbildung des Ritterstandes und des Adels. Diese seit dem 9. Jahrhundert zu belegende Differenzierung (vgl. DWb 2, 1860, Sp. 1475ff.) wird in zahlreichen Texten der mittelhochdeutschen Dichtung eingesetzt, um die Herstellung von sozialen Beziehungen, aber auch um den erwähnten Wechsel in den Beziehungen von Gesprächspartnern und den Wechsel von Dialogsorten anzuzeigen. So bittet Feirefiz seinen Halbbruder Parzival, „daz er irzens in erlieze / und in duzenlîche hieze" („das ‚Ihr' zu lassen und ihn zu duzen"; Wolfram von Eschenbach: Parzival. Übers. u. Nachwort von Wolfgang Spiewok, Stuttgart 1992, II, 15, 749, 21f.), doch Parzival gibt sich bescheiden und ordnet sich selbst unter:

[...] bruoder, iuwer rîcheit glîchet wol dem bâruc sich: sô sît ir elter ouch dan ich. mîn jugent unt mîn armuot sol sölher lôsheit sîn behuot, daz ich iu duzen biete, swenn ich mich zühte niete.	„Bruder, Ihr seid ebenso gewaltig wie der Baruc und außerdem der Ältere von uns beiden. Ich werde mich bei meiner Jugend und Armut hüten, durch ein unangemessenes ‚Du' gegen die gute Sitte zu verstoßen."

Im Nibelungenlied hingegen wird diese Differenzierung der Anredepronomina wiederholt eingesetzt, um den Bruch des Gesprächsverhältnisses und den Wandel der Dialogsorte – hin zum *Streit* – anzukündigen, etwa wenn Hagen in seiner letzten Begegnung mit Kriemhild im Angesicht des nahenden Todes diese *duzt*, nachdem er sie im ganzen vorhergehenden Text entsprechend ihrer Stellung als Königin „ge-*ihrz*t" hatte; „da ist sie ihm nicht mehr die königliche Frau, der auch als Feindin ehrerbietiges Ihr gebührt, sondern die Teufelin, mit der er abrechnet" (Ehrismann, ZdW 4, 1903, 213).

Die singularische Anrede mit der Form der 3. Person Plural (*Sie*) löst seit dem 17. Jahrhundert die mit der 2. Person Plural (*Ihr*) ab (vgl. Paul 2002, s.v. *ihr*), führt deren Funktion der sozialen Differenzierung im Dialog allerdings fort, z.B. auch zwischen Eltern und Kindern:

FRITZ (fällt vor ihm auf die Knie). Mein Vater!
GEH.RAT. (hebt ihn auf und umarmt ihn). Mein Sohn!
FRITZ. Haben Sie mir vergeben?
GEH.RAT. Mein Sohn!
FRITZ. Ich bin nicht wert, daß ich Ihr Sohn heiße.
GEH.RAT. Setz dich; denk mir nicht mehr dran." (J. M. R. Lenz: Der Hofmeister 1774, V, 11)

Ähnlich wie in Lenz' Komödie sind die Personalpronomina *Du* und *Sie* im Gesprächsprotokoll aus der Reckahner Landschule hierarchisch verteilt: Der Lehrer duzt seine Schüler, während diese ihn siezen. Das ist vor dem Hintergrund der Institution Schule, und zumal einer Schule für jüngere Schülerinnen und Schüler, zunächst noch nichts, was im Rahmen eines kontrastiven Vergleichs dieses *Lehrgesprächs* aus dem 18. jahrhundert mit einem *Lehrgespräch* der Sprachgegenwart auffällig wäre. Dieses Grundmuster der asymmetrischen Anrede gilt noch heute in der Primarstufe und der Sekundarstufe I. Auffällig wird dieses Muster wiederum, wenn es als historisches Muster im Rahmen eines größeren Korpus entdeckt wird.

Vor dem Hintergrund weiterer Quellen aus der Zeit dieses Gesprächsprotokolls – Gesprächsquellen und sodann wiederum Grammatiken und Wörterbücher – zeigt sich, dass dieses Muster der asymmetrischen Anrede auch noch im 17. und 18. Jahrhundert nicht allein altersspezifisch begründet war, sondern darüber hinaus und mitunter gar in erster Linie soziologisch, nämlich ständisch. Gesprächsquellen aus dem Kommunikationsbereich der Lehre des 17. und 18. Jahrhunderts zeichnen ein deutliches Bild: Asymmetrisch geduzt werden Kinder und erwachsene „Einfältige", das heißt vornehmlich Mitglieder der bäuerlichen Landbevölkerung; der Lexikograph Kaspar Stieler belegt diesen Befund, wenn er in seinem 1691 erschienenen Wörterbuch das Anredepronomen *Du* der Anrede von „Knechte[n] und Kinder[n]" zuweist (K. Stieler: Der Teutschen Sprache Stammbaum und Fortwachs, Bd. 1, 1691, Sp. 346). „In Ansehung der Unterwerfung", heißt es auch in Adelungs Wörterbuch gut einhundert Jahre später, „werden Kinder von ihren Ältern und Vorgesetzten, niedrige Bediente und Leibeigene von ihren Herrschaften sehr oft nur du genannt." (J. C. Adelung: Grammatisch-kritisches Wörterbuch der Hochdeutschen Mundart [...], Bd. 1, 1793, 1565). In seinem „Umständlichen Lehrgebäude der Deutschen Sprache" aus dem Jahr 1782 fasst Adelung die sozialsemiotische Differenzierung der Anredepronomina wie folgt zusammen (Bd. 1, 1782, 684):

Nach dieser Verdrehung und Verwirrung der Pronominum wird **du** nur noch 1. gegen Gott, 2. in der Dichtkunst und dichterischen Schreibart, 3. in der Sprache der engen Vertraulichkeit, und 4. in dem Thone der hochgebiethenden Herrschaft und tiefen Verachtung gebraucht. Außer diesen Fällen redet man sehr geringe Personen mit **ihr**, etwas bessere mit **er** und **sie**, noch bessere mit dem Plural **sie**, und noch vornehmere wohl mit dem Demonstrativo **Dieselben** oder auch mit abstracten Würdenahmen, **Ew. Majestät, Ew. Durchlaucht, Ew. Excellenz** u.s.f. an.

Symmetrisches Siezen ist auf Schulen des 18. Jahrhunderts demgegenüber für ältere Schüler reserviert – und zwar ältere Schüler höherer Stände auf „gelehrten Schulen" und Universitäten, und hier, zumindest dem normativen Anspruch nach, auch unter den Schülern selbst. Modern anmutendes symmetrisches Duzen zwischen Schülern und Lehrern findet sich in dieser Zeit demgegenüber allenfalls in fiktiven oder fiktionalen *Lehrgesprächen* aus dem Umfeld privater „Erziehungsinstitute", zumal wenn das Verhältnis zwischen Lehrer und Schüler(n) familiär gestaltet ist, wie beispielsweise in den Gesprächen in Joachim Heinrich Campes „Robinson der Jüngere" (1779/80). Auch hier indizieren die Anredepronomina nicht nur ein neues Verständnis vom Gesprächsverhältnis zwischen Lehrer und Schülern im Rahmen einer neuen pädagogischen Gesprächssorte (dem *freien Unterrichtsgespräch*), sondern auch das Ideal einer anderen, nämlich philanthropischen, Gesellschaftsordnung.

Auffällig ist schließlich die Anrede der Schüler mit dem Wort „Kinder", die im oben zitierten Gesprächsprotokoll dreimal belegt ist („Aber Kinder! das hätt' ich doch nicht gethan, daß ich so fleißig in die Schule gegangen wäre. Wenn der Herr in die Schule käme und sagte: Kinder! es soll nun keine Schule mehr seyn!"). Diese Anrede wird heute zumeist nur noch in ironisch-vertraulichem Ton gebraucht (vgl. Paul 2002); in wörtlichem Sinne als vertrauliche Anrede an eine (Primar)schulklasse wird sie zunehmend seltener. Um die dialogische Funktion dieser Anredeform um 1780 innenperspektivisch zu erkunden, hilft wiederum ein Blick in die Sekundärquellen der historischen Dialogforschung, in ein zeitgenössisches Wörterbuch: „Auch als ein Ausdruck der vertraulichen Zärtlichkeit", heißt es bei Adelung (J. C. Adelung: Grammatisch-kritisches Wörterbuch der Hochdeutschen Mundart [...], Bd. 2, 1796, 1574). Im Wörterbuch von Kaspar Stieler aus dem Jahr 1691 findet man diese Information zum Gebrauch des Wortes *Kinder* hingegen noch nicht, ebenso wenig ist dieser Gebrauch des Wortes als Anrede in Quellen zum deutschen *Lehrgespräch* aus dem 17. Jahrhundert belegt. Dies weist darauf hin, dass die Entdeckung des Kindes erst im letzten Drittel des 18. Jahrhunderts Einzug in einige Schulen gefunden hat – und als Anredeform ins *Lehrgespräch*.

3.2.3. Historische Morphologie und Phonologie des Dialogs

Die für die gesprochene Sprache im Gespräch wesentlichen morphologischen und phonologischen Charakteristika sind, wie im Quellenkapitel erwähnt, den schriftsprachlichen Quellen grundsätzlich nicht zu entnehmen. Zwar kann man morphosyntaktische Charakteristika (Ausklammerungen, Kontraktionen, Elisionen u.a.) oder auch idiolektale, umgangssprachlich-regionale oder dialektale Aussprachecharakteristika (Allophone) einzelner Lautwerte manchmal im Schriftbild einer Quelle entdecken, doch sind beispielsweise Satzmelodien und Pausenphänomene, Lautstärke und Sprechtempo ebenso wenig zu rekonstruieren wie die nonverbalen Charakteristika aus den Bereichen von Gestik und Mimik (vgl. Schank/Schwitalla 1980, 315; Henne/Rehbock 2001, 56). Die historische Gesprächsanalyse kann dennoch einige Erkenntnisse über historische Gesprächssprache gewinnen

„Und das half ihn ia doch nun nicht, da er sterben mußte? oder halfs ihn doch etwas.", fragt Lehrer Bruns, und aus der kontrastiven Perspektive ist zunächst der Gebrauch des Akkusativs („ihn") statt des Dativs auffällig. Die Landschule zu Reckahn lag im Brandenburgischen und damit im Bereich des Niederdeutschen, das den Zusammenfall von Dativ und Akkusativ systematisch aufweist. Wiewohl Kantor Bruns, wie allen Lehrern am Ende des 18. Jahrhunderts – und im Grunde noch heute –, die Pflicht auferlegt war, die Mundart zugunsten der Hochsprache im Unterricht zu vermeiden, ist er offenbar selbst noch unsicher im Gebrauch des Hochdeutschen. Die außerschulische Gesprächssprache der Schülerinnen und Schüler jedenfalls war das Niederdeutsche, auf das sie – in anderen Gesprächsexemplaren aus Reckahn ist das überliefert – in einzelnen Gesprächsschritten auch immer wieder zurückgreifen, zum Teil mit, zum Teil ohne Korrektur des Lehrers Bruns (vgl. das obige Beispiel: „K. Dat miner Mutter keiner wat rut dregt.").

Das Gesprächsexemplar zeigt des Weiteren die in der gesprochenen Umgangssprache des natürlichen Gesprächs übliche Elision (Apokope) des schwachtonigen /ə/ im Auslaut der flektierten Verbform („hätt'", „sollt") sowie die Kontraktion des Pronomens *es*, hier an vorausgehendes Verbprädikat und Pronomen („halfs", „ichs"). Dass derlei Elisionen und Kontraktionen üblich sind in der gesprochenen Sprache im Gespräch, ist zunächst eine Feststellung aus der kontrastiven Perspektive des rückblickenden Betrachters, die für das 18. Jahrhundert verifiziert werden muss. Einen indirekten Beleg dafür liefert wiederum Johann Christoph Adelung, diesmal in seiner „Deutschen Orthographie" von 1788, die sich auch der Aussprache widmet. Zu den Elisionen und Kontraktionen enthält dieses Werk des Verfechters der deutschen Hoch- und Schriftsprache ein sehr negatives Urteil, das allerdings für die Bewertung der Kontraktion im Rahmen der historischen Dialogforschung sehr wertvoll ist (J. C. Adelung: Vollständige Anweisung zur Deutschen Orthographie [...], Leipzig 1788, 61):

Besonders hüte man sich vor harten Elisionen und Zusammenziehungen; **'s war, hab's gesagt,** gehören mit allen übrigen in die niedrigsten Volkssprachen.

Auch die Apokope des auslautenden /ə/ haben die zeitgenössischen Grammatiker verurteilt: Sie „machet die Sprache rauh", gibt Johann Christoph Gottsched in seiner „Vollständigeren und Neuerläuterten Deutschen Sprachkunst" an (1762, 535f.), und auch Adelung sieht den „Wohllaut" in Gefahr, weil stimmhafte Schlusskonsonanten nach der Apokope stimmlos werden (vgl. /reːdə/ versus /reːt/).

Einen direkten Beleg für die Üblichkeit von Elisionen und Kontraktionen im gesprochenen Deutsch des 18. Jahrhunderts können nur Auswertungen umfangreicherer Quellenkorpora bieten. Das Reckahner Gesprächsprotokoll jedenfalls ist für Aussagen dieser Art nicht geeignet, führte allein eher zum gegenteiligen Schluss, denn außer den genannten Elisionen und Kontraktionen kommen keine weiteren vor; alle anderen auf /ə/ auslautenden Verbformen im Gesprächsprotokoll weisen dieses auf („wäre", „konnte", „käme" usw.), und auch das Pronomen *es* ist nicht immer, wenn es möglich wäre, kontrahiert („war es"). Auffällig ist schließlich, dass sämtliche von Zerrenner notierte Charakteristika der gesprochenen Sprache dem Lehrer Bruns in den Mund gelegt werden; die niederdeutschen Schüler sprechen in diesem Gesprächsprotokoll überwiegend schriftsprachlich korrektes Hochdeutsch.

Die Frage, die sich bei der Analyse der sprachstrukturellen Handlungsmittel und -formen im Rahmen der historischen Dialogforschung denn auch immer wieder stellt, ist die Frage nach der Verallgemeinerbarkeit der Ergebnisse. Ob es sich nun um die Makro-

84

und Mesostrukturen der Gesprächsorganisation handelt oder um die Mikrostrukturen der Gesprächssprache im engeren Sinne, stets bleibt die historische Dialogforschung, insbesondere im Bereich der *sprachstrukturellen* Rekonstruktion im Zweig der historischen Gesprächsforschung, dem Zweifel ausgesetzt, die Ergebnisse seien zu eng gebunden an einzelne Gesprächsexemplare. Eine Projektion derselben auf die Gesprächssprache einer historischen sozialen Sprechergruppe oder gar auf die deutsche Gesprächssprache einer historischen Sprachstufe (etwa des Alt- oder Mittelhochdeutschen oder der deutschen Sprache im 18. Jahrhundert) sei spekulativ. Angesichts der Quellenlage sind diese Zweifel nicht gänzlich auszuräumen. Von großem Wert ist es daher, wenn die Ergebnisse über das Einzelgespräch hinaus wenigstens für ganze Dialogsorten Gültigkeit beanspruchen können. Die historische Gesprächsforschung hat diesen Anspruch immer wieder reklamiert, allerdings nur selten eingelöst; meist blieb es bei Analysen auf der Ebene einzelner Gespräche, ohne Ausblick auf das zeitgenössische Muster, die Gesprächssorte, und damit auch ohne Ausblick auf historisch-diachronische, entwicklungsgeschichtliche Aspekte derselben. Das folgende Kapitel führt unter Berücksichtigung solcher sprachstrukturellen Aspekte ein in die sprachpragmatische Rekonstruktion von Dialogsorten.

Literaturhinweise: Ehrismann 1901ff.; Bolhöfer 1912; Metcalf 1938; Kästner 1978; Schlieben-Lange 1979; Burger 1980; Henne 1980; v. Polenz 1981; Fritz/Muckenhaupt 1984, 189ff.; Neuendorff 1986; Neuendorff 1987; Völpel 1987; Enninger 1990; Henne 1994; Besch 1996; Brinker/Sager 1996; Hess-Lüttich 1996; Kilian 1999; Kilian 2001; Henne/Rehbock 2001; Kilian 2002a, 29ff.; Köstler-Holste 2004, 20ff.

Aufgaben

9. Der Pädagoge und Lexikograph Joachim Heinrich Campe führt im Vorbericht seines Jugendbuches „Robinson der Jüngere" aus dem Jahr 1779 an, dass er „meistentheils wirklich vorgefallene Gespräche lieber habe nachschreiben, als ungehaltene und künstliche Dialogen habe machen wollen." (Campe 1779/80, 14). Die Kinder, die im Jugendbuch an den Gesprächen beteiligt sind, sind historisch verbürgte Personen, die kleine Lotte figuriert gar Campes eigene Tochter (vgl. Köstler-Holste 2004). Ein Ausschnitt:

> VATER. [...] Wenn dan die Zeit der *Fluth* aus ist, und die *Ebbe* eintrit, so bleiben sie [Austern, J.K.] auf dem Troknen liegen.
> FRIZCHEN. Was ist denn das, die Ebbe und die Fluth?
> LOTTE. O weißt du das nicht einmahl? Das ist, wenn das Wasser so anschwilt, und wieder abläuft.
> FRIZCHEN. Was für Wasser?
> LOTTE. I, das Wasser im Meer!
> FREUND R. Frizchen, laß dir das von deinem Bruder Johannes erklären, der wird's dir wohl deutlich machen können.
> JOHANNES. Ich? – Na, ich wil sehn! Hast du nicht bemerkt, daß das Wasser in der Elbe zuweilen weiter aufs Land kömt, und denn nach einiger Zeit wieder zurükgeht, und daß man denn dahin gehen kan, wo vorher Wasser war?
> FRIZCHEN. O ja, das hab' ich wohl gesehn!
> JOHANNES. Na, wenn das Wasser so anläuft, daß es über die Ufer kömt, so nent man das Fluth; wen's aber wieder zurük tritt und das Ufer trokken wird, so nent man's Ebbe.
> VATER. Nun muß ich dir sagen, lieber Friz, daß das Wasser im Weltmeer alle vier und zwanzig Stunden auf diese Weise zweimahl aufsteigt, und zweimahl wieder niedersinkt. [...]

FRIZCHEN. O ja! Aber warum schwilt denn das Meer immer auf?

GOTLIEB. O ich weiß wohl; das kömt vom Mond, der zieht das Wasser an sich, daß es in die Höhe steigen muß.

NIKOLAS. O das haben wir ja schon so oft gehört! Laßt doch Vater weiter erzälen! (Campe 1779/80, 54f.)

Arbeiten Sie – kontrastiv auf der Grundlage Ihrer Sprachkompetenz – heraus, inwiefern dieses Gespräch aus sprachstruktureller Perspektive Annäherungen an die vergangene Gesprächswirklichkeit, mithin gar an die gesprochene Sprache um 1780 gestatten könnte, inwiefern dabei aber auch kritische Vorsicht geboten ist.

10. Analysieren Sie die Arten des Sprecherwechsels in diesem *Lehrgespräch* und vergleichen Sie sie mit denen im oben analysierten Ausschnitt aus dem Reckahner *Lehrgespräch*. Welche Rückschlüsse lassen sich aus dem Vergleich ziehen, wenn es gilt, den Gesprächstyp *Lehrgespräch* am Ende des 18. Jahrhunderts zu rekonstruieren?

4.   Historische Sprachpragmatik des Dialogs: Rekonstruktion
      historischer Dialogsorten und -typen

Das im vorangehenden Kapitel sprachstrukturell analysierte Gespräch des Kantors Bruns
mit seiner Klasse in der Reckahner Landschule hat am 13. Mai 1787 stattgefunden. Dieses
Gespräch ist protokolliert worden und dadurch für die Nachwelt erhalten, doch es ist und
bleibt ein singuläres historisches Gesprächsereignis, das mit der Gesprächsbeendigung an
jenem 13. Mai 1787 sein Ende fand. Die historische Gesprächsanalyse respektiert diese
historische Einmaligkeit insofern, als die sprachstrukturelle Analyse, wie erwähnt, auch nur
Aussagen über dieses eine Gespräch zulässt, nicht jedoch Aussagen darüber, ob es ein typisches *Lehrgespräch* seiner Zeit war, ein repräsentatives Exemplar einer Gesprächssorte im
Rahmen eines Gesprächstyps, oder ob es, wie es hier in der Tat der Fall ist, eher eine unty-
pische Ausnahmeerscheinung darstellt.

   Um festzustellen, ob ein historisches Gesprächsexemplar ein repräsentativer Vertreter
einer Gesprächssorte ist oder nicht, muss dieses Gesprächsexemplar klassifiziert, das heißt,
einer Gesprächssorte zugewiesen werden. Solche Klassifikationen einzelner Gespräche,
aber auch einzelner Sprachhandlungen innerhalb von Gesprächen, gehören zur alltäglichen
Spracharbeit kommunizierender Menschen, ohne dass sie sich dessen stets bewusst sind. In
der Regel wird diese Arbeit nur in metakommunikativen und sprachthematisierenden Akten
explizit gemacht, beispielsweise wenn sich ein Gastgeber aus einer Gesprächsrunde mit den
Worten zurückzieht, er müsse die *nette Plauderei* leider verlassen, da er sich auch mit anderen Gästen noch *unterhalten* wolle, oder wenn eine Frau ein Gespräch mit ihrem Freund
später gegenüber ihrer Freundin als *Streit* bezeichnet und davon spricht, er habe ihr etwas
vorgeworfen.

   Für die historische Dialogforschung sind solche Klassifikationen ungleich schwieriger.
Eine im engeren Sinne ethnomethodologisch orientierte Gesprächsanalyse beispielsweise
würde die vom Gesprächsanalytiker gewählte Benennung *Lehrgespräch* für das im vorigen
Kapitel analysierte Gespräch als historisch zweifelhaft, als sprachhistorisch gar irreführend
ablehnen, denn das Wort *Lehrgespräch* ist erst jüngeren Datums, wird in den Wörterbüchern des 17., 18. und 19. Jahrhunderts noch nicht geführt. Zu Kantor Bruns Zeiten konnten
die Menschen dieses Gespräch also gar nicht als *Lehrgespräch* klassifizieren. Derlei Gespräche zwischen Lehrer und Schüler hießen damals je nach Art und Zweck „einflößende
Katechisation" oder „gesprächsweise unterrichten" oder „Methodus socratica"; der Protokollant Zerrenner bezeichnet die Lehrmethode des Kantors Bruns als „sokratisches Gespräch", als „Unterredung", in denen Bruns „fragweise" unterrichtet habe – aber eben nicht
als *Lehrgespräch*.

   Die historische Dialogforschung benötigt daher, insofern sie über die Struktur eines einzelnen – und sei es noch so (proto)typischen – Gesprächs hinaus auf die Rekonstruktion
historischer Dialogsorten und historischer Dialogtypen zielt, Ansätze zur Ordnung und
Klassifikation von Dialogexemplaren. Diese Ansätze müssen, zum einen, wissenschaftlich
begründet sein, um die Klassifikationen intersubjektiv überprüfbar zu machen. Das bedeutet, dass sich die Ansätze vom Alltagswissen historischer Sprecher und deren mehr oder
weniger subjektiven Kriterien lösen und *außenperspektivisch* linguistische Kriterien für die

Klassifikation von Dialogexemplaren setzen müssen. Diese Kriterien können dann als panchronische, das heißt zeitunabhängige Kategorien für die Klassifikation von Dialogexemplaren aller historischer Sprachstufen zur Verfügung stehen.

Als solche Kategorien werden im Rahmen der **Dialoggrammatik** die abstrakten Typen minimaldialogischer Zugsequenzen verstanden. Eine minimaldialogische Zugsequenz besteht aus einem »initialen Sprechakt« und einem »reaktiven Sprechakt« (vgl. z.B. Franke 1990; Hindelang 1994). Eine zugtypologisch abstrakte Minimalsequenz kann dann beispielsweise aus FRAGE und ANTWORT oder VORWURF und RECHTFERTIGUNG bestehen. Aus der FRAGE-ANTWORT-Minimalsequenz schließlich könnte man nun Grundstrukturen des *Erkundigungsgesprächs* oder des *Informationsgesprächs* ableiten, aus der VORWURF-RECHTFERTIGUNG-Minimalsequenz Grundstrukturen des *Streit(gespräch)s*. Vor allem institutionalisierte bzw. zeremoniell ritualisierte Dialogsorten (vgl. z.B. Beetz 1999 zu frühmodernen dialogischen Höflichkeitsritualen) tendieren zu normierten Dialogverlaufstypen. In Kapitel 4.1. wird zu diskutieren sein, ob und inwiefern im Rahmen einer historischen Dialoggrammatik derlei abstrakte und als universal und panchronisch verstandene Grundstrukturen die rekonstruierende Klassifikation konkreter historischer Dialogsorten gestatten.

Während die Dialoggrammatik abstrakte sprachpragmatische Strukturen zum Ausgangspunkt für eine Klassifikation und Typologie von Dialogsorten wählt, greift die **Redekonstellationstypik** auf abstrakte situationstypologische Kriterien zurück, die als panchronisch und universal gelten können. Es handelt sich dabei um Kriterien, die, wie der Name schon sagt, verschiedene Möglichkeiten der „Redekonstellation" erfassen, wie z.B. »Anzahl der am Dialog Beteiligten«, »Soziales Verhältnis der am Dialog Beteiligten« oder »Bekanntheitsgrad der am Dialog Beteiligten« (vgl. Henne/Rehbock 2001, 26f.; historisch angewandt zuerst bei Kästner 1978). So könnte beispielsweise ein Gespräch »unter zwei Personen«, die in einem »asymmetrischen Verhältnis« zueinander stehen und zumeist »einander unbekannt« sind, auf der Grundlage nur dieser drei Kriterien möglicherweise der Dialogsorte *Verhör* oder der Dialogsorte *Interview* zugeordnet werden; möglicherweise handelt es sich aber auch um ein *Erkundigungsgespräch* oder um einen *Streit*. Es sind weitere Kriterien nötig, um (proto)typische Redekonstellationen für konkrete Dialogsorten zu bestimmen. Auch für diesen Ansatz wird deshalb zu erörtern sein, ob und inwiefern er aus der dialoglinguistischen Außenperspektive heraus geeignet ist, eine sprachhistorische Dialogklassifikation und -typologie zu befördern (Kapitel 4.2.).

Es wird schon an diesen wenigen Beispielen deutlich, dass die Ansätze einander nicht ausschließen. Um ein Gespräch »unter zwei Personen«, die in einem »asymmetrischen Verhältnis« zueinander stehen und »einander unbekannt« sind, als *Verhör* zu klassifizieren, bedarf es eben auch der sprachpragmatischen Analyse dialogsortentypischer Zugsequenzen, etwa FRAGE – ANTWORT. Nicht minder deutlich wird allerdings auch, dass die außenperspektivische Klassifikation auf der Grundlage zeitunabhängiger Kategorien zu allgemein ist, als dass sie die historischen Besonderheiten von Dialogsorten einer bestimmten Zeit erkennen lassen könnte. Universale und panchronische Kategorien verführen dazu, das Dialogwissen des wissenschaftlichen Betrachters als Norm zu setzen und die dialogspezifischen Ansichten, Einstellungen und Bewertungen der jeweils zeitgenössischen historischen

Sprecher zu überblenden. Dieselbe Verführungskraft üben, wie erwähnt, auch Benennungen für Dialogsorten und Dialogtypen aus, die überlieferten Dialogexemplaren vom wissenschaftlich rückblickenden Betrachter beigelegt werden.

Aus diesem Grund muss die kategoriengeleitete außenperspektivische Rekonstruktion und Klassifikation historischer Dialogsorten ergänzt und gestützt werden durch empirische Analysen relativ großer Korpora, um auf empirisch-induktivem Wege aus einer Vielzahl gleichartiger Dialogexemplare das **innenperspektivisch** Zeittypische einer historischen Dialogsorte zu ermitteln. Zur Zusammenstellung dieser Korpora und zur innenperspektivischen Erkundung von zeitgenössischen Normen und Sitten, Einstellungen und Bewertungen, die die Praxis historischer Dialogsorten rahmen, ist es sinnvoll und hilfreich, auf **historische Dialogsortenbenennungen** als heuristische Klammern zurückzugreifen (Kapitel 4.3.). Damit kommt zwar wiederum das oben genannte Problem der unwissenschaftlichen Klassifikation ins Spiel, denn die historischen Sprecher haben die sie umgebende Gesprächswelt ebenso unsystematisch benannt wie es heutige Sprecher auch tun. Auf der Grundlage der innenperspektivischen Dialogsortenbenennungen ist es jedoch möglich, auf Sekundärquellen wie Grammatiken und Wörterbücher zurückzugreifen, die das „terminologische Chaos" der Dialogsortenklassifikation (Walther Dieckmann) etwas ordnen – und zugleich das zu den historischen Dialogsorten und -typen gehörige historische (normative) Handlungswissen überliefern.

Die drei hier einleitend angedeuteten linguistischen Zugriffe zur Ordnung von Dialogexemplaren und ihrer Zuordnung zu Dialogsorten im Rahmen einer Dialogtypologie (zu Dialog[exemplar], Dialogsorte, Dialogtyp s.o.) korrespondieren den drei Dimensionen der historischen Dialogforschung insofern, als sie sprachstrukturelle, sprachpragmatische und sprachsoziologische Kategorien für die Klassifikation von Dialogexemplaren bereitstellen. Diese drei Zugriffe werden in den folgenden Unterkapiteln vorgestellt: zunächst der funktional-strukturelle Zugriff auf sprechakttheoretischer Grundlage, danach der formal-strukturelle Zugriff auf der Grundlage einer abstrakten Redekonstellationstypik und schließlich der lexikalisch-semantische Zugriff auf der Grundlage der semantischen Interpretation zeitgenössischer Sprachhandlungsbegriffe. Jeder dieser Zugriffe hat im Rahmen der historischen Dialogforschung seine Vorteile und Schwächen, die im Einzelnen zu erläutern sind; keiner kann deshalb das Prädikat des „Königswegs" für sich beanspruchen, und wie so häufig, ist es auch im Fall der historischen Dialogtypologie empfehlenswert, die Ansätze miteinander zu kombinieren (vgl. auch Franke 1986, 87, der für die Dialogsortenklassifikation vorschlägt, einen „deduktiven", einen „empirischen" und einen „terminologischen" Ansatz miteinander zu verknüpfen). Die historische Dialogforschung kommt jedenfalls auch hier um die hermeneutische Spannung zwischen außenperspektivischen abstrakten sprachwissenschaftlichen Kategorien und innenperspektivischem konkreten Sprachleben nicht herum. Sie sollte diese Spannung vielmehr sogar bewusst nutzen, indem sie sich auch auf diesem Forschungsfeld zum Methodenpluralismus bekennt. Dies gilt um so mehr, wenn die historische Dialogforschung nicht nur einzelne überlieferte Dialoge als Exemplare bestimmter Dialogsorten interpretieren muss, sondern über das historische Dialogsortenrepertoire hinaus versucht, die Dialogtypen einer Sprechergruppe zu rekonstruieren (z.B. neben dem ritterlichen *Kampfgespräch* das mittelalterliche *Minnegespräch* [vgl. Kästner 1999], das

Lehrgespräch [vgl. Kästner 1978] und das *Beratungsgespräch* [vgl. Althoff 1990]), und darüber hinaus die Dialogbereiche bzw. den dialogischen Haushalt einer Sprachgesellschaft zu bestimmen.

Um die drei dialogtypologischen Zugriffe in ihrer jeweils individuellen Reichweite und sodann auch in ihrem Zusammenspiel im Rahmen der historischen Dialogforschung vorzustellen, werden sie nacheinander am selben Beispiel eingeführt, und zwar am Beispiel eines der ältesten Dialogexemplare in deutscher Sprache, dem althochdeutschen Hildebrandlied.

Das Hildebrandlied steht in einer Kasseler, ursprünglich Fuldaer Handschrift aus dem 8./9. Jh. (wohl um 810). Es ist von zwei Schreibern niedergeschrieben, in Karolingischer Minuskel, gleichsam auf hochdeutschem Sprachgrund mit niederdeutschen Durchschlägen. Das Originaldokument steht der historischen Dialogforschung in faksimilierter Form zu Verfügung und ist schon als solches eine beeindruckende Quelle (s. Faksimile auf der folgenden Seite; aus: G. Baesecke: Das Hildebrandlied [...], Halle 1945). Der Inhalt des Hildebrandliedes ist rasch zusammengefasst: Es geht in diesem Lied um Dietrich von Bern, das ist der Sagen-Name für den Ostgotenkönig Theoderich den Großen (um 455–526). Theoderich ist im Jahr 493 nach Italien marschiert, hat dort den Herulerkönig Odowaker getötet und sich zum König ganz Italiens, Galliens und der Ostschweiz ernannt. Hier im Lied ist Odowaker der Tyrann, vor dem Theoderich (Dietrich) zum König der Hunnen flieht. Mit ihm flieht auch sein Vertrauter Hildebrand, der seine junge Braut und ein Kind zurücklässt. Nach 30 Jahren kehrt Hildebrand in seine Heimat zurück und stößt auf die feindlichen Heere Odowakers. Zwischen den Schlachtreihen treffen nun Hildebrand und das zurückgelassene Kind, nämlich Hadubrand, als Einzelkämpfer aufeinander. Das Lied endet, als der Kampf zwischen beiden beginnt; der Ausgang ist nicht mitgeteilt.

Das Lied beschäftigt die philologische Forschung seit der wissenschaftlichen Ausgabe des Textes durch Jacob Grimm und Wilhelm Grimm im Jahre 1812, und zwar vor allem deshalb, weil die Frage, warum dieser Dialog in einen Kampf auf Leben und Tod mündet, bislang nicht zufriedenstellend beantwortet ist. Möglicherweise kann die Zuordnung dieses Dialogexemplars zu einer historischen Dialogsorte diese Frage einer Antwort näher führen. Was also ist das für ein Dialog bzw. wiederum genauer: was ist das für ein Gespräch, das im Hildebrandlied überliefert ist? In den folgenden Abschnitten wird, wie erwähnt, zuerst der dialoggrammatische, dann der redekonstellative und schließlich der lexikalisch-semantische Ansatz einer historischen Dialogtypologie vorgestellt und eine Antwort auf diese Frage versuchen. Zuvor wird der Text in Transkription und moderner Übertragung abgedruckt (aus: Althochdeutsche Literatur. Mit Proben aus dem Altniederdeutschen. [...] Hrsg., übersetzt und mit Anmerkungen versehen von Horst Dieter Schlosser, Frankfurt/M. 1970, 264ff.).

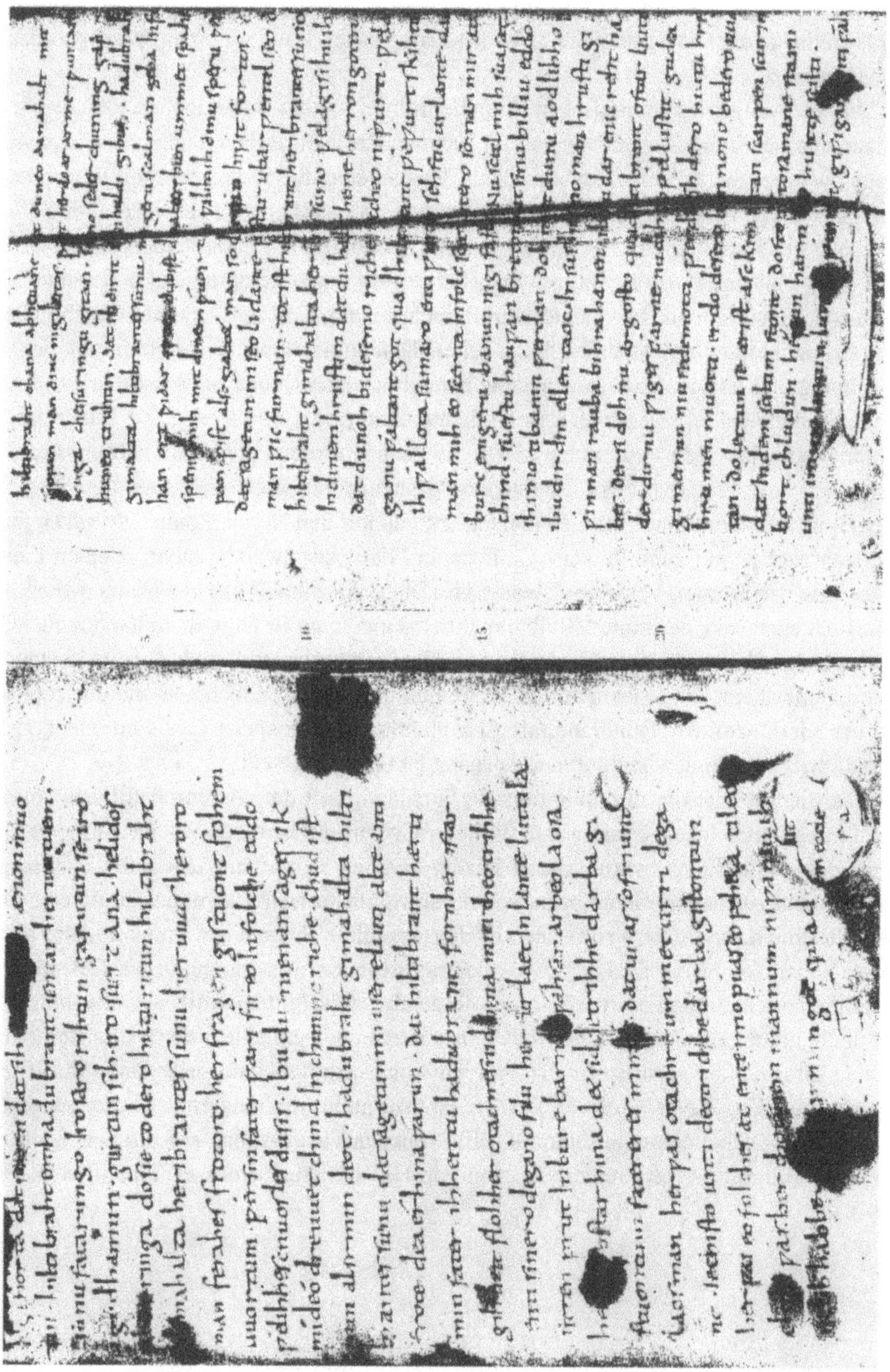

90

Abb. 7: Das Hildebrandlied (Faksimile)

Ik gihorta ðat seggen,
ðat sih urhettun ænon muotin:
Hiltibra*n*t enti Haðubrant untar heriun tuem.
sunufatarungo iro saro rihtun,

garutun sê iro guðhamun, gurtun sih iro suert
ana,
helidos, ubar *h*ringa, do sie to dero hiltiu ri-
tun.
Hiltibra*n*t gimahalta, Heribrantes sunu, – her
uuas heroro man,

ferahes frotoro – her fragen gistuont
fohem uuortum, *h*wer sin fater wari
fireo in folche,
,eddo *h*welihhes cnuosles du sis.
ibu du mi ęnan sages, ik mi de odre uuet,
chind in chunincriche. chud ist m*i* al irmindeot.'
Hadubra*n*t gimahalta, Hiltibrantes sunu:

,dat sagetun mi usere liuti,
alte anti frote, dea érhina warun,
dat Hiltibrant hætti min fater, ih heittu Hadubrant.
forn her ostar gi*w*eit, floh her Otachres nid,
hina miti Theotrihhe enti sinero degano filu.

her furlaet in lante luttila sitten,
prut in bure barn unwahsan,
arbeo laosa. he*r* raet ostar hina.
de*s* sid Detrihhe darba gistuontu*n*
fateres mines: dat uuas so friuntlaos man.

her was Otachre ummet tirri,
degano dechisto *m*iti Deotrihhe.
her was eo folches at ente: imo was eo feh*t*a
ti leop.
chud was her chonnem mannum.
ni waniu ih iu lib habbe.' –

,wettu irmingot', quad Hiltibra*n*t, ,obana ab
heuane,
dat du neo dana halt mit sus sippan man
dinc ni gileitos!'
want her do ar arme wuntane bauga,
cheisuringu gitan, so imo se der chuning
gap,
Huneo truhtin: ,dat ich dir it nu bi huldi
gibu.'

Ich hörte (glaubwürdig) berichten, daß zwei Krieger, Hildebrand und Hadubrand, (allein) zwischen ihren beiden Heeren, aufeinanderstießen. Zwei Leute von gleichem Blut, Vater und Sohn, rückten da ihre Rüstung zurecht,

sie strafften ihre Panzerhemden und gürteten ihre Schwerter über die Eisenringe, die Männer, als sie zu diesem Kampf ritten. Hildenbrand, Heribrands Sohn, begann die Rede – er war der Ältere, auch der Erfahrenere –, mit wenigen Worten fragte er,

von welchen Leuten im Volk der Vater des anderen sei, „oder (sag mir,) zu welchem Geschlecht du zählst. Wenn du mir nur einen (Namen) nennst, weiß ich schon, wer die andern sind, die Angehörigen im Stammesverband. Ich kenne das ganze Volk." – Hadubrand, Hildebrands Sohn, antwortete:

„Es haben mir unsere Leute gesagt, alte und erfahrene, die schon früher lebten, daß mein Vater Hildebrand heiße. Mein Name ist Hadubrand. Einst ist mein Vater nach Osten gezogen, auf der Flucht vor Odoakers Haß, zusammen mit Theoderich und vielen seiner Krieger.

Er hat in der Heimat, in seinem Haus hilflos und ohne Erbe seine junge Frau (und) ein kleines Kind zurückgelassen. Er ist nach Osten fortgeritten. Danach sollte Dietrich den Verlust meines Vaters noch sehr spüren: er war so ohne jeden Freund.

(Mein Vater aber,) Dietrichs treuester Gefolgsmann, hatte seinen maßlosen Zorn auf Odoaker geteilt. Immer ritt er dem Heer voran. Jeder Kampf war ihm so sehr willkommen. Die Tapfersten kannten ihn. Ich glaube nicht, daß er noch am Leben ist." –

„Ich rufe Gott vom Himmel", sprach Hildebrand da, „zum Zeugen an, daß du bisher noch nicht einen so nah Verwandten zum Gegner gewählt hast." Darauf löste er Ringe vom Arm, aus Kaisergold geschmiedet, wie sie ihm der König,

der Herrscher der Hunnen, geschenkt hatte: „Das schenke ich dir aus Freundschaft." –

Hadubrant gimahalta, Heribrantes sunu:
,mit geru scal man geba infahan,
ort widar orte.
du bist dir, alter Hun, ummet spaher;

spenis mih mit dinem wortun, wili mih dinu
speru werpan.
pist also gialtet man, so du ewin inwit fortos.
dat sagetun mi seolidante
westar ubar wentilseo, dat inan wic furnam:
tot ist Hiltibrant, Heribrantes suno.'

Hiltibrant gimahalta, Heribrantes suno:
,wela gisihu ich in dinem hrustim,
dat du habes heme herron goten,
dat du noh bi desemo riche reccheo ni wurti.
–
welaga nu, waltant got', quad Hiltibrant,
,wewurt skihit!

ich wallota sumaro enti wintro sehstic ur
lante,
dar man mih eo scerita in folc sceotantero.
so man mir at burc enigeru banun ni gifasta.
nu scal mih suasat chind suertu hauwan,
breton mit sinu billiu – eddo ich imo ti banin
werdan.

doh maht du nu aodlihho, ibu dir din ellen
taoc,
in sus heremo man hrusti giwinnan,
rauba birahanen, ibu du dar enic reht habes.'
–
,der si doh nu argosto', quad Hiltibrant,
,ostarliuto,
der dir nu wiges warne, nu dih es so wel
lustit,

gudea gimeinun. niuse de motti,
hwerdar sih hiutu dero hregilo rumen
muotti,
erdo desero brunnono bedero uualtan.'
do lettun se ærist asckim scritan
scarpen scurim, dat in dem sciltim stont.

do stoptun to samane staimbort hludun,
heuwun harmlicco huitte scilti,
unit im iro lintun luttila wurtun,
giwigan miti wabnum…

Hadubrand, Hildebrands Sohn, entgegnete aber: „Ein Mann soll (solche) Gaben mit dem Speer aufnehmen: Spitze gegen Spitze! Alter Hunne, du bist überaus listig;

wiegst mich mit deinen Worten in Sicherheit, um mich dann (um so besser) mit deinem Speer zu treffen. Du bist schon so alt, und doch bist du immer (noch) voll Hinterlist. – Ich weiß es von Seefahrern, die westwärts übers Meer (gekommen sind), daß ein Kampf mir meinen Vater genommen hat: tot ist Hildebrand, der Sohn Heribrands!" –

Hildebrand, Heribrands Sohn, sagte da: „An deiner Rüstung sehe ich deutlich, daß du zuhause einen mächtigen Herrn hast und daß du dieses Herrschers wegen noch nicht in die Verbannung hast gehen müssen. – O waltender Gott", fuhr Hildebrand fort, „das Schicksal will seinen Lauf!

Ich bin sechzig Sommer und Winter außer Landes gegangen. Da hat man mich immer in die Schar der Bogenschützen gestellt. Nachdem mich vor keiner Burg der Tod ereilt hat, soll es nun geschehen, daß mich mein eigener Sohn mit dem Schwert erschlägt, mich mit seiner Waffe zu Boden fällt – oder daß ich ihm den Tod bringe.

Doch kannst du nun leicht, wenn deine Kraft ausreicht, von einem so alten Krieger die Rüstung gewinnen, die Beute an dich bringen, wenn du irgendein Recht darauf haben wirst. Der wäre nun wirklich einer der Feigsten unter denen, die nach Osten gegangen sind", sprach Hildebrand, „der dir den Kampf verweigern wollte, da du so darauf brennst,

auf den Kampf zwischen uns. So erprobe nun der, dem es auferlegt ist, wer von uns beiden den Harnisch verlieren muß, wer von uns beide Brünnen gewinnen wird!" Da ließen sie zunächst die Eschenlanzen gegeneinander rasen, mit einem so harten Stoß, daß sie sich fest in die Schilde gruben.

Darauf ließen sie ihre laut dröhnenden Schilde selbst aufeinanderprallen. Sie schlugen voll Ingrimm auf die weißen Schilde ein, bis ihnen das Lindenholz zu Spänen zerfiel, von den Waffen zerschlagen…

4.1. Funktional-strukturelle historische Dialogtypologie: Dialoggrammatik

Die Dialoggrammatik ist ein „dialoganalytisches Konzept, das sich in der Beschreibung von Dialogmustern und authentischen Dialogen an den theoretischen und methodologischen Grundannahmen der Sprechakttheorie einerseits und der Generativen Transformationsgrammatik andererseits orientiert." (Franke 1990, 163). Von der Sprechakttheorie übernimmt die Dialoggrammatik, erstens, die Grundannahme, dass Sprechen „eine (höchst komplexe) Form regelgeleiteten Verhaltens" (Searle 1977, 24) und dialogisches Sprechen ebenso regelgeleitetes soziales Handeln ist. Wenn ein Sprecher Sp_1 einem anderen Sprecher Sp_2 gegenüber etwa die Lautfolge: „Wer ist dein Vater?" äußert, so vollzieht er nach heutigem konventionellem Verständnis die soziale Handlung des FRAGENS. Auch die Schreiber des Hildebrandliedes klassifizieren Hildebrands erste Sprechhandlung als FRAGE („her fragen gistuont"). Derlei soziale Sprechhandlungen sind im Sinne einer dialoggrammatisch interpretierten Sprechakttheorie, zweitens, grundsätzlich zweckbestimmt. „Sprecher haben Ziele, Handlungen haben Zwecke" (Hundsnurscher 1989, 252), und daraus wird in der Dialoggrammatik der Schluss abgeleitet, dass ein Sprecher Sp_1, wenn er einen Dialog eröffnet (initiiert), einen bestimmten Dialogzweck verfolgt. Dementsprechend legt SP_1 den von ihm initiierten Dialog von Anfang an als Exemplar einer bestimmten Dialogsorte an, die die Erfüllung dieses Zwecks verspricht. Dabei geht er davon aus, dass der Hörer bzw. Sp_2 den Dialog aufgrund der konkreten Eröffnung ebenfalls als Exemplar dieser Dialogsorte klassifiziert und auf den eröffnenden Sprechakt entsprechend reagiert – etwa auf eine FRAGE ANTWORTET. Eine Dialogsorte (bzw. eine Gesprächs- oder Korrespondenzsorte) ist demnach ein konventionelles kommunikatives Sprachhandlungsmuster, das zur Erreichung bestimmter Zwecke aktiviert werden kann.

Von der Generativen Transformationsgrammatik wird dazu nun die Grundannahme übernommen, dass der ideale Sprecher über eine Dialogsortenkompetenz verfügt (vgl. Hundsnurscher 1980). Dialogsortenkompetenz meint, dass der ideale Sprecher die Regeln einer jeden wohlgeformten Dialogsorte kennt, die im dialogischen Haushalt seiner Sprachgesellschaft angelegt ist. Die Dialogsortenkompetenz sorgt dafür, dass der ideale Sprecher zur Verfolgung seines Zweckes die geeignete Dialogsorte aktiviert und ein reguläres Exemplar dieser Sorte initiiert (und damit mittelbar generiert). Der ideale Sprecher weiß, welchen initialen dialogischen Sprechakt er wählen muss, wenn er ein *Informationsgespräch*, ein *Verhör* oder einen *Streit* beginnen möchte. Der erste dialogische Sprechakt (der initiale Zug) des kompetenten Sprechers Sp_1 legt dann den Zweck und die interne Struktur des Gesprächs fest, und weil der kompetente Hörer bzw. Sprecher Sp_2 dies erkennt und weiß, welche konventionellen (wohlgeformten) Reaktionsmöglichkeiten ihm zur Verfügung stehen, kann er mit seinem erwidernden dialogischen Sprechakt (reaktiver Zug) entweder einen positiven Bescheid geben und den dann gemeinsam verfolgten Dialogzweck anerkennen oder aber diesen Dialogzweck mit einem negativen Bescheid ablehnen. Götz Hindelang hat dies wie folgt veranschaulicht (s. folgende Seite):

Mit einem initialen Sprechakt (ISA) bringt ein Sprecher Sp_1 ein bestimmtes kommunikatives Handlungsziel Z in einen Interaktionszusammenhang ein. Hinsichtlich der Fortsetzung der Kommunikation lassen sich nun Regelhaftigkeiten auf zwei Ebenen formulieren. Erstens: Es gibt allgemeine, aus der inneren Logik zielorientierter Dialoge ableitbare Eigenschaften von Sprechakt-sequenzen. Das von Sp_1 angestrebte Handlungsziel Z muß letztlich entweder von Sp_2 akzeptiert werden, oder Sp_1 muß seine Initiative zurückziehen und Z aufgeben. Zweitens: Es gibt spezifi-sche, von der Illokution des ISA abhängige Regeln, die bestimmen, welche Sprechakte als wohl-geformte Reaktionen auf ISA gelten können." (Hindelang 1994, 106; vgl. Franke 1990, 13)

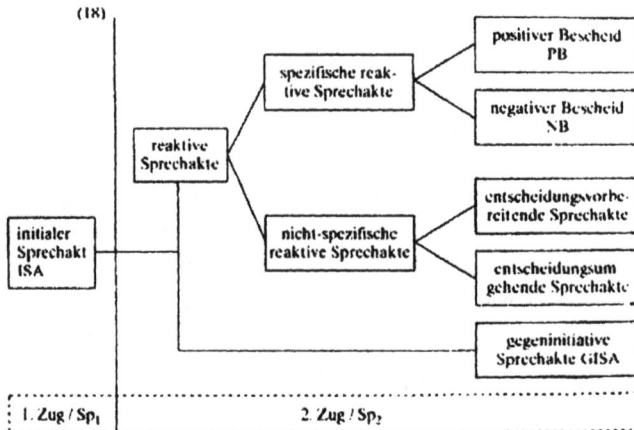

Abb. 8: Sprechaktsequenz-Modell

Diese dialoggrammatischen Grundannahmen gelten als universal und panchronisch, und sie gelten für das Gespräch wie für die Korrespondenz (vgl. z.B. Gloning 1999, 96ff. zu Zug-sequenzen in widerstreitenden Pamphleten). Setzt man nun für den initialen Sprechakt eine konkrete dialogische Sprechhandlung ein, etwa die FRAGE, „hwer sin fater wari", dann lassen sich, so der dialoggrammatische Ansatz, typische Möglichkeiten für wohlgeformte Folgehandlungen von Sp_2 (und dann wieder Sp_1 usw.) deduzieren. Ein „spezifischer reakti-ver Sprechakt" im Sinne eines „positiven Bescheids" ist dann die BEANTWORTUNG dieser FRAGE, ein „spezifischer reaktiver Sprechakt" im Sinne des „negativen Bescheids" wäre z.B. ein BEDAUERN darüber, die FRAGE nicht beantworten zu können (oder zu wollen). Ein „entscheidungsvorbereitender Sprechakt" könnte z.B. eine vergewissernde NACH- oder RÜCKFRAGE sein, z.B. die Frage, warum Hildebrand etwas über den vater wissen wolle. Ein „entscheidungsumgehender Sprechakt" wäre z.B. in der BEHAUPTUNG gegeben, dass sich Hildebrand doch gar nicht aufrichtig dafür interessiere, oder auch in der FESTSTELLUNG, dass ihn die Herkunft seines Gesprächspartners nichts angehe. Ein „gegeninitiativer Sprechakt" schließlich könnte z.B. in der AUFFORDERUNG an Hilde-brand bestehen, zunächst selbst den eigenen Namen (oder den des vaters) zu nennen.

Aus solchen typischen Verlaufsstrukturen sind dann Dialogsorten deduktiv abzuleiten, z.B. die Sorte des *Informationsgesprächs*. Authentische Dialogexemplare können dann wiederum solchen deduktiv ermittelten Dialogsorten zugewiesen werden. Ein Ziel der dia-loggrammatischen Dialogtypologie ist es, das Repertoire der wohlgeformten Dialogsorten einer Sprachgesellschaft zu ermitteln und funktional-strukturell als Dialogverlaufstypen zu beschreiben.

Die Klassifikation überlieferter Dialogexemplare, wie z.B. des Hildebrandliedes, könnte nach diesem Ansatz nun eigentlich erst erfolgen, wenn die Dialogsorten des Althochdeutschen in diesem Sinne beschrieben wären – was wiederum nur auf der Grundlage der Analyse gleichartiger überlieferter Dialogexemplare möglich ist. Marcel Bax hat zum Zweck der Rekonstruktion wenigstens *einer* typischen Verlaufsstruktur mehrere in der altgermanischen Heldendichtung als (ritterliche) *Streitgespräche* überlieferte Dialogexemplare in Bezug auf die Abfolge ihrer Zugsequenzen untersucht, unter anderen das Hildebrandlied. Ganz im Sinne des dialoggrammatischen Ansatzes läuft seine Interpretation des Dialogs darauf hinaus, dass der physische Kampf zwischen Hildebrand und Hadubrand schon mit dem ersten Zug ins Spiel gebracht wird. Das Gespräch zwischen Hildebrand und Hadubrand wird demnach schon von diesem ersten Zug an als „Kampfgespräch" bzw. „verbaler Wettstreit" (Bax) initiiert. Der Analyseweg, den Bax zur Klassifikation dieses Gesprächs einschlägt, wird im Folgenden kurz skizziert, um das Verfahren zu veranschaulichen. Damit soll nicht Partei im wissenschaftlichen Ringen um das rechte Verständnis des Hildebrandliedes ergriffen werden – wenngleich Bax' Interpretation einige Plausibilität für sich verbuchen kann.

Initialer Sprechakt und dialogischer Handlungsplan

Marcel Bax hat in einer Reihe von Publikationen (vgl. Bax 1983; Bax 1991, Bax 1999) darauf hingewiesen, dass Hildebrand und Hadubrand keineswegs den Gesprächsverlauf in actu gestalten, sondern ausgehend vom initialen Sprechakt einem rituellen dialogischen Handlungsplan folgen, wie er mustergültig im Rahmen der dialoggrammatischen Deduktion von Dialogstrukturen beschrieben werden kann.

„her fragen gistuont fohem uuortum, *h*wer sin fater wari fireo in folche ,eddo *h*welihhes cnuosles du sis [...]'." – „mit wenigen Worten fragte er, von welchen Leuten im Volk der Vater des anderen sei, ,oder (sag mir,) zu welchem Geschlecht du zählst [...]'". Der erste Sprechakt bzw. Gesprächsakt Hildebrands an Hadubrand wird in der Quelle selbst als FRAGE („fragen") interpretiert. Eine FRAGE ist nach der Sprechakttheorie des Sprachphilosophen John R. Searle dadurch gekennzeichnet, dass Sp_1 die Antwort nicht kennt, dass Sp_2 die Information ohne die Fragehandlung nicht von sich aus geben würde und Sp_1 eben aus diesem Grund mittels seiner Äußerung Sp_2 dazu veranlassen möchte, die Information zu geben (vgl. Searle 1977, 102f.). Im 2. Zug dieses Dialogs scheint Hadubrand das kommunikative Handlungsziel zu akzeptieren, denn er gibt mit einem spezifischen reaktiven Sprechakt einen positiven Bescheid, indem er ANTWORTET, „dat Hiltibrant hætti min fater, ih heittu Hadubrant." Vor dem sprechakttheoretischen Hintergrund dieser Minimalsequenz wäre Hildebrands FRAGE die Eröffnung zu einem Dialog, den man als *Informationsgespräch* klassifizieren könnte.

Der anschließende physische Kampf kann auf der Grundlage dieser Klassifikation jedoch nicht erklärt werden. Einige Indizien erschüttern denn auch nach Bax eine solche

Klassifikation: Hildebrand FRAGT nicht nach dem Namen seines Gegenüber, sondern nach dem Namen des Vaters und damit nach seiner Herkunft; den eigenen Namen nennt Hildebrand überdies im ganzen Lied nicht ein einziges Mal. Schon dies lässt darauf schließen, dass Hildebrand weiß, wer ihm gegenübersteht, und dass er unterstellt, dass dieser weiß, wer er, Hildebrand, ist. Damit aber ist die Einleitungsbedingung für den Sprechakt der FRAGE nach Searle verletzt, denn Sp$_1$ kennt dann offenbar die Antwort, das Gespräch ist demnach kein *Informationsgespräch*.

Eine eingehende sprechakttheoretische Interpretation der ersten Gesprächsschritte Hildebrands und Hadubrands macht laut Bax deutlich, dass die den Dialog eröffnende Minimalsequenz nicht nur aus FRAGE und ANTWORT besteht. Im initialen Sprechakt FRAGT Hildebrand nicht nur nach der Herkunft seines Gegenüber, sondern BEHAUPTET, die ganze Kriegerkaste zu kennen. Damit flicht er in seine FRAGE Indizien seiner eigenen Identität ein, denn nur ein heimischer Heerführer konnte von sich behaupten, „chud ist m*i* al irmindeot" („Ich kenne das ganze Volk"). Bax sieht darin einen weiteren Beleg für seine These, dass der initiale Sprechakt keine FRAGE ist, die einen komplementären Dialogtyp eröffnet, der dem Zweck der „Beseitigung eines Defizits, das bei einem der beteiligten Sprecher gegeben ist" (Franke 1986, 89ff.), dient, also zum Beispiel ein *Informationsgespräch*. Der initiale Sprechakt Hildebrands erscheine vielmehr als AUFFORDERUNG, den Sprecher als den Überlegenen, Mächtigeren anzuerkennen, der seinen früheren Platz als Familienoberhaupt wieder beansprucht. Damit ist der initiale Sprechakt zugleich eine HERAUSFORDERUNG, die einen kompetitiven Dialogtyp eröffnet, „in denen die Gesprächspartner darauf bedacht sind, ihre Ansprüche einseitig durchzusetzen" (Franke 1986, 89ff.), zum Beispiel ein *Kampfgespräch*. Was von der FRAGE bleibt, ist die wesentliche Regel für Fragehandlungen, nämlich dass Sp$_1$ etwas von Sp$_2$ wünscht und ihn zur Erfüllung des Wunsches AUFFORDERT. Alle FRAGEN sind auch heute noch grundsätzlich AUFFORDERNDE, direktive Sprechhandlungen. AUFFORDERN ist nach John R. Searle von FRAGEN allerdings vor allem darin unterschieden, dass keine Information („wesentliche Regel" für FRAGEN), sondern eine zukünftige Handlung („wesentliche Regel" für AUFFORDERN) von Sp$_2$ gewünscht wird, und dass Sp$_1$ sich grundsätzlich in einer Sp$_2$ übergeordneten Position befinden muss.

Einen weiteren Beleg für seine These, dass Hildebrand im initialen Sprechakt keine FRAGE vollzieht, um ein *Informationsgespräch* zu eröffnen, sondern eine AUFFORDERUNG, die ein *Kampfgespräch* eröffnet, findet Marcel Bax im zweiten, reaktiven Zug Hadubrands. Dieser nämlich reagiert auf die vermeintliche Frage Hildebrands mit einer ausführlichen Lebensgeschichte und sagt damit weitaus mehr, als zur BEANTWORTUNG der FRAGE nötig gewesen wäre. Diese Ausführlichkeit der vermeintlichen ANTWORT macht allerdings nur dann Sinn, wenn Hadubrand die Hinweise Hildebrands verstanden hat und schon ahnt oder gar weiß, dass sein Gegenüber sein Vater Hildebrand ist, und wenn er Hildebrands Frage eben nicht als FRAGE, sondern als AUFFORDERUNG bzw. HERAUSFORDERUNG verstanden hat. Seine Ausführungen stellen Hildebrand in ein ziemlich unrühmliches Licht, und der Schluss („ni waniu ih iu lib habbe" – „Ich glaube nicht, daß er noch am Leben ist.") macht unmissverständlich deutlich, dass Hadubrand seinen Vater für tot erachtet – und ihm deshalb auch nicht den Platz räumen muss. Die Ausführlichkeit der

Antwort Hadubrands führt Bax zu der Annahme, dass es sich bei diesem zweiten Zug nicht um eine ANTWORT auf eine FRAGE, sondern um eine ABLEHNUNG der AUFFORDE-RUNG handelt. Damit ist das Gespräch von beiden Beteiligten als *Kampfgespräch* akzeptiert.

Diese Dialogsorte des ritterlichen *Kampfgesprächs* ist vorerst ein hypothetisches Konstrukt, das der Dialogkompetenz des idealen Sprechers der alt- und mittelhochdeutschen Sprachgesellschaft unterstellt wird. Da der historisch arbeitende Dialogforscher diese Dialogsorte jedoch nicht auf der Grundlage seiner eigenen Dialogkompetenz deduktiv *konstruieren* kann – wie es in der gegenwartsbezogenen dialoggrammatischen Dialogtypologie durchaus üblich ist – muss die dialoggrammatisch begründete historische Dialogtypologie (proto)typische historische Dialogverläufe auf der Grundlage von überlieferten Dialogen mit gleichartigen initialen Sprechakten und vergleichbaren Dialogerträgen (Adamzik 2000a) induktiv *re-konstruieren*.

Marcel Bax hat aufgrund der Sichtung verschiedener ritterlicher *Kampfgespräche* und unter Berücksichtigung frühmittelalterlicher ritterlicher Gesprächsnormen eine prototypische Struktur dieser Dialogsorte rekonstruiert und dabei die dargestellten Eröffnungshandlungen (initialer FRAGE-Akt und reaktiver ANTWORT-Akt) als rituelle Sequenz des ritterlichen *Kampfgesprächs* im Sinne eines Dialogverlaufstyps beschriebenen (nach Bax 1991, 203):

Sp_1: (1) AUFFORDERN (zu Informationen oder Handlungen) und damit mittelbar
     (2) DROHEN
Sp_2: (1) ZURÜCKWEISEN (mit Begründung) und damit mittelbar
     (2) HERAUSFORDERN
Sp_1: (1) AKZEPTIEREN

Die initiative AUFFORDERUNG von Sp_1 und die reaktive ZURÜCKWEISUNG von Sp_2 werden zunächst indirekt vollzogen, etwa, wie im Hildebrandlied, im Wege der FRAGE nach dem Namen oder der Herkunft des Anderen und der ausführlichen ANTWORT. Die Berechtigung zu derlei AUFFORDERNDEN, gar HERAUSFORDERNDEN FRAGEN kam in ritterlicher Gesellschaft nur dem Überlegenen zu, so dass allein in Hildebrands FRAGE nach der Herkunft bereits die Überlegenheit BEANSPRUCHT wird. Eine ähnliche Situation findet man auch im „Rolandslied" aus dem 12. Jahrhundert, wenn Eschermunt seinen Gegner Engelirs auffordert, sich zu identifizieren (Vers 4769ff.) und beide daraufhin mit Prahlreden den physischen Kampf einleiten. Ähnliches auch in Wolframs „Parzival" (Wolfram von Eschenbach: Parzival. Übers. u. Nachwort von Wolfgang Spiewok, Stuttgart 1992, II, 15, 745, 22ff.): In einer Kampfpause bittet Feirefiz seinen Gegner Parzival, sich zu erkennen zu geben („unde sage mir [...] wer du sis"), was Parzival wegen des mit dieser Frage implizierten Machtverhältnisses ablehnt:

sol ich daz durch vorhte tuon,	Soll ich aus Furcht Antwort geben, so darf
sone darf es nieman an mich gern,	es niemand von mir erwarten. Soll ich mich
sol ichs betwungenliche wern.	einem Zwange beugen?

Am Beispiel des Hildebrandliedes lässt sich diese Struktur des Dialogverlaufs wie folgt darstellen (linke Spalte nach Bax 1991, 211; in der rechten Spalte einige konkrete Akte und deren wichtigste sprachpragmatische Paraphrasen nach v. Polenz 1981, 251ff., der allerdings schon mit der Wortwahl der Paraphrasen zu einer anderen Interpretation kommt als Bax):

Hildebrand: Aufforderung zur Handlung (indirekt)	„Er FRAGT Hadubrand nach seiner herkunft: *her fragen gistuont* [...] [und er] PRAHLT mit seiner personenkenntnis [...] *ibu du mi enan sages ik mi de oder uuet* [...]."
Hadubrand: Zurückweisung mit Begründung (indirekt)	„Er NENNT den namen seines vaters und seinen eigenen: *dat Hiltibrant haetti min fater* [...] PRAHLT mit den kriegerischen tugenden seines vaters: *her was eo folches at ente* [...] ÄUSSERT die ANNAHME, sein vater sei tot [...]."
Hildebrand: Aufforderung zur Handlung (explizit)	„Er GIBT sich ihm zu ERKENNEN, indem er seine enge verwandtschaft mit ihm ANDEUTET (*dat du neo dana halt mit sus sippan man dinc ni gileitos...*)"
Hadubrand: Zurückweisung mit Begründung (explizit) Beleidigung	Er ABLEHNT Hs friedensversuch [...] indem er ihm hinterlist UNTERSTELLT: *du bist dir alter Hun ummet spaher spenis mih mit dinem wortun* [...] und ihn damit BELEIDIGT, wobei er mit *alter Hun* seine andeutung einer verwandtschaft ZURÜCKWEIST"
Hildebrand: Beleidigung Beschwerde	„Er ÄUSSERT nochmals seine VORAHNUNG und BEKLAGT sie: *nu scal mih suasat chind suertu hauwan* [...]. Er HERAUSFORDERT ihn zum kampf, indem er ihn BELEIDIGT, indem er den kampf FÜR UNGLEICH ERKLÄRT und seine [Hadubrands] kampfstärke [...] INFRAGESTELLT: *doh maht du nunaodlihho, ibu dir din ellen taoc* [...]"
Hadubrand: Herausforderung	„[...] zweite HERAUSFORDERUNG: Er BELEIDIGT ihn, indem er nochmals seine identität BEZWEIFELT [...]: *wela gisihu ich in dinem hrustim / dat du habes heme herron goten* [...]"
Hildebrand: Akzeptierung	Er ABLEHNT eine weitere kampfverweigerung [...] [und] AUFFORDERT ihn zum kampf auf leben und tot: *niuse de motti / hwerdar sih hiutu dero hregilo rumen muotti* [...]"

Dialogerträge

Soweit zu Marcel Bax' Anwendung des dialoggrammatischen Ansatzes zum Zweck der Klassifikation eines historischen Dialogexemplars. Einzuräumen ist, dass die quellengestützte historisch-sprachpragmatische Interpretation des initialen Sprechakts allein offenbar nicht genügt, um die sprachpragmatische Struktur historischer Dialogsorten zu rekonstruieren. Denn zum einen kann Marcel Bax seine Interpretation des initialen Sprechakts als HERAUSFORDERUNG nur plausibel machen, weil er den Ausgang des Dialogs, den „Dialogertrag" (Adamzik 2000a) kennt; und zum anderen kann ein mit einem bestimmten initialen Sprechakt eröffneter Dialogplan auch kippen, andere Wege nehmen und zu anderen Dialogerträgen führen. So musste auch nicht jede ritterliche FRAGE nach der Herkunft und Identität des Gesprächspartners rituell als HERAUSFORDERUNG verstanden werden

und zu einem physischen Kampf führen: Das mit der Identifikations-FRAGE des Feirefiz'
in Wolframs „Parzival" begonnene Gespräch etwa („unde sage mir, [...] wer du sis") findet
in einer Kampfpause statt, der Kampf ist bereits im Gange und nicht durch die FRAGE
evoziert. Darüber hinaus nimmt dieses Gespräch im Anschluss an diese FRAGE einen dem
rituellen HERAUSFORDERN geradezu entgegengesetzten versöhnlichen, Streit vermei-
denden Verlauf – wie übrigens auch im so genannten „Jüngeren Hildebrandlied" aus dem
13. Jahrhundert. Die Dialogsorte ist also keineswegs allein durch den initialen Sprechakt
festgelegt, sondern kann, je nach Reaktion des anderen Sprechers, auch zu anderen Dialogerträgen führen. Das Gespräch zwischen Parzival und Feirefiz ist deshalb nicht einer historischen Dialogsorte *Streitgespräch* oder *Kampfgespräch* zuzuordnen. In einer Handschrift
gibt es dazu eine Abbildung, die den Zweikampf (oben) und die Versöhnung (unten)
Parzivals (links) mit Feirefiz (rechts) zeigt (Auszug aus: Bernd Schirok: Wolfram von
Eschenbach „Parzival". Die Bilder der illustrierten Handschriften, Göppingen 1985, 10):

Abb. 9: Zweikampf und Versöhnung Parzivals mit Feirefiz

Historische Dialogsorten (wie Dialogsorten überhaupt) sind zwar gesellschaftlich etablierte
Muster prototypischer Dialogverläufe, die zur Erreichung bestimmter Zwecke initiiert werden können, doch sind sie nicht als bloße Summe von initialem und reaktivem Sprechakt zu
rekonstruieren (vgl. Presch 1991, 85; Hundsnurscher 1994, 228). Die historische Dialogforschung hat bei der sprachpragmatischen Rekonstruktion historischer Dialogsorten im Sinne
der von Marcel Bax vorgeführten Anwendung dialoggrammatischer Zugriffe auf gleichar-
tige Dialogexemplare jedoch einen kaum zu überschätzenden Trumpf in der Hand: Sie
weiß, wie die Dialoggeschichte ausgeht, das heißt: Sie kennt die Dialogerträge.

Historische Dialogkompetenz

Die Interpretation des initialen Sprechakts im Hildebrandlied macht allerdings noch einige weitere Probleme der dialoggrammatisch begründeten Klassifikation historischer Dialogsorten deutlich. Da ist einmal das Problem, dass der initiale Sprechakt außenperspektivisch interpretiert werden muss, und zwar auch dann, wenn, wie hier („fragen"), die Quelle eine innenperspektivische Interpretation anbietet. Die außenperspektivische Interpretation des Dialogforschers erfolgt im Rahmen dialoggrammatischer Ansätze grundsätzlich im Wege der introspektiven Kompetenzlinguistik, das heißt: auf Grund der Sprachkompetenz des Dialogforschers. Das ist oft gar nicht anders möglich. Schon wenn der Dialogforscher davon ausgeht, dass Hadubrand viel zu ausführlich auf Hildebrands Frage antwortet und dass deshalb der Ansatz einer konversationellen Implikatur gegeben sei, also gleichsam eine Aufforderung des Sprechers an den Hörer, in der Äußerung mehr und Anderes zu verstehen als gesagt ist, urteilt er von seiner Kompetenz aus, denn es gibt keine universale Norm dafür, ab wann eine Antwort auf die Frage nach der Identität des Vaters zu „ausführlich" ist. Die gegenwartssprachliche Dialogkompetenz des Dialogforschers ist für die Klassifikation historischer Dialogsorten allerdings oft nicht hinreichend, wie schon das Beispiel des Hildebrandliedes zeigt. Denn obgleich auch heute noch die FRAGE nach der Identität des Anderen zum Ausdruck der Überlegenheit genutzt werden kann, hat dieser Fragetyp keine zum Kampf HERAUSFORDERNDE illokutionäre Kraft mehr, und obgleich es auch heute noch *Streit-* und gar *Kampfgespräche* gibt, gehört die Sorte des ritterlichen *Kampfgesprächs* nicht mehr zum Dialoghaushalt der deutschen Sprachgesellschaft. Der Dialogforscher kann deshalb keine empirische Kompetenz dieser Dialogsorten besitzen. Sprechakttypen (wie FRAGEN) und Dialogsorten (wie *Kampfgespräch*) sind keine universalen und panchronischen Kategorien, sondern unterliegen dem historischen und kulturellen Wandel (vgl. Schlieben-Lange/Weydt 1979; Rehbock 2001, 964). Die außenperspektivische Interpretation des initialen Sprechakts (und der folgenden Sprechakte) kann deshalb nur vor dem Hintergrund einer ganzheitlichen historisch-soziopragmatischen Interpretation des Dialogs erfolgen, in Bezug auf das Hildebrandlied etwa vor dem Hintergrund von ritterlicher Lehenstreue und Ehre, die das ritterliche Sprachhandeln bedingten.

Mit dem Einbezug historisch-soziopragmatischer Daten ist denn auch das Problem gelöst, dass die dialoggrammatisch begründete Dialogsortenklassifikation für sich genommen zu sehr von historisch-kulturellen Dialogbereichen abstrahiert. So eröffnet zwar eine FRAGE, eine AUFFORDERUNG, eine HERAUSFORDERUNG als initialer Sprechakt nicht zweckbeliebige Dialoge, sondern stets zweckbestimmte Dialoge bestimmter Sorten, doch kann es sich dabei um unterschiedliche Dialogsorten verschiedener Dialogbereiche handeln, für die althochdeutsche Zeit etwa außer dem Dialogbereich des höfischen Lebens um den Dialogbereich des bäuerlichen Alltags oder den des Marktes, um den Dialogbereich des klösterlichen Lebens oder den des Rechts. Erst vor dem Hintergrund eines bestimmten gesellschaftlichen Kommunikations- und Praxisbereichs als Dialogbereich kann der Versuch unternommen werden, die Dialogkompetenz des historischen idealen Sprechers zu rekonstruieren, aufgrund deren beispielsweise ein ritterlicher Sprecher wusste, welche kohärenzstiftende und strukturbestimmende illokutionäre Kraft die initiale FRAGE nach der

Identität eines anderen Ritters besitzen und wie der andere darauf reagieren konnte. Damit sind das Verhältnis der Gesprächspartner (Redekonstellation) und die Wahl der den initialen Sprechakt und die ganze Dialogsorte bezeichnenden Lexeme (im Fall des Hildebrandliedes: *fragen, auffordern, herausfordern* bzw. *Informationsgespräch, Kampfgespräch*) als weitere Zugriffe der historischen Dialogsortenklassifikation angesprochen.

4.2. Formal-strukturelle historische Dialogtypologie: Redekonstellationstypik

Die formal-strukturelle Dialogtypologie steht in engem Zusammenhang mit der Entwicklung der linguistischen Gesprächsanalyse. Zwar widmet die Gesprächsanalyse, wie erwähnt, den Meso- und Mikrostrukturen des einzelnen Gesprächsexemplars grundsätzlich mehr Aufmerksamkeit als der Klassifikation dieses Gesprächsexemplars im Sinne seiner Zuordnung zu einer Gesprächssorte. Gleichwohl wurde von Anfang an betont, dass „eine Analyse individueller Gespräche ohne die Kenntnis von Gesprächstypen" nicht auskomme, dass es vielmehr auch ein Ziel der Untersuchungen sei, „zur Abgrenzung und Beschreibung von Gesprächsklassen bzw. -typen" zu gelangen (Henne/Rehbock 2001, 214). Der Typologie zugrunde gelegt werden in diesem Rahmen grundsätzlich die Kategorien der so genannten „Freiburger Redekonstellationstypik", die im Grunde die Fragestellungen des oben zitierten „Inventionshexameters" aus dem 12. Jahrhundert bzw. die der so genannten „Lasswell-Formel" in verwandelter Gestalt wieder aufgreifen. Die Redekonstellationstypik führt diese Fragestellungen in Bezug auf eine Typologie formaler Strukturen des situativ gegebenen Verhältnisses der Gesprächspartner weiter. Im Zentrum dieser Weiterentwicklung steht die Ermittlung der situativen und sozialen Merkmale der authentischen Redekonstellation; aus der Übereinstimmung der redekonstellativen Merkmale unterschiedlicher authentischer Dialoge werden sodann Dialogsorten (bzw. Dialogklassen oder -typen, die Terminologie ist nicht einheitlich) abgeleitet. Im Einzelnen hat sich aus verschiedenen Vorschlägen folgender Kategorienraster herausgebildet (nach Henne 1977, 78f.; Henne/Rehbock 2001, 26f.):

1. Gesprächsgattungen
    1.1. natürliches Gespräch
         1.1.1. natürliches spontanes Gespräch
         1.1.2. natürliches arrangiertes Gespräch
    1.2. fiktives/fiktionales Gespräch
         1.2.1. fiktives Gespräch
         1.2.2. fiktionales Gespräch
    1.3. inszeniertes Gespräch
2. Raum-Zeit-Verhältnis (situationeller Kontext)
    2.1. Nahkommunikation: zeitlich simultan und räumlich nah (face-to-face)
    2.2. Fernkommunikation: zeitlich simultan und räumlich fern: Telefongespräche
3. Konstellation der Gesprächspartner
    3.1. interpersonales dyadisches Gespräch
    3.2. Gruppengespräch
         3.2.1. in Kleingruppen
         3.2.2. in Großgruppen

4. Grad der Öffentlichkeit
   4.1.   privat
   4.2.   nicht öffentlich
   4.3.   halb öffentlich
   4.4.   öffentlich
5. Soziales Verhältnis der Gesprächspartner
   5.1.   symmetrisches Verhältnis
   5.2.   asymmetrisches Verhältnis
       5.2.1.   anthropologisch bedingt
       5.2.2.   soziokulturell bedingt
       5.2.3.   fachlich oder sachlich bedingt
       5.2.4.   gesprächsstrukturell bedingt
6. Handlungsdimensionen des Gesprächs
   6.1.   direktiv
   6.2.   narrativ
   6.3.   diskursiv
       6.3.1.   alltäglich
       6.3.2.   wissenschaftlich
7. Bekanntheitsgrad der Gesprächspartner
   7.1.   vertraut
   7.2.   befreundet, gut bekannt
   7.3.   bekannt
   7.4.   flüchtig bekannt
   7.5.   unbekannt
8. Grad der Vorbereitetheit der Gesprächspartner
   8.1.   nicht vorbereitet
   8.2.   routiniert vorbereitet
   8.3.   speziell vorbereitet
9. Themafixiertheit des Gesprächs
   9.1.   nicht themafixiert
   9.2.   themabereichsfixiert
   9.3.   speziell themafixiert
10. Verhältnis von Kommunikation und nichtsprachlichen Handlungen
   10.1.   empraktisch
   10.2   apraktisch

In der „Einführung in die Gesprächsanalyse" von Helmut Henne und Helmut Rehbock heißt es dazu:

> Ein faktisches Gespräch zwischen Gesprächspartnern ist dann dadurch gekennzeichnet, daß es durch jeweils eine Subkategorie der kommunikativ-pragmatischen Kategorien zu belegen und damit einem Gesprächstyp zuzuweisen ist." (Henne/Rehbock 2001, 25f.).

Auf das Gespräch im Hildebrandlied angewandt: Es handelt sich hier um ein fiktionales Gespräch der Nahkommunikation. Zwei Sprecher sind beteiligt (also ein „interpersonales dyadisches Gespräch"), diese beiden haben sich „allein" zwischen den Heeren getroffen; das Gespräch hat somit „nicht-öffentlichen" Charakter. Das Gesprächsverhältnis zwischen Hildebrand und Hadubrand ist institutionell symmetrisch, denn beide sind Heerführer und grundsätzlich mit denselben Rederechten ausgestattet: Keiner von beiden dominiert den Sprecherwechsel, keiner von beiden dominiert die Themenentfaltung, und keiner von beiden ist dem anderen in Bezug auf die Wahl dialogischer Sprechakttypen nachgeordnet. In Bezug auf anthropologische Aspekte gibt jedoch die Quelle Hinweise auf eine Asymmetrie, wenn es heißt, „Hildebrand, Heribrands Sohn, begann die Rede – er war der Ältere und Erfahrenere". Vor dem Hintergrund des Gesprächsverlaufs sprechen weitere Indizien dafür, dass Hildebrand und Hadubrand dieses Gespräch als asymmetrisches zu gestalten suchen, denn jeder von beiden wünscht die Oberhand über den anderen zu gewinnen (Hildebrand z.B. hält es gar nicht für nötig, seinen Namen zu nennen, und Hadubrand spricht Hildebrand abschätzig als „alten", „hinterlistigen" Mann an). Die Handlungsdimension des Hildebrandliedes erscheint auf den ersten Blick diskursiv, passagenweise gar narrativ, etwa wenn Hadubrand von seinem Vater erzählt und Hildebrand von seinem Leben in der Fremde. Doch schon die im Hildebrandlied gebrauchten Sprachhandlungsbenennungen lassen Zweifel aufkommen, denn außer *sprechen* erscheinen *fragen*, *wissen lassen* und *mit Worten locken* als metasprachliche Interpretationen der Dialogakte, und diese innenperspektivischen Interpretationen verweisen auf einen direktiven Charakter des Gesprächs. Ob und inwiefern die Gesprächspartner jeweils wissen, wen sie vor sich haben, ist eine der großen Fragen im Rahmen der Interpretation des Hildebrandliedes; von Bekanntheit darf man indes angesichts dreißigjähriger Trennung wohl kaum sprechen. Hildebrand und Hadubrand sind aufgrund ihrer Funktionen als Heerführer routiniert vorbereitet. Das Gespräch ist an der Oberfläche themabereichsfixiert; es dreht sich scheinbar um die Identifikation zweier feindlicher Heerführer. Insofern die im engeren Sinne widerstreitenden Sprachhandlungen auf dem Rücken eines besonderen Themas, nämlich des Schicksals Hildebrands, geführt werden, und das Thema dann nicht mehr die Identifikation, sondern die Anerkennung der Identifikation ist, ist das Gespräch in dieser Hinsicht speziell themafixiert. Das Gespräch ist arbeitsentlastet, apraktisch.

Die Interpretation müsste nun noch voranschreiten und die im vorangehenden Kapitel erläuterten Kategorien der „mittleren Ebene" hinzuziehen. So wäre beispielsweise vor dem Hintergrund des zwischen Symmetrie und Asymmetrie schwankenden Verhältnisses der Gesprächspartner nach den Arten und Formen des Sprecherwechsels zu fragen, in denen sich das Gesprächsverhältnis ja mittelbar spiegeln kann; des Weiteren etwa nach den quantitativen Anteilen der Sprecher am Gespräch und nach der räumlichen Ordnung der Sprecher (stehend, sitzend, zu Pferde, nebeneinander, einander gegenüber usw.). Das soll hier nur angedeutet werden.

Redekonstellationsprofil

Der redekonstellative Ansatz der Dialogsortenklassifikation trägt in höherem Maße als der dialoggrammatisch orientierte Ansatz dazu bei, die Innenperspektive der am Dialog Beteiligten einzunehmen, indem er versucht, deren Einschätzung ihres Gesprächsverhältnisses zu rekonstruieren. Je feiner die Analyse wird, desto eher führt sie zu Ergebnissen, die nur für das jeweils vorliegende Dialogexemplar Gültigkeit besitzen. Für die Rekonstruktion historischer Dialogsorten auf der Grundlage verschiedener Dialogexemplare mit ähnlichen formal-strukturellen Merkmalen muss die Redekontellationstypik deshalb relativ abstrakt gehalten werden, um „Voraussagen über die erwartbare ‚Normalform'" des redekonstellativ klassifizierten Dialogs zu erhalten (vgl. Henne/Rehbock 2001, 215). Die Erstellung relativ abstrakter Redekonstellationsprofile führt jedoch zu dem Problem, dass eine eindeutige Dialogsortenbestimmung allein aufgrund der sozialen und situativen Merkmale schwierig wird. Nimmt man beispielsweise die für das Hildebrandlied festgestellten redekonstellativen Merkmale, so müssen diese keineswegs notwendigerweise auf ein *Informationsgespräch* oder ein *Kampfgespräch* hinweisen. Es könnte sich beim Hildebrandlied aufgrund der ermittelten Merkmale durchaus auch um eine Gesprächssorte des Gesprächstyps *Lehrgespräch* handeln, etwa die Gesprächssorte der „Dissensio", der „Interrogatio" oder der „Altercatio", die Kästner mit Hilfe der Redekonstellationstypik als „Typen mittelhochdeutscher Lehrgespräche" rekonstruiert (vgl. Kästner 1978, 60ff., 75ff.). Die abstrakten redekonstellativen Merkmale ergeben so zwar ein Gerüst für eine Dialogsorte, doch lässt sich ohne Berücksichtigung der sprachpragmatischen Strukturen kaum angeben, für welche (vgl. auch Sager 2001, 1465).

Gesprächsbereich

Auch um solche Vielfalt der Interpretations- und Klassifikationsmöglichkeiten einzugrenzen, wird die redekonstellative Dialogsortenklassifikationen nicht selten gerahmt durch eine Ordnung der Dialogsorten nach Dialog- bzw. „Gesprächsbereichen":

> Gesprächsbereiche erfüllen für die Mitglieder einer Gesellschaft je spezifische Funktionen (Zwecke) und sind demnach finalistisch, d.h. durch die Ziele und Zwecke der Gesprächsteilnehmer begründet. [...] [Gesprächssorten] sind somit als kommunikativ-pragmatische Veranschaulichung der Gesprächsbereiche aufzufassen." (Henne/Rehbock 2001, 23).

Für die unmittelbare Gegenwart nennen Henne/Rehbock (2001,24) folgende „Gesprächsbereiche der deutschen Standardsprache":

1. Persönliche Unterhaltung
2. Feier-, Biertisch-, Thekengespräche
3. Spielgespräche
4. Werkstatt-, Labor-, Feldgespräche
5. Kauf- und Verkaufsgespräche
6. Kolloquien, Konferenzen, Diskussionen
7. Mediengespräche, Interviews
8. Unterrichtsgespräche
9. Beratungsgespräche
10. Amtsgespräche
11. Gerichtsgespräche

Es liegt auf der Hand, dass das Gespräch im Hildebrandlied keinem dieser gegenwartssprachlichen Gesprächsbereiche zuzuordnen ist. Im Rahmen der historischen Dialogsortenklassifikation müsste vielmehr eine Zusammenstellung von Gesprächsbereichen der frühmittelalterlichen ritterlichen Gesellschaft erfolgen (z.B. die oben erwähnten Bereiche des *Lehrgesprächs*, des *Minnegesprächs*, des *Beratungsgesprächs* sowie des *Kampfgesprächs*). Von solchen Überblickstypologien des dialogischen Haushalts der Sprachgesellschaft einzelner Sprachstufen des Deutschen ist die Forschung jedoch noch weit entfernt. Aufgrund der Quellenlage werden solche Rekonstruktionen historischer Dialoghaushalte für die frühen und frühesten Sprachstufen des Deutschen ohnedies lückenhaft und einige Gesprächsbereiche gänzlich unbekannt bleiben. Den Schreibern und Hörern des Hildebrandliedes jedoch werden solche Gesprächsbereiche bekannt gewesen sein. Die redekonstellativen Merkmale und die das Gespräch eröffnenden Sprechakte scheinen beiden Sprechern eindeutige Indizien für die Zuordnung ihres dialogischen Sprachhandelns zu einer Dialogsorte im Rahmen eines bestimmten Dialog- bzw. Gesprächsbereichs zu liefern. Vor diesem Hintergrund wird die erstaunlich rasche dialogische Zuspitzung auf den physischen Kampf erklärbar.

Im Rahmen der Verknüpfung der redekonstellativen Merkmalen mit den soziopragmatischen Merkmalen historischer Gesprächsbereiche wird es möglich, konkrete Dialogsorten redekonstellativ zu rekonstruieren. Insofern Henne/Rehbock zudem auf den „Zweck" als wesentliches Kriterium für die Feststellung von Gesprächsbereichen referieren, verbinden sie die Redekonstellationstypik überdies mit dem Ausgangspunkt der funktional-strukturellen Dialogsortenklassifikation im Sinne der Dialoggrammatik (vgl. deren Ausgangsfrage in Franke 1986, 87: „Was veranlaßt Menschen dazu, miteinander zu reden?") und ergänzen diese um die formal-strukturellen Aspekte der Redekonstellation.

4.3. Lexikalisch-semantische historische Dialogtypologie: Nominaltypologie

Im Rahmen der dialoggrammatisch begründeten Dialogsortenklassifikation ist der initiale Sprechakt interpretiert worden, indem er einem sprechhandlungsbezeichnenden Verb zugewiesen wurde. Die Schreiber des Hildebrandliedes wählten das Verb *fragen*, die spätere sprachhistorische Interpretation durch Marcel Bax griff zu den Verben *auffordern* und *herausfordern*. Diese drei Verben benennen unterschiedliche Sprechhandlungen, und doch werden sie alle auf ein und denselben dialogischen Sprechakt bezogen, der das Gespräch zwischen Hildebrand und Hadubrand eröffnet. Schon dieses Beispiel macht zweierlei deutlich: Sprechhandlungen können, erstens, nur durch Zuweisung zu einer Benennung, das heißt: zu einem lexikalisch gefassten Sprachhandlungsbegriff interpretiert – gleichsam begriffen – werden. Dabei ist zu berücksichtigen, dass Sprachhandlungsbegriffe nicht identisch sind mit den Sprachhandlungen, die sie benennen, sondern vielmehr Wörter für Sachen. Für manche dieser „Sachen", also Sprachhandlungen, steht in der deutschen Sprache allerdings auch kein Grundwort zur Verfügung, sondern nur die Möglichkeit der Mehrwortbenennung (z.B. gibt es kein Verb *liebeerklären* oder *heiratantragen*, sondern nur die Mehrwortbenennungen *eine Liebeserklärung abgeben*, *einen Heiratsantrag machen*). Die Menge der lexikalisierten sprachhandlungsbezeichnenden Ausdrücke einer historischen (oder gegenwärtigen) Sprachgesellschaft darf gleichwohl als lexikalischer Spiegel ihres sprachpragmatischen Haushalts verstanden werden.

Die Interpretation von Sprachhandlungen durch Zuweisung zu einem Sprachhandlungsbegriff ist sodann, zweitens, grundsätzlich vage und von verschiedenen Kriterien abhängig,

wie ebenfalls das Beispiel *fragen*, *auffordern* und *herausfordern* für Hildebrands Sprechhandlung zeigt. Abhängig ist die Zuweisung vornehmlich von der historisch-sprachprag-
matischen Kompetenz des Interpretierenden (bzw. des idealen Sprechers), von seinem Wissen über das konkrete Sprachhandlungsereignis (bzw. die Redekonstellation) und nicht
zuletzt auch von seiner Kenntnis historischer und gegenwartssprachlicher sprachhand-
lungsbezeichnender Ausdrücke. Wer nur auf der Grundlage gegenwartssprachlicher
Sprachhandlungsausdrücke historische Dialoge klassifizieren will, läuft deshalb rasch Gefahr, in die Falle historischer „False friends" zu tappen und anachronistische Dialogsortenbenennungen zu verwenden. Dieser Gefahr kann im Rahmen der lexikalisch-semantischen
Dialogsortenklassifikation allerdings durch die Einnahme der Innenperspektive und die
Ermittlung historischer Sprachhandlungsbegriffe vorgebeugt werden.

Historische Sprachhandlungsbegriffe

Auch der Ansatz der lexikalisch-semantischen Dialogsortenklassifikation wird zunächst am
Beispiel des Hildebrandliedes veranschaulicht. Vor dem Hintergrund des in Abschnitt 4.1.
referierten dialoggrammatischen Ansatzes scheint es ratsam, die Interpretation des ersten
Gesprächsakts und davon ausgehend des ganzen Gesprächs nicht allein vom sprechhandlungsbezeichnenden Verb *fragen* abhängig zu machen, das im Hildebrandlied als Sprech-
handlungsbezeichnung gewählt wird („her fragen gistuont fohem uuortum"). Dagegen
spricht nicht nur die Klassifikation dieses Gesprächs durch Marcel Bax, sondern vor allem
die grundsätzliche Vagheit alltagssprachlicher Klassifikationen von Sprachhandlungen; der
Erzähler oder die Schreiber des Hildebrandliedes interpretieren hier ja die Sprachhandlung
Hildebrands aufgrund ihrer eigenen, alltagssprachlichen Sprachhandlungskompetenz.
Hinzu kommt, dass historische sprechhandlungsbenennende Ausdrücke heute nicht mehr
dieselbe Handlung benennen müssen wie zu früheren Zeiten, und dass auch die Handlung
selbst Veränderung erfahren haben kann: „declaring one's love is not the same for Sir Ga-
wain and for a hip hop character in the 1990s" (Jacobs/Jucker 1995, 19; vgl. Schwarz
1984). Das Verb *grüßen* beispielsweise bedeutete im Althochdeutschen zunächst soviel wie
‚jmdn. zu einer lautlichen Äußerung veranlassen', sodann auch ‚jmdm. durch Anrede Gunst
erweisen'. Dabei war die Handlung des GRÜSSENS im Ahd. anders zu vollziehen als im
21. Jahrhundert.

Wie schon an diesem Beispiel deutlich wird, sind sprechhandlungsbenennende Ausdrücke zudem grundsätzlich mehrdeutig, was ein zusätzliches Problem bei ihrer Interpretation
und ihrer Verwendung im Rahmen der Dialogsortenklassifikation aufwirft. Die Dialogsortenbenennung *Beratung* beispielsweise benennt heute sowohl eine asymmetrische Dialogsorte i.S.v. ‚jemandem einen Rat erteilen' wie auch eine symmetrische i.S.v. ‚einen Plan
oder eine Problemlösung besprechen'; doch welche Dialogsorte ist gemeint, wenn im Rolandslied aus dem 12. Jahrhundert an mehreren Stellen das Verb *raten* und das Substantiv
rat als sprachhandlungsbenennende Ausdrücke erscheinen?

Dasselbe gilt für das Verb *fragen*: Auch heute noch kann man das Verb *fragen* gebrau-
chen und damit jemanden um eine Antwort BITTEN oder jemanden AUFFORDERN, et-

was zu tun, und zwar besonders in asymmetrischen Gesprächsverhältnissen (Mutter zum Sohn: *Bringst du den Müll raus (, bitte)?*, Chef zur Sekretärin: *Frau Meier, bereiten Sie (bitte) bis Montag die Präsentation vor?*). Zieht man also die Möglichkeit in Erwägung, dass der erste Gesprächsakt des älteren Hildebrand an den jüngeren Hadubrand keine IN-FORMATIONSFRAGE und das Gespräch der beiden kein komplementäres *Informationsgespräch* ist, so sind andere Wege der lexikalisch-semantischen historischen Dialogtypologie einzuschlagen:

> Es ist nun wohl an der zeit, danach zu fragen, ob und in welcher weise sprachhandlungen in früheren, sprachkulturell andersartigen epochen der deutschen sprachgeschichte sprachlich bezeichnet worden sind. Der umfassendste weg zur beantwortung dieser frage wäre eine systematische aufarbeitung der historischen deutschen wörterbücher oder umfangreiche textuntersuchungen. (v. Polenz 1981, 250).

Eine Sammlung und Auswertung der Sprachhandlungsbenennungen einer historischen Sprachhandlungsgesellschaft gibt Hinweise für die Klassifikation historischer Dialogsorten insofern, als sie einen Einblick in die Dialogkompetenz des idealen historischen Sprechers gewährt – und damit die Einnahme der Innenperspektive gestattet. Historische Sprachhandlungsbenennungen sind in diesem Sinne als lexikalisch geronnene Archive von Regeln und Normen historischer Sprachhandlungsmuster zu begreifen; der ideale historische Sprecher kennt diese Regeln und Normen, und er klassifiziert mit ihrer Hilfe die Dialoge in seiner Umwelt. Dementsprechend ist in der Tat davon auszugehen, „daß die konventionalisierten literarischen Interaktionsformen von den mittelalterlichen Rezipienten auch ohne explizite Benennung aufgrund ihrer beim Lesen/Hören stets aktivierten kommunikativen Verhaltenskompetenz richtig eingeordnet und in ihrer ganzen Komplexität verstanden wurden. Denn gerade in einer so exklusiven, durch feste Verhaltensvorschriften gekennzeichneten Sozialgruppe wie dem mittelalterlichen Adel kann man davon ausgehen, daß viele reale Gespräche gemäß konventionellen Regeln geführt wurden." (Kästner 1978, 77). Die frühmittelalterlichen Hörer des Hildebrandliedes standen deshalb wohl nicht vor solchen Klassifikationsproblemen wie die moderne historische Dialogforschung. Geradezu ideal ist es, wenn sprachthematisierende oder metasprachliche Quellen dieses an Sprachhandlungsbenennungen gebundene Wissen der zeitgenössischen Sprecher überliefern. Trifft nun die oben referierte Interpretation von Marcel Bax zu, so müssten beide, Hildebrand und Hadubrand, sehr wohl wissen, wen sie vor sich haben, und beide folgten dann den Normen eines Dialogverlaufstyps, das von den rückblickenden wissenschaftlichen Betrachtern als „Kampfgespräch" (Bax 1983, 4), als „PROVOKATIONS-dialog" (v. Polenz 1981, 155) oder als „verbaler Wettstreit" (Bax 1991, 202) bezeichnet wird.

Historische Dialogsortenbenennungen im Wortfeld

Der von Peter von Polenz vorgeschlagene Weg ist für das Hildebrandlied zwar versperrt, da aus der althochdeutschen Zeit keine Wörterbücher überliefert sind, die diesen Weg gangbar machten. Man kann diesen Weg gleichwohl einschlagen, indem man aus den aus dieser Zeit überlieferten Quellen und sodann aus Wörterbüchern *zum* Alt- und Mittelhochdeutschen die dialogsortenbezeichnenden Wörter zusammenträgt. So bietet das Hildebrandlied selbst zwei potentielle Fundstellen für Dialogsortenbenennungen, indem Hildebrand das Wort „dinc" gebraucht, das von Georg Baesecke (s. Abb. 7) mit „Verhandlung" übertragen wird, und etwas später das Wort *gudea*, das Baesecke mit „Streit" wiedergibt, Horst Dieter Schlosser mit „Kampf". Das Wort *dinc* ist eine Variante zu ahd. *thing*, das soviel wie ‚(Volks-, Ge-richts)versammlung', auch ‚(Gerichts)verhandlung zur Rechtsprechung und Streitschlich-tung' bedeutet (vgl. LexMa III, 1986, 1058; BMZ I, 332ff.); das Wort *gudea* wiederum bedeutet ‚Kampf' (Schützeichel 1974). Die konkrete Bedeutung beider Wörter im Hilde-brandlied ist umstritten; beide scheinen sich allerdings auf den physischen Kampf zu bezie-hen – und benennen damit nicht das „Kampfgespräch", den „PROVOKATIONS-dialog" bzw. den „verbalen Wettstreit" vor dem physischen Kampf.

Zieht man weitere Quellen heran, so stößt man jedoch auf ein Wort, das sich gerade auf dieses Verbalduell vor einem physischen Kampf bezieht und deshalb als Dialogsortenbe-nennung gelten darf. Im Nibelungenlied beispielsweise fällt im Zusammenhang mit dem Kampf zwischen Brünhild und Gunther in der 7. Aventiure die Bezeichnung *gelfe* (H. Bra-ckert [Hrsg.]: Das Nibelungenlied [...], 430,1):

Die zît wart disen recken, in gelfe vil ge-dreut.	Inzwischen wurden die Kämpfer im Gespräch vor dem Wettkampf übermütig gereizt.

Auch im Rolandslied begegnet man dem Wort *gelph*, wenn Roland die Prahlerei, die die „Heiden" vor dem Kampf anstellen, mit den Worten „ir gelph ist inoch so groz" (Ihr Kampflärm ist noch immer sehr groß."; V. 5241) beschreibt.

Diese Bezeichnung *gelf* bzw. *gelpf* benennt eine alt- und mittelhochdeutsche Dialog-sorte, nämlich die dialogische Prahlerei im Vorfeld eines Kampfes. Aus den älteren Sprach-stufen einiger germanischer Sprachen sind für solche ritualisierten Streitformen eigene Gesprächssortenbenennungen überliefert, z.B. die altisländische Bezeichnung *senna* (‚Wortstreit', vgl. Gering 1903, 902) oder die ebenfalls altnordischen Bezeichnungen *mannjafnaðr* (‚Männervergleich') und *hvöt* (vgl. LexMa, Bd. VIII, 1997, 240; Bax 1983, 9), des Weiteren die altenglischen Benennungen *gylpcwide* bzw. *gylpspraec* (Fritz 1994, 552 mit Verweis auf Beowulf 981), die, wie altenglisch *gylp* im heutigen englischen *yell* und *yelp* fortbestehen. Mit Hilfe von Wörterbüchern zur alt- und mittelhochdeutschen Sprachstufe lässt sich der von Peter von Polenz vorgeschlagene Weg nun beschreiten: ahd. *gelp* ‚eitle Pracht', *gel(p)fheit* ‚Anmaßung' (Schützeichel 1974, 67), mhd. *gëlf, gëlpf* ‚lautes Tönen, Übermut, Spott, Hohn' weisen, als Handlungsbezeichnungen, auf die illokutionären Zwecke dieser Gesprächssorte hin; ebenso das Verb *gëlfen, gëlpfen* ‚lauten Ton von sich geben, schreien, prahlen' (Lexer 1979, 58; BMZ I, 1854, 518f.).

Das Verb *gelfen* ist standardsprachlich heute nicht mehr gebräuchlich. Schon Adelung führt in seinem Wörterbuch (Bd. 1, 1793, 391) unter dem verwandten *gälfern* an, die Form *gelfen* sei nur noch im Oberdeutschen und Niedersächsischen üblich – freilich mit verän-derter Bedeutung, die Adelung als „durch Schreyen einen unangenehmen Schall verursa-chen" beschreibt. Im „Deutschen Wörterbuch" von Jacob Grimm und Wilhelm Grimm heißt es unter *gelfen* „noch in Franken [...] schreien, heulen, zanken [...] sonst scheint es ausgestorben" [...] in alter zeit besonders von trotzigem prahlen dem feinde gegenüber"

(DWb 5, Sp. 3013f.). Die historische Dialogforschung kann nun versuchen, ausgehend von diesem funktionalen Befund der dialogischen „Prahlrede", die historische Entfaltung und Entwicklung unterschiedlicher Sorten des *Streits* bis in die Gegenwart nachzuzeichnen, u.a. bis hin zu den oben (1.2.) angedeuteten Verbalduellen von Berufsboxern vor dem Kampf oder kampfbereiter Jugendlicher (vgl. auch Fritz 1994, 552).

Die Zuordnung des Hildebrandlieds zu einer historischen Dialogsorte sowie deren Rekonstruktion auf der Grundlage eines Korpus vergleichbarer Dialogexemplare ist mit Hilfe der vorgestellten Ansätze auf einen wissenschaftlich überprüfbaren Weg gebracht. Es ist dabei deutlich geworden, dass sich die Klassifikation historischer Dialogexemplare keinem der Ansätze allein verpflichten darf, sondern die verschiedenen Ansätze als offenes Inventar begreifen muss. Hinzu kommt, dass die Klassifikation auch auf der Grundlage des sprechakttheoretischen, redekonstellativen und lexikalisch-semantischen Zugriffs noch ergänzt werden sollte durch die sprachstrukturelle Analyse des Dialogexemplars, wie sie in Kapitel 3.2. vorgestellt wurde, sowie durch die sprachsoziologische Interpretation des Dialogexemplars vor dem Hintergrund ermittelter zeitgenössischer Idealnormen für die wohlgeformte Realisierung der betreffenden Dialogsorte, wie sie im folgenden Kapitel vorgestellt wird.

Literaturhinweise: Kästner 1978, 64ff.; Franke 1986; Neuendorff 1986; Gutenberg 1989; Hundsnurscher 1989; Hundsnurscher 1994; Adamzik 2000a; Adamzik 2000b; Adamzik 2001; Sager 2001.

Aufgaben

Im Rolandslied des Pfaffen Konrad (um 1170) versammelt der heidnische König von Saragossa, Marsilie, seine Fürsten um sich. Kaiser Karl (der Große) führt einen Kriegszug der Christen gegen die Sarazenen und bedroht nun Marsilies Herrschaftsgebiet. Marsilie „zog sein Heer aus allen Landstrichen zusammen. Auf einer Ebene saßen seine Krieger ab." Der Text fährt fort (Das Rolandslied des Pfaffen Konrad. Mittelhochdeutscher Text und Übertragung. Hrsg. [...] von Dieter Kartschoke, Frankfurt/M. 1970, Vv395ff.):

der tac was uil heiz.	Es war ein sehr heißer Tag.
harte mûte si der swaiz.	Sie waren in Schweiß gebadet.
der kûninc wart gewar,	Der König entdeckte eine Stelle,
da ein olebôm den scate bar.	wo ein Ölbaum einigen Schatten spendete.
dar unter gesaz er eine	Er setzte sich allein darunter
uf einem marmilstaine.	auf einen Marmorblock.
er dachte in manigen ende.	Er dachte hin und her.
zesamene sluger die hende.	Dann schlug er in die Hände
er hiz uôr sich chomen	und befahl zu sich
sechs wise herzogen,	sechs erfahrene Herzöge
dar zu sechs grauen,	und sechs Grafen,
di sines rates phlegen.	die seine Ratgeber waren.
er sprach: ‚min herce ist beuangen	Er sagte: „Mein Herz ist schwer
uon angisten manigen.	von mancherlei Besorgnis.
nu habet ir wol uirnomen,	Ihr habt gehört,
der keiser ist da her komen,	daß der Kaiser eingefallen ist,
daz er mich wil scenden.	um mich zu verderben.
daz ne mac ich nicht irwenden.	Dagegen vermag ich nichts.

110

er hat so getan uolc,
unser uechten ne töc.
gesamete sich elliv heidenscaft,

daz ne urûmete nicht wider siner craft.

chûmt er über berge,
er geweltiget unser erbe,
daz liut gemachet cristin.
wi mac ich mich geuristin?
wol ir helde gûte,
ratet mir ze der note
durch uwer selber ere,
uwers rates uolge ich gerne.'
Vf spranc ein heiden,
uor alter mûser neigen.
sin bart was im geulochten,
also er ze houe wole tochte.
er sprach: ,ne zwiuele du nicht herre,
ich gerate dir dine ere.
sin wirt uil gût rát,
din marche wol mit uride stat.
wilt du mir uolgen
unde andere dine holden,
so behalte wir den lib,
dar zu kint unde wib
unde alle unse ere.'
so danckete ime sin herre.
di heiden nigen alle samt,
si sprachen, lút unde lánt,
swaz er dar ubere geríete,
daz were allez stete.
Do sprach Blanscandiz:
,Fundeualle mir min uater liz.
da wolte ich gerne belibin.
der keiser wil uns da uon uirtribin.
daz mût mich sere.
ich sage dir, libir herre,
wir ne mûgin da widere nicht getûn.
din uechten ist nehein urûm.
swa wir sin gebeiten,
da ist der tot gereite.
ze sorgen ist iz uns gewant.
wir uirlisin liut unde lant
únde den lib dar zû.
ich sage dir, herre, wie du tû.

wele dir uz dinen heleden
der aller wisistin zwelue.
inbiut dem keisere din dienest.

swi ime si aller libist,
so wellest du sine hulde gewinnin.

Er hat eine solche Streitmacht,
daß wir nicht gegen sie ankönnen.
Wenn sich auch alle Heiden zusammen-
schlössen,
so nutzte das doch nichts gegen seine
Streitmacht.
Wenn er das Gebirge überschreitet,
so wird er unser Erbland an sich reißen
und seine Bewohner zu Christen machen.
Wie kann ich mich retten?
Wohlan, tapfere Männer,
helft mir in meiner Bedrängnis
zu eurer eigenen Ehre.
Euern Rat werde ich bereitwillig befolgen."
Ein Heide erhob sich,
der von Alter gebeugt ging.
Er trug den Bart geflochten,
wie es bei Hofe üblich war.
Er sagte: „Herr, verliere nicht den Mut,
ich werde deine Ehre bewahren helfen.
Noch ist nichts verloren,
noch hat dein Grenzland Frieden.
Wenn du bereit bist, mir
mit deinen Getreuen zu folgen,
so werden wir unser Leben nicht verlieren
und auch nicht unsere Kinder und Frauen
und all unsere Machtmittel."
Sein Herr dankte ihm.
Die Heiden verneigten sich ebenfalls alle
und sagten, was er da in Bezug auf
Land und Leute anordne,
solle nicht gebrochen werden.
Darauf sagte Blanscandiz:
„Fundeval hat mir mein Vater hinterlassen.
Darauf möchte ich Herr bleiben.
Der Kaiser aber will uns davon vertreiben.
Das schmerzt mich tief.
Ich versichere dir aber, Herr,
wir können uns dagegen nicht wehren.
Deine Kampfbereitschaft hilft gar nicht.
Wo immer wir erwartet werden,
dort ist uns der Tod beschieden.
Es sieht schlimm aus für uns.
Wir werden Menschen, Ländereien
und unser Leben verlieren.
Nun aber will ich dir sagen, Herr, was du tun
mußt.
Wähle aus deinen Männern
die zwölf Erfahrensten aus
und entbiete (durch sie) dem Kaiser deinen
Dienst.
Ganz wie er es wünsche,
wollest du seine Freundschaft erringen.

biút deme keisere ze minnin	Biete dem Kaiser zur Versöhnung
beidiu lewen unde beren,	Löwen und Bären an,
al daz er ir welle nemen,	so viele er haben will,
uorloufte ane zal [...]	Jagdhunde in unbegrenzter Zahl […].
unde raten iz sine wisin,	Wenn seine Ratgeber es für richtig hielten,
du werdest gerne sin man,	so werdest du bereitwillig sein Vasall,
daz riche wellest du uon ime bestan.	nähmst das Reich von ihm als Lehen
du gemachest ime cinshaft	und werdest ihm später
her nach uon dinir craft	aus deinem Machtbereich
uil manige heidenische riche.	viele heidnische Reiche zinspflichtig machen.
daz rate ich dir getrûweliche.'	Das ist mein aufrichtiger Rat.'

11. Klassifizieren Sie dieses Dialogexemplar

a) auf der Grundlage der Interpretation der den Dialog initiierenden Sprechakte: „Wohlan, tapfere Männer, helft mir in meiner Bedrängnis zu eurer eigenen Ehre. Euern Rat werde ich bereitwillig befolgen.";
b) auf der Grundlage der Beschreibung der Redekonstellation;
c) auf der Grundlage der vom König gebrauchten Sprachhandlungsbenennung *Rat* (mit Hilfe historischer Wörterbücher)

12. „In solchen Gesprächen [Beratungen] geht es darum, einen negativen Ausgangszustand (AZ) des Ratsuchenden in einen positiven Zielzustand (ZZ) zu überführen. […] Für den Handlungsplan ‚Beraten' […] sind nach Schank nun folgende Teilziele konstitutiv:

– die Explizierung des Problems durch den Ratsucher (PE)
– die Erfassung der Lage und Person des Ratsuchers durch den Berater (PLR)
– die Ratsuche (RS), d.h. das gemeinsame Erarbeiten einer Handlungsanweisung für den Ratsucher
– die Überprüfung der Akzeptabilität (AK) des Ratschlags (durch Akzeptationshandlungen des Ratsuchers)" (Brinker/Sager 1996, 107).

Erstellen Sie vor dem Hintergrund dieser Strukturbeschreibung des „Handlungsplans ‚Beraten'" einen abstrakten Dialogverlaufsplan des ersten und zweiten Zuges im Anschluss an das Sequenzmodell von Götz Hindelang. Vergleichen Sie das Gespräch aus dem Rolandslied mit Ihrem abstrakten Plan und suchen Sie nach historischen (u.a.) Besonderheiten.

5.   Historische Sprachsoziologie des Dialogs: Rekonstruktion der historischen
       Dialognormen und -haushalte einer Sprachgesellschaft

Neben und mit den in den vorangehenden Kapiteln vorgestellten Ansätzen ist eine dritte
Forschungsrichtung der historischen Dialogforschung etabliert worden, die man als sprachsoziologischen Ansatz bezeichnen kann. „Sprachsoziologisch" deshalb, weil die verschiedenen Untersuchungen, die diesem Ansatz zugerechnet werden können, die Sprachgeschichte des Dialogs zunächst als Kultur- und Sozial-, Ideen- und Mentalitätsgeschichte des
Dialogs begreifen – und erst in diesem Rahmen auch als dialogstrukturelle und dialogpragmatische Sprachgeschichte im engeren Sinn. Dialogisches Sprachhandeln wird hier
also, wie auch in den anderen Ansätzen, als soziales Handeln begriffen, doch geht es der
sprachsoziologischen historischen Dialogforschung weniger um die dialogischen Handlungsformen und -funktionen als vielmehr um die Handlungsbedingungen, gleichsam um
die „Gepflogenheiten" und „Lebensformen" (Wittgenstein) von Menschen, die sich im
Sprachhandeln spiegeln, und das hat Auswirkungen auch auf den Untersuchungsgegenstand
selbst: Während sich die von der linguistischen Gesprächsanalyse angestoßene Forschungsrichtung zunächst der sprachstrukturellen Rekonstruktion historischer Dialogexemplare
zuwendet, und während sich die maßgeblich von der sprechakttheoretischen Dialoggrammatik inspirierte Forschungsrichtung zunächst der sprachpragmatischen Rekonstruktion
historischer Dialogsorten widmet, nimmt die vornehmlich mentalitätsgeschichtlich ausgerichtete sprachsoziologische Dialogforschung ganze Dialogtypen, mithin ganze Dialogbereiche in den Blick.

5.1.   Mentalitätsgeschichte

Die meisten Arbeiten zur sprachsoziologischen Rekonstruktion von Dialogsorten und Dialogtypen verzichten in der Regel auf detaillierte sprachstrukturelle und im engeren Sinne
sprachpragmatische Untersuchungen überlieferter Dialogexemplare. Im Mittelpunkt des
Interesses stehen nicht Gesprächsschritte und Hörerrückmeldungen, nicht konkrete Sprechakte als initiale oder reaktive dialogische Züge, sondern das Denken und Fühlen und – dies
ganz besonders – das idealnormative Wollen der Zeitgenossen in Bezug auf die Bedingungen und Funktionen der sprachstrukturellen und sprachpragmatischen Mittel. Untersucht
wird mitunter gar nicht so sehr, „wie es eigentlich gewesen ist" (Leopold von Ranke), sondern wie es nach Ansicht mehr oder weniger tonangebender Zeitgenossen sein sollte. In
Angelika Linkes wegweisender Untersuchung zur sprachkulturellen „Mentalitätsgeschichte
des 19. Jahrhunderts" beispielsweise heißt es:

> Mit Bezug auf meine Untersuchungen steht die Frage nach dem faktischen Sprachgebrauch nun
> aber ohnehin thematisch und methodisch an zweiter Stelle, und der von den Anstandsbüchern ge-
> setzte Fokus auf die *Normen des Sprachgebrauchs*, auf die Frage danach, was denn nun korrekt,
> anständig, höflich oder allenfalls auch vornehm ist bzw. welche sprachlichen Manieren nach
> Meinung der Zeitgenossen und Zeitgenossinnen eine gute – bürgerliche – Kinderstube verraten,

entspricht weitgehend auch dem Fokus, den ich bei meiner Beschäftigung mit bürgerlicher Sprachkultur im 19. Jahrhundert setze. (Linke 1996, 36)

Vergleichbar heißt es in Manfred Beetz' Studie zur „frühmodernen Höflichkeit" im 17. und 18. Jahrhundert:

> Der Untersuchung geht es anhand von Kommunikationslehren und gesellschaftsethischer Traktatliteratur um Annäherungen an das konkrete Interaktionsverhalten der Barockgesellschaft – über die Normen, an denen es sich orientierte. Das Hauptaugenmerk gilt dabei nicht unmittelbar dem faktischen historischen Verhalten, sondern seinen Standards und Regeln. (Beetz 1990, 7)

Ebenso wie Linke und Beetz hat sich ein großer Teil der sprachsoziologischen historischen Dialogforschung der Mentalitätsgeschichte des Dialogs zugewandt, vorzugsweise der Mentalitätsgeschichte der arbeitsentlasteten Spielarten des Dialogs, des *Complimentierens*, des *Gesprächspiels*, der *Konversation* oder der geselligen Korrespondenz in adeligen, (groß)bürgerlichen und gelehrten Gesellschaftsschichten des 17., 18. und 19. Jahrhunderts (vgl. z.B. Strosetzki 1978; Schmölders 1986; Göttert 1988, Beetz 1990; Fauser 1991; Burke 1993; Ehler 1996; Linke 1996, 132ff.; Lerchner 1998; Schumacher 2001; Vellusig 2002). Dieser Gegenstandsbereich bietet sich vor allem deshalb an, weil diese Gesellschaftsschichten schriftliche Sekundärquellen mit sprachreflexiven Informationen über den Dialog (Tagebücher, Briefe u.a.) hinterlassen haben. Hinzu kommt, dass sich die normativen Sekundärquellen, wie beispielsweise Anstands- und Sittenbücher sowie Briefsteller, zumeist an die (heranwachsenden) Mitglieder dieser Gesellschaftsschichten wandten, so dass das etwa in Tagebüchern überlieferte Denken und Fühlen dem in den Anstandsbüchern überlieferten normativen Wollen und Wissen innerhalb desselben Gesellschaftskreises kontrastiert werden kann. Auf Dialogexemplare greifen die Untersuchungen nur selten zurück – wiewohl auch sie ideal- und gebrauchsnormative Konventionen überliefern und veranschaulichen, beispielsweise Jakob Michael Reinhold Lenz in seiner Komödie „Der Hofmeister": Läuffer, der Hofmeister, führt mit der Majorin ein *Vorstellungsgespräch*, als Graf Wermuth das Zimmer betritt. Läuffer wähnt sich weiterhin als Gesprächspartner und verstößt damit gegen die Ständeklausel. Die Majorin, die vor Wermuths Erscheinen Läuffer gesiezt hatte, lehrt ihn die Norm und fällt in die Anrede der 3. Person Singular, womit Untergebene angesprochen wurden:

> MAJORIN. Merk Er sich, mein Freund! daß Domestiken in Gesellschaften von Standespersonen nicht mitreden. Geh Er auf Sein Zimmer. Wer hat Ihn gefragt? (I,3)

Gegenstand der sprachsoziologischen, insbesondere der mentalitätsgeschichtlichen Rekonstruktion des Dialogs ist es, in Bezug auf einen Dialogtyp bzw. Dialogbereich „die Gesamtheit [...] des Denkens, Fühlens, Wollens – die Gesamtheit der kognitiven, affektiven (emotiven) sowie volitiven Dispositionen – einer Kollektivität" (Hermanns 1995, 76) festzustellen – gleichsam Dialog-Mentalitäten:

> Mentalitäten sind Dispositionen auch zu sprachlichem Verhalten. Ihre Erkenntnis trägt also dazu bei, sprachliches Verhalten zu erklären, und linguistische Mentalitätsgeschichte trägt dazu bei, den Wandel sprachlichen Verhaltens zu erklären. Entsprechend läßt sich umgekehrt auch (und gerade) aus dem sprachlichen Verhalten auf Mentalitäten schließen, die ihm als Disposition zugrunde liegen. (Hermanns 1995, 76)

114

Insofern Mentalitäten etwas mit Idealen und Ideen zu tun haben und stets an Menschen in sozialen und kulturellen Gemeinschaften gebunden sind, mag die mentalitätsgeschichtliche Dialogforschung durchaus auch als kulturhistorische Diskursanalyse oder als Ideenge- schichte des Dialogs oder als Sozialgeschichte des dialogischen Sprechens zu begreifen sein. Versuche, die linguistische historische Dialogforschung auf diesem Feld zumindest terminologisch mit der geschichtswissenschaftlichen Forschung zusammenzuführen, sind bislang jedoch nicht erfolgreich gewesen, zumal auch in der Geschichtswissenschaft nicht übereinstimmend von „Sozialgeschichte", „Kulturgeschichte", „Ideengeschichte" und „Mentalitätsgeschichte" gesprochen wird. Folgende Differenzierung mag jedoch die unter- schiedlichen Schwerpunktsetzungen am Beispiel der historischen Dialogforschung ver- deutlichen (vgl. Kilian 2002a, 156). Demnach untersucht die historische Sprachsoziologie des Dialogs

- die äußere, den Mitgliedern der Sprachgesellschaft im wesentlichen unbewusste Rolle und Nut- zung des Dialogs in gesamtgesellschaftlichen Zusammenhängen (Sozialgeschichte);
- die äußere, bewusste Formung und Institutionalisierung des Dialogs durch Einzelne oder einzelne Sprechergruppen (Kulturgeschichte);
- die inneren, unbewussten Einstellungen gegenüber dem Dialog und das darauf bezogene Denken und Fühlen, Wollen und Wissen der Mitglieder der Sprachgesellschaft (Mentalitätsgeschichte);
- die innere, bewusst hervorgebrachte theoretische und konzeptionelle Fassung des Dialogs (Ideengeschichte).

Die historische Sprachsoziologie des Dialogs nimmt zwar alle vier Blickrichtungen auf, doch konzentriert sich die Forschung bislang auf die Mentalitätsgeschichte, das heißt auf die Rekonstruktion der inneren, unbewussten Einstellungen gegenüber dem Dialog und des darauf bezogenen Denkens und Fühlens, Wollens und Wissens der Mitglieder der Sprach- gesellschaft.

Das Denken, Fühlen, Wollen und Wissen einer Sprechergruppe in Bezug auf einen Di- alogtyp oder gar auf den dialogischen Haushalt eines Dialogbereichs ist durch die empiri- sche Analyse im Wege der vorangehend dargestellten Ansätze nur äußerst schwierig zu ermitteln, eröffnen doch selbst die zahlreichen fiktiven Musterdialoge in historischen Ge- sprächsbüchern, Gesprächsspielen und Konversationslehren keinen direkten Zugang zu diesen „Dispositionen". Die historische Dialogforschung muss deshalb auf möglichst um- fangreiche Korpora sprachthematisierender und metakommunikativer Sekundärquellen zurückgreifen. Primärquellen sind für die mentalitätsgeschichtliche Dialogforschung hinge- gen von geringerem Interesse. Denn das Denken, Fühlen, Wollen und Wissen einer Spre- chergruppe ist weder den Strukturen eines Dialogexemplars noch den Zwecken konventio- neller Dialogsorten auf direktem Wege zu entnehmen. Kann man hingegen aus Sprachthe- matisierungen und metakommunikativen Äußerungen rekonstruieren, welche Einstellungen Mitglieder einer Sprechergruppe zum Verlauf eines Dialogexemplars und zu den Strukturen einer konventionellen Dialogsorte gewonnen haben, dann kommt man schon näher heran an die „Dispositionen auch zu sprachlichem Verhalten".

Die sprachsoziologische Rekonstruktion im Sinne einer Mentalitätsgeschichte des Dia- logs bietet sich deshalb vor allem auch dann an, wenn Primärquellen fehlen und allenfalls eine Konjekturalgeschichte möglich ist (vgl. Fritz 1994, 549), gleichsam eine detektivische Suche nach Äußerungsspuren zum Dialogexemplar, zur Dialogsorte, zum Dialogtyp.

5.2. Konjekturen einer Mentalitätsgeschichte des Dialogs am Beispiel: die *interfraktionelle Besprechung*

Die Geschichte der parlamentarischen *interfraktionellen Besprechung* beispielsweise kann gar nicht anders geschrieben werden, denn es gehört gleichsam zu den konstitutiven Merkmalen dieser Dialogsorte, dass keine Protokolle an die Öffentlichkeit gelangen. Aus diesem Grund haben die meisten Mitglieder der deutschen Sprachgesellschaft noch nie eine *interfraktionelle Besprechung* anhören oder nachlesen können. Es gibt beim nicht-parlamentarischen Gros der Sprachgesellschaft kein authentisches Wissen über diese parlamentarische Dialogsorte; es gibt aber ein Denken, Fühlen und Wollen, das sich u.a. in sprachhandlungsbezeichnenden Ausdrücken spiegelt (z.B. *hinter verschlossenen Türen auskungeln*). In der Sprechergruppe der beteiligten Parlamentarier hingegen gibt es ein authentisches Wissen über diese Dialogsorte – und mitunter ein ganz anderes Denken, Fühlen und Wollen (was sich zum Beispiel in der Benennung des Ergebnisses als *gentlemen's agreement* zeigt). Rekonstruiert man nun die „Dispositionen" der Sprecher, die sich im Lauf der Sprach- und Mentalitätsgeschichte zur *interfraktionellen Besprechung* herausgebildet haben, so erhält man zumindest mittelbar Erklärungen für diese unterschiedlichen Bewertungen. Einige Hinweise müssen hier genügen (vgl. Kilian 1997a, 203ff.; Mikolajewski 2002):

Die Dialogsorte *interfraktionelle Besprechung* wird im Jahr 1923 erstmals lexikographisch erwähnt (Paul Herre [Hrsg.]: Politisches Handwörterbuch) und findet 1948 erstmals Eingang in die Geschäftsordnung eines deutschen Parlaments, nämlich im Nachtrag zur Geschäftsordnung des Parlamentarischen Rats vom 11.11.1948:

> 6) Die interfraktionellen Besprechungen zur Klärung derjenigen Punkte, in denen noch keine Einigung erzielt wurde, laufen neben dem Arbeitsgang zu 1) – 5) weiter. (zit. nach Kilian 1997a, 204)

Die *interfraktionelle Besprechung* wird hier als dialogisches Instrument zur PROBLEMLÖSUNG und ENTSCHEIDUNGSFINDUNG im Rahmen eines größeren kommunikativen Verfahrens definiert: Nicht-öffentlich stattfindende *interfraktionelle Besprechungen* werden geführt, wenn die politischen Parteien in den vorangegangenen öffentlichen *Plenardebatten* sowie in den (teil)öffentlichen *Diskussionen*, *Beratungen* und *Verhandlungen* in den Fachausschüssen keine Einigung erzielen konnten.

In dieser Funktion sind Gespräche im kleinen, nicht-öffentlichen Kreis schon rund einhundert Jahre zuvor in die deutsche Parlamentsgeschichte eingeführt und dort schon bald für unverzichtbar gehalten worden. Als sich in der Frankfurter Paulskirche 1848 die ersten „Clubs" und „Fractionen" bildeten, wurde rasch deutlich, dass die langen Reden in den *Plenardebatten* keine effiziente Arbeit gestatteten. Der Abgeordnete Karl Biedermann beschreibt dies in seinen „Erinnerungen aus der Paulskirche" aus dem Jahr 1849, einer

116

sprachthematisierenden Quelle also (zit. nach Mikolajewski 2002, 48; Hervorhebungen von mir, J.K.):

> Es war immer schon am Abend vorher wahrzunehmen, wenn die Tagesordnung der Nationalversammlung für den nächsten Morgen wichtige Fragen in Aussicht stellte. Dann begegnete man gewöhnlich noch in später Abendstunde in der Gegend zwischen Rossmarkt, dem Liebfrauenberg und den angrenzenden Straßen Gruppen von Abgeordneten, welche bald nach der, bald nach jener Seite hin gingen, zurückkehrten, sich kreuzten, auch wohl sich vereinigten, um entweder gemeinschaftlich ihren Weg fortzusetzen, oder mitten auf der Straße einen diplomatischen Notenwechsel zu eröffnen. Es waren das die Deputationen, durch welche die verschiedenen Parteien sich gegenseitig beschickten, um für die bevorstehenden Kämpfe des nächsten Tages entweder den *gemeinschaftlichen Schlachtplan zu verabreden*, oder die *Friedenspräliminarien festzusetzen*. Zwar fanden in der Regel solche wechselseitigen Beschickungen nur zwischen den einander näherstehenden und gesinnungsverwandten Parteien statt; in außerordentlichen Fällen jedoch *unterhandelte* man auch mit dem politischen Gegner, besonders wenn es galt, für einen zu erwartenden heißen Strauß die Kampfessitte und die Art der Waffen im Voraus zu *verabreden*, damit nicht durch unritterliches Wesen die gemeinsame Waffenehre der Versammlung vor der Welt beschimpft werde.

Die Gespräche, von denen Biedermann berichtet, dienen hier noch nicht der politischen ENTSCHEIDUNGSFINDUNG, aber in ihnen werden Bedingungen dazu „verabredet" und „unterhandelt". Damit war die ENTSCHEIDUNGSFINDUNG zumindest potentiell den Augen der Öffentlichkeit und der anderen Abgeordneten entzogen, was dem Ideal der parlamentarischen (und späterhin demokratischen) Kommunikation widersprach. Noch im August 1848 lehnt die Paulskirche deshalb einen Antrag ab, der vorsah, dass nach der Entscheidungsfindung in den einzelnen Parteien jede Fraktion „zwei Bevollmächtigte [...] zu einer gemeinschaftlichen Berathung und Verständigung" entsenden solle, um die *Plenardebatte* zu entlasten (vgl. Kilian 1997a, 206). Schon bald darauf, im Jahr 1855, ist das Wort *Kuhhandel* für das Deutsche belegt (DWb, s.v. *Weltpolitik*), das der historischen Dialogforschung wertvolle Aufschlüsse über die „Dispositionen" der Sprachgesellschaft in Bezug auf die *interfraktionelle Besprechung* liefert, gilt es doch als ein „Hohnwort für politische Abmachungen" (Ladendorf 1906; zit. Kilian 1997a, 205). Der Bezeichnung *Kuhhandel* gesellen sich im Lauf der deutschen Politik- und Sprachgeschichte umgangssprachliche Bezeichnungen wie *Tauschgeschäft, Kungelei, aushandeln* für das Verfahren und Ergebnis der *interfraktionellen Besprechung* bei, denen in der parlamentarischen Fachsprache u.a. *Kompromiss, do ut des* und *verhandeln* gegenüberstehen. Im „Neuen deutschen Wörterbuch" von Lutz Mackensen beispielsweise, das 1952, also kurz nach Gründung der Bundesrepublik Deutschland erschien, liest man unter *do ut des*: „Gabe verlangt Gegengabe (pol. Grundsatz)", und unter *Kuhhandel* heißt es: „Aushandeln politischer Vorteile, übles Tauschgeschäft". Der Artikel zu *interfraktionell* ist dagegen neutral gehalten: „zwischen mehreren Parteien spielend". Ähnlich klingt es noch fünfzig Jahre später im „Großen Wörterbuch der deutschen Sprache" (^{3}GWb):

> **do ut des** [lat. = ich gebe, damit du gibst]: **1.** altrömische Rechtsformel für gegenseitige Verträge oder Austauschgeschäfte. **2.** Ausdruck dafür, dass mit einer Gegengabe od. einem Gegendienst gerechnet wird: [...] Politiker, die sich ... nicht als fähig erweisen, nach dem Prinzip des do ut des zu handeln ..., sind zum Misserfolg verurteilt (Handelsblatt 14. 12. 90, 6).

Kuh|han|del, der (ugs. abwertend): *kleinliches Aushandeln von Vorteilen, übles Tauschgeschäft:* Mit einem K. sicherte sich der frühere FDP-Generalsekretär Martin Bangemann den Fraktionsvorsitz der Liberalen im neu gewählten Europaparlament (Spiegel 29, 1979, 16).

in|ter|frak|tio|nell <Adj.>: *zwischen Fraktionen bestehend; [allen] Fraktionen gemeinsam:* -e Vereinbarungen; Mitglieder der -en Arbeitsgruppe des Europaparlaments (Saarbr. Zeitung 8. 7. 80, 18); etw. i. verhandeln.

Schon diese wenigen Belege für eine mentalitätsgeschichtliche Rekonstruktion der *interfraktionellen Besprechung* spiegeln eine janusköpfige „Disposition", die die deutsche Sprachgesellschaft tradiert: Vor dem Hintergrund der „Mitwirkung der Parteien" (Grundgesetz) an der parlamentarischen ENTSCHEIDUNGSFINDUNG gilt die *interfraktionelle Besprechung* gebrauchsnormativ als notwendig und effizient. Das demokratietheoretische Manko der Nicht-Öffentlichkeit wird ebenso in Kauf genommen wie der Umstand, dass nicht unabhängige Parlamentarier deliberativ die Lösung eines Problems ermitteln, sondern Parteipolitiker ideologisch bedingte Interessenunterschiede abgleichen; beide Mankos sollen dann durch die öffentliche parlamentarische Dialogsorte *Plenardebatte* kompensiert werden. – Vor dem idealnormativen Hintergrund hingegen, dass demokratische Entscheidungen dialogisch und öffentlich herbeigeführt werden müssen, erscheint die *interfraktionelle Besprechung* indes als Zerstörung des altliberalen (und späterhin demokratischen) Kommunikationsideals des „government by discussion". Der Staatsrechtler Carl Schmitt verurteilte diese „Arkanpraxis" in seiner Abhandlung „Die geistesgeschichtliche Lage des heutigen Parlamentarismus" im Jahr 1923 in aller Schärfe. Die Konsequenz, die er daraus zog, nämlich seine Hinwendung zu Diktatur und Nationalsozialismus, wird seit 1945 einhellig verurteilt, doch wirkt seine idealnormative Kritik des Parlamentarismus bis heute u.a. in der Mentalitätsgeschichte der *interfraktionellen Besprechung* nach.

Mit dieser Skizze einer Konjekturalgeschichte der interfraktionellen Besprechung ist bereits angedeutet, welche Aufgaben eine diachronisch-evolutionäre historische Dialogforschung zu leisten hat (s.u., 6.). Deutlich geworden ist des Weiteren, dass die historische Dialogforschung als angewandte Sprachwissenschaft den engeren Kreis der germanistischen Linguistik überschreitet und anderen Wissenschaftsdisziplinen zuarbeitet. So kann die historische Dialogforschung am Beispiel der *interfraktionellen Besprechung* einen sprachgeschichtlichen Beitrag zur ideologie- und politikgeschichtlichen Erforschung des Parlamentarismus in Deutschland leisten. Insofern dieser Beitrag nicht rein mentalitätsgeschichtlich begrenzt bleiben soll, sind dazu seitens der historischen Dialogforschung freilich auch sprachpragmatische Untersuchungen nötig (z.B. zu Funktionen der *interfraktionellen Besprechung* im Rahmen des Zusammenspiels der kommunikativen Handlungen im Dialogbereich der Politik oder zu sprachhandlungsbezeichnenden Ausdrücken in Stichwortprotokollen); des Weiteren sind, soweit möglich, z.B. auf der Grundlage von Redewiedergaben in Stichwortprotokollen sprachstrukturelle Untersuchungen durchzuführen (die u.a. Aufschluss über das Gesprächsklima und redekonstellative Aspekte bieten können).

Im Unterschied zur sprachstrukturellen und zur sprachpragmatischen historischen Dialogforschung hat die sprachsoziologische historische Dialogforschung, zumal mit ihrer Konzentration auf mentalitätsgeschichtliche Fragestellungen, allerdings keinen konkreten linguistischen Ansatzpunkt im engeren Sinne (wie z.B. phonetische Strukturen der gesprochenen Sprache, Gesprächswörter, Sprechaktsequenzen oder sprachhandlungsbezeichnende Ausdrücke). Die Beschreibungsgegenstände der sprachsoziologischen historischen Dialogforschung liegen vielmehr selbst auf einer metasprachlichen Ebene, sind, wenn man so will, nur „mental" existent und nicht unmittelbarer Beobachtung zugänglich. Sie müssen deshalb linguistisch zugänglich und fassbar gemacht werden. Dazu kann die Forschung bislang auf keinen stringenten methodologischen Ansatz zurückgreifen, wie er der sprachstrukturellen historischen Dialogforschung von der Gesprächsanalyse und der sprachpragmatischen historischen Dialogforschung von der Dialoggrammatik zur Verfügung gestellt wird. Die Untersuchungen zeigen sich auf diesem Arbeitsfeld der historischen Dialogforschung deshalb methodisch besonders vielfältig. Als ergiebig haben sich Verfahren erwiesen, die in Bezug auf die „mentalen" Beschreibungsgegenstände versuchen, verschiedene Analyseebenen zu unterscheiden und in Bezug auf die Zusammenstellung und Analyse der Quellen heuristische Analyserahmen aufzustellen.

5.3. Analyseebenen: Basisregeln, Konversationsmaximen, Konventionen

Als Analyseebenen bieten sich von der Sache (dem Dialog) her folgende Ansatzpunkte an: Der Zugriff über die Beschreibung von **Basisregeln**, von **Konversationsmaximen** oder von einzelsprachlichen **Konventionen**. Diese drei Zugriffe sind nicht streng voneinander abgrenzbar; sie entsprechen vielmehr unterschiedlichen Positionen auf einer Skala des Geltungsbereichs von Regeln der dialogischen Kommunikation: von den universalen und panchronischen Basisregeln über die kulturell und historisch schon spezifischeren Konversationsmaximen zu den einzelsprachlichen, zeit- und sprechergruppenabhängigen Konventionen.

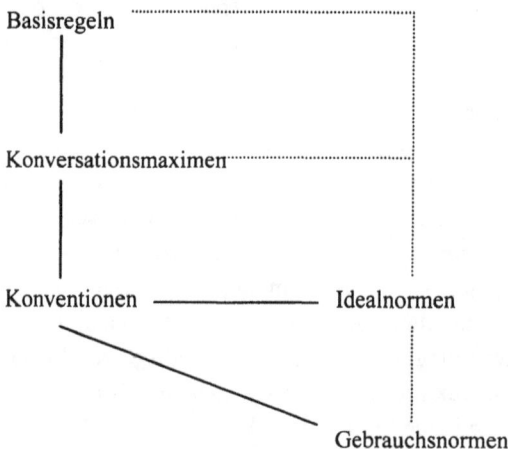

Basisregeln

Konversationsmaximen

Konventionen —————————— Idealnormen

Gebrauchsnormen

Diese Zugriffe sind miteinander verknüpft insofern, als sie alle in die Beschreibung von Normen münden, genauer: von **Idealnormen** oder **Gebrauchsnormen**. Auf diesen beiden Ebenen werden Basisregeln, Konversationsmaximen und Konventionen (bzw. konventio-

nalisierte Regeln) beschreibbar als diejenigen Regularitäten, die für eine konkrete einzelsprachliche Sprechergruppe als historisch-synchronische **Normen** idealerweise in Geltung
sein und befolgt werden sollten (Idealnormen) bzw. im Sprachverkehr in Geltung sind und
üblicherweise befolgt werden (Gebrauchsnormen):

> Idealnormen stellen relativ zu gesellschaftlichen Ordnungen, Kommunikations- und Praxisberei-
> chen Ansprüche an den Sprachgebrauch, und zwar zunächst unabhängig von der Praktikabilität
> und Realisierung. [...] Idealnormen unterscheiden sich von Gebrauchsnormen also nicht dadurch,
> daß sie im luftleeren Raum jenseits aller Herrschaftsformen und Gesellschaftsordnungen ihren Ort
> hätten. Sie zeichnen sich vielmehr dadurch aus, daß sie eng mit einer Idee verknüpft und nicht
> etabliert sind (weder subsistent noch statuiert). Idealnormen bilden denn auch kein stringentes
> Regelsystem, sondern ein Gemisch aus Konversationsmaximen, Ansprüchen an kommunikatives
> Sozialverhalten und gesellschaftlichen Orientierungen. (Kilian 1997a, 101 f.)

Auch diese beiden Untersuchungsperspektiven – Idealnormen und Gebrauchsnormen – sind
also nicht streng zu trennen. Denn was in einer konkreten historischen Sprechergruppe als
„normal" gilt (Gebrauchsnormen), wird in den Quellen nur selten reflektiert und kann deshalb oft nur vor dem Hintergrund schriftlich überlieferter Idealbilder rekonstruiert werden.
Was andererseits als „ideal" angesehen wird, findet zwar häufiger metasprachliche und
sprachthematisierende Erwähnung, doch ist das „Ideal" selbst oft nur vor dem Hintergrund
des in Primärquellen überlieferten „Normalen" zu ermitteln. Die Menge aller im Rahmen
der deutschen Dialoggeschichte konventionalisierten Regeln und Konversationsmaximen
lässt sich in jedem Fall als Geschichte der Dialognormen (Idealnormen und Gebrauchsnormen) beschreiben:

Ruft man sich beispielsweise die oben (1.3.) angeführte Regel „Man spricht nicht mit
vollem Mund" in Erinnerung, so kann man beobachten, dass diese Regel in verschiedenen
Sprachräumen über Jahrhunderte hinweg tradiert wird. Dies legt den Schluss nahe, dass es
sich um eine Basisregel handelt, die in konkreten Sprachgesellschaften und zu konkreten
Sprachzeiten unterschiedliche konventionelle idealnormative Ausprägungen erfahren hat.
Das Sprechen während der Mahlzeit folgt in der Sprachwirklichkeit allerdings überdies
sprechergruppen- bzw. varietätenspezifischen Gebrauchsnormen (die wiederum kulturell
und historisch variabel sind). Sprechen mit (leicht) gefülltem Mund scheint oft jedenfalls
noch erlaubt, bleibt zumindest unsanktioniert, wie auch ein Beleg aus James Joyce „Ulys-
ses" (Frankfurt/M. 1996, 231 [zuerst engl. 1922]) andeutet:

> Ein anderer Bursche sagte irgendwas zu ihm mit vollem Mund. Seelenverwandter Zuhörer.
> Tischgespräch. Ich happ'en am Mampftach an der Ulpfter Bampfk getrompfen. Hä? Hast du, tat-
> sächlich?

5.3.1. Basisregeln

Basisregeln sorgen relativ unabhängig von einzelsprachlichen, sprachhistorisch und
sprachkulturell variablen Konversationsmaximen und Konventionen dafür, dass dialogische
Kommunikation überhaupt stattfinden kann. So sind die Sprecher/Schreiber in einer dialogischen Kommunikation beispielsweise gehalten, den Wechsel der Sprecher- bzw. Schrei-

berrollen zuzulassen und wenigstens *einen* Sprecher- bzw. Schreiberwechsel zu vollziehen; des Weiteren setzt die erfolgreiche dialogische Kommunikation in der Regel voraus, dass die Sprecher/Schreiber sich auf dasselbe sprachliche Zeichensystem geeinigt haben und dass sie in einer vernehmbaren Lautstärke sprechen bzw. entzifferbaren Schrift schreiben. Basisregeln sind gleichsam die universalen Dispositionen der Sprecher und Schreiber zu dialogischem Handeln und Verhalten.

Normen hingegen, und zwar sowohl Gebrauchs- wie Idealnormen, beziehen sich grundsätzlich auf konventionelle, historisch und kulturell bestimmte Handlungs- und Verhaltensweisen relativ zu Dialogsorten im Rahmen bestimmter Dialogtypen und Dialogbereiche konkreter Einzelsprachen. Nicht wenige Normen sind allerdings auf solche Basisregeln wie die genannten zurückzuführen und mittelbar immer noch mit ihnen verknüpft. Diese Normen sind dann zwar im Rahmen der jeweiligen Einzelsprache konventionalisiert und insofern an Zeit und Raum gebundene Kulturgüter, doch sind sie über einzelsprachliche und kulturelle Grenzen hinaus verbreitet und finden seit der Antike bis heute übereinzelsprachlich und interkulturell Beachtung. So beansprucht etwa die Idealnorm, dass man einem anderen nicht ins Wort falle, zumindest im Rahmen einer „europäischen Konversationstheorie" (Schmölders 1986, Göttert 1988) zeitlose Gültigkeit, und die erwähnte Idealnorm, nicht mit vollem Mund zu sprechen, wird zumindest in der Sozialgruppe der „weltlichen Oberschichten des Abendlandes" seit Jahrhunderten tradiert (Elias 1989). Es handelt sich hierbei also zwar nicht um universale und panchronische Basisregeln in dem Sinne, dass sie menschliche Kommunikation überhaupt erst ermöglichen. Es handelt sich aber in einem weiteren Sinne um Basisregeln insofern, als sowohl die fortwährende Unterbrechung eines Sprechers wie auch das fortwährende Sprechen mit vollem Mund die dialogische Kommunikation zerstören kann.

Im Rahmen einer interkulturellen historischen Dialogforschung im Sinne einer historischen „Ethnographie des Sprechens" (Hymes 1979) oder gar einer dialoghistorischen „linguistischen Anthropologie" (Fritz Hermanns) ist es von großem Interesse, basisreguläre Dispositionen zu sprachlichem Verhalten zu ermitteln, also solche, die nicht an bestimmte Zeiten und einzelne Sprachen bzw. Sprechergruppen gebunden sind. Die ermittelten Basisregeln geben Aufschluss über Grundlagen der menschlichen Kommunikation und ihre historische Entwicklung bzw. Tradition. Ihre je zeit-, kultur- und sprachspezifischen Ausprägungen und Gestaltungen geben dann Aufschluss über die historischen Entfaltungen, die diese Grundlagen in unterschiedlichen Sprachgesellschaften erfahren haben. Idealnormen können daher grundsätzlich als kulturell, historisch und einzelsprachlich je besondere Fassungen von Basisregeln begriffen werden; auf der Grundlage der Rekonstruktion und des Vergleichs von Idealnormen unterschiedlicher Sprachzeiten und -kulturen können umgekehrt Basisregeln ermittelt werden.

Eine weitere Basisregel des Dialogs ist beispielsweise das Prinzip der wechselseitigen Austauschbarkeit der Standpunkte (vgl. Goffman 1986, 128; Henne/Rehbock 2001, 8f., 195f.). Gemeint ist damit, dass jeder, der sich in einen Dialog – ein Gespräch oder eine Korrespondenz – begibt, einen Teil seiner Individualität (seines Standpunktes) zur Disposition stellt und sich auf seinen Dialogpartner einlässt – sprachlich, thematisch, persönlich. Die Gesprächseröffnung (z.B. durch Begrüßung) und die Gesprächsbeendigung (z.B. durch

Verabschiedung) etwa markieren basisreguläre Anfangs- und Endpunkte dieser Einlassung – deren Realisierung allerdings wieder einzelsprachlichen konventionellen Ideal- und Gebrauchsnormen folgt (s.u.). Indem Sp_1 in einem gegebenen Gesprächskontext eine Begrüßung ausspricht, gibt er sein Angebot zur „Perspektivenübernahme" (Beetz 1990, 156) ab; mit dem auf den initialen Gesprächsschritt von Sp_1 folgenden reaktiven Gesprächsschritt gibt Sp_2 zu verstehen, ob er ebenfalls zur Perspektivenübernahme bereit ist – und der Dialog kann beginnen.

Eine besondere Funktion dieser Basisregel, für die Dauer des Dialogs die wechselseitige Idealisierung der Austauschbarkeit der Standpunkte vorzunehmen, ist die beziehungsorientierte Herstellung und Bewahrung von Höflichkeit. Indem jeder am Dialog Beteiligte nicht nur idealiter den Standpunkt des Anderen einnimmt und sein kommunikatives Handeln und Verhalten dessen Erwartungen entsprechend einrichtet, sondern sich womöglich selbst degradiert und den Anderen erhöht, praktiziert er Höflichkeit. Denn er führt den Dialog (zumindest vordergründig) nicht im eigenen Sinne, sondern im Sinne des Dialogpartners, indem er dessen Erwartungen und Dialogzüge antizipiert und auf dieser Grundlage sein eigenes Dialoghandeln steuert. „Freuet euch mit den Fröhlichen und weinet mit den Weinenden", heißt es in Paulus' Brief an die Römer (12,15), und Adolph Freiherr von Knigge formuliert diese Basisregel der Austauschbarkeit der Standpunkte in Bezug auf das *Tischgespräch* mit Gästen z.B. so:

Man muß daher die Kunst verstehn, mit seinen Gästen nur von solchen Dingen zu reden, die sie gern hören, in einem größern Zirkel nur solche Gespräche zu führen, woran alle mit Vergnügen teilnehmen und sich dabei in vorteilhaftem Lichte zeigen können. (Adolph Freiherr von Knigge: Über den Umgang mit Menschen [³1790]. Hrsg. von Gert Ueding [...], 3. Aufl. Frankfurt/M. 1982, 238ff.)

Der anthropologische Grund für die Basisregel der Perspektivenübernahme zur Erzielung von Höflichkeit mag im menschlichen Streben nach „sozialer Harmonie" (Beetz 1990, 178) zu finden sein – und im Wunsch nach eigenem Wohlbefinden: „Und wie ihr wollt, daß euch die Leute tun sollen, also tut ihnen auch!", lautet die „goldene Regel" im Lukas-Evangelium (6,31). Festzuhalten ist allerdings wiederum, dass diese Basisregel auf der Ebene der Konventionen (s.u.) historische und kulturelle Beschränkungen erfährt. So gelten beispielsweise die idealnormativen Konventionen der Höflichkeit in den Höflichkeitstraktaten, Komplimentier- und Anstandsbüchern des 17. und 18. Jahrhunderts in erster Line vor dem redekonstellativen Hintergrund des apraktischen Gesprächs unter ständisch Ebenbürtigen.

Höflichkeit wird im Rahmen der sprachsoziologischen Rekonstruktion historischer Gesprächswelten zumeist im Anschluss an das Modell von Penelope Brown und Stephen Levinson definiert (1978, erneut 1987; vgl. dazu Fraser 2001). *Höflichkeit* besteht danach, etwas vereinfacht formuliert, darin, dass ein Sprecher/Schreiber sich so verhält, dass er den antizipierten Wünschen seines Dialogpartners entspricht und auf diese Weise dessen Gesicht („face") wahrt. Der Begriff „face" ist der Kommunikationssoziologie Erving Goffmans entlehnt und kann grundsätzlich in dem Sinne verstanden werden, in dem er auch in deutschen Redensarten vorkommt: *sein Gesicht wahren, sein Gesicht verlieren, sein wahres Gesicht zeigen.* Harald Weinrich definiert Höflichkeit entsprechend:

Höflichkeit ist ein sprachliches oder nichtsprachliches Verhalten, das zum normalen Umgang der Menschen miteinander gehört und den Zweck hat, die Vorzüge eines anderen Menschen indirekt zur Erscheinung zu bringen oder ihn zu schonen, wenn er vielleicht nicht vorzüglich sein will.
(1986, 24; Kursivhervorhebung im Original)

Die Basisregel der „Austauschbarkeit der Standpunkte" bzw. der „Perspektivenübernahme" scheint insofern einem universalen Prinzip von „Höflichkeit" zu folgen (vgl. auch den Titel des Buches von Brown/Levinson 1987: „Politeness: Some universals in language usage"). Die einzelsprachlichen, zeit- und kulturabhängigen Umsetzungen dieser Basisregel bzw. dieses „Höflichkeits"-Prinzips ist dann, wie erwähnt, sprechergruppenspezifischen Normen vorbehalten (vgl. Fraser 2001, 1409).

Die historische Dialogforschung auf der Analyseebene der Basisregeln arbeitet deshalb grundsätzlich als interkulturell bzw. ethnographisch vergleichende historische Dialogforschung, was jedoch enorme Anforderungen allein an die Korpora stellt. Denn Basisregeln des Dialogs können auf empirischem Wege nur dadurch rekonstruiert werden, dass man auf der Grundlage großer Korpora gleichartiger Dialogexemplare unterschiedlicher Sprechergruppen die „Dispositionen" dieser Sprechergruppen zu einer bestimmten Dialogsorte bzw. einem bestimmten Dialogtyp ermittelt. Eine solche empirische Ermittlung von Basisregeln setzte im Grunde die Kenntnis der Basisregeln bereits voraus; der Ertrag stünde in keinem Verhältnis zum Aufwand. Überdies ist der „Schluss von bestimmten Handlungsmustern und Verhaltensstrukturen auf zugrundeliegende Leitvorstellungen und Dispositionen [...] sehr heikel" (Linke 1996, 33; vgl. Schlieben-Lange 1983b, 115ff.) In der Regel greift die Forschung deshalb auf idealnormative sprachthematisierende Quellen zurück. Im Unterschied zur Forschung auf den anderen beiden Analyseebenen (also auf der Ebene der Konversationsmaximen und der Konventionen), die in jüngster Zeit vermehrt „Texte privater Schriftlichkeit" heranzieht (Tagebücher, Briefe u.a.; vgl. Linke 1996, 38ff.), ist die Forschung bei der Ermittlung von Basisregeln jedoch vorwiegend auf idealnormative Aussagen prominenter Autorengruppen (Dichter, Philosophen, Theologen, Wissenschaftler u.a.) angewiesen. Wohl auch aus diesem Grund sind bislang, vor allem für den europäischen Sprachenraum, vornehmlich Sammlungen idealnormativer sprachthematisierender Quellen von der Antike bis zur Gegenwart veranstaltet worden (vgl. Schmölders 1986). Aus der Übereinstimmung von Idealnormen aus unterschiedlichen Sprachräumen und –zeiten können so Basisregeln im weiteren Sinne abgeleitet und einer Kultur- und Sozial-, Ideen- und Mentalitätsgeschichte des Dialogs zugrunde gelegt werden. Darüber hinaus werden Analyserahmen gezogen, die die Korpuserstellung leiten und das Korpus überschaubar machen (s.u.), z.B. die Konzentration auf idealnormative sprachthematisierende Quellen zu – im weiteren Sinne – universalen und panchronischen Basisregeln besonderer Sprechergruppen, Themen oder kommunikativen Handlungen und Verhaltensweisen.

5.3.2. Konversationsmaximen

Mit den Basisregeln eng verwandt, jedoch schon einen Schritt weiter auf dem Weg von universell und panchronisch gültigen Verhaltensregeln hin zu historisch und kulturell variablen Konventionen sind allgemeine Kommunikationsprinzipien (vgl. Fritz 1994, 556f.), vor allem die so genannten Konversationsmaximen: Jeder dialogischen Kommunikation liegt nach den Ausführungen des Sprachphilosophen H. Paul Grice ein „Kooperationsprinzip" zugrunde. Grice formuliert dieses Kooperationsprinzip im Anschluss an Immanuel Kants „kategorischen Imperativ" (Grice 1979, 248ff.) und gibt ihm folgenden Wortlaut:

> Mache deinen Gesprächsbeitrag jeweils so, wie es von dem akzeptierten Zweck oder der akzeptierten Richtung des Gesprächs, an dem du teilnimmst, gerade verlangt wird.

Dazu formuliert Grice nun vier Konversationsmaximen, deren Befolgung mit dem Kooperationsprinzip harmoniert:

- 1. Quantität: Mache deinen Gesprächsbeitrag so informativ wie (für die gegebenen Gesprächszwecke) nötig.
  Mache deinen Beitrag nicht informativer als nötig.
- 2. Qualität: Versuche deinen Beitrag so zu machen, daß er wahr ist.
  Sage nichts, wofür dir angemessene Gründe fehlen.
  Sage nichts, was du für falsch hältst.
- 3. Relation Sei relevant.
- 4. Modalität: Sei klar.
  Vermeide Dunkelheit des Ausdrucks.
  Vermeide Mehrdeutigkeit.
  Sei kurz.
  Der Reihe nach!

Während man das Kooperationsprinzip durchaus noch den Basisregeln zurechnen könnte, ist dies bei den Konversationsmaximen nicht mehr so eindeutig möglich. Sie sind zwar nicht an bestimmte Epochen der Sprachgeschichte gebunden, doch können sie ihre kulturspezifische Formung im Rahmen einer „europäischen Konversationstheorie" (Göttert) kaum mehr verleugnen. Vor allem die Maximen der Modalität verweisen auf kulturspezifische Stilideale – in Johann Christoph Adelungs Schrift „Ueber den Deutschen Styl" aus dem Jahr 1785 etwa ist fast wörtlich mit Grice übereinstimmend ausgeführt, dass „zu einem guten mündlichen Gespräche" die „Vermeidung aller Dunkelheit und Weitschweifigkeit" gehört (Bd. 2, 320ff.).

Ebenso wie die Basisregeln werden auch die Konversationsmaximen als Zugriff der historischen Dialogforschung vor allem dann interessant, wenn es gilt, historische und kulturelle Besonderheiten festzustellen. Dies kann wiederum zunächst nur auf der Ebene der Untersuchung einzelsprachspezifischer Ausprägungen und Gestaltungen – gleichsam historischen „Ausführungsbestimmungen" (Fritz 1994, 556) – der Konversationsmaximen erfolgen, die dann kontrastiv den Ausprägungen und Gestaltungen anderer historischer Entwicklungsstufen dieser Einzelsprache oder/und den jeweils gleichzeitigen Ausprägungen und Gestaltungen in anderen Einzelsprachen gegenübergestellt werden.

Die Maxime der Qualität beispielsweise („Versuche deinen Beitrag so zu machen, daß er wahr ist.") darf als eine Idealnorm dialogischer Kommunikation gelten. Eine Basisregel im engeren Sinne beschreibt sie allerdings nicht, denn was für „wahr" gehalten wird, ist historisch und kulturell sehr variabel. Überdies kann die Missachtung dieser Maxime der Qualität, das heißt die Äußerung der Unwahrheit, durchaus zur Ermöglichung der Kommunikation beitragen. Man denke etwa an fiktionale Texte, deren Autoren in einem rigiden

Sinne gar nicht versuchen, sie „so zu machen", dass sie „wahr" sind – und deshalb von Platon als Lügner bezeichnet wurden; oder man denke an das im vorigen Abschnitt erwähnte Prinzip der Höflichkeit, dessen Beachtung in ganz alltäglichen Gesprächen mitunter gebietet, einen Beitrag gerade nicht „so zu machen, daß er wahr ist" (vgl. Goethe, Faust II, 2, 6771: „Im Deutschen lügt man, wenn man höflich ist"; dazu Beetz 1990, 136f.; Weinrich 1986, bes. 23).

Wenn ein Sprecher absichtlich gegen die Maxime der Qualität verstößt, kann er, wenn der Hörer dies erkennen soll, eine konversationelle Implikatur erzeugen, aufgrund deren der Hörer erschließen muss, dass der Sprecher etwas anderes meint (s.u.); er kann aber auch, nämlich wenn der Hörer den Verstoß nicht erkennen soll, *lügen*. Die dialogische Handlung der *Lüge* ist seit alters kulturübergreifend geächtet: „Du sollst nicht falsch Zeugnis reden wider deinen Nächsten", lautet das achte Gebot im 2. Buch Mose (20,16), also im Pentateuch im Alten Testament, und es gilt für Juden wie Christen gleichermaßen. Dieses Gebot bedeutet, so heißt es in Luthers *Kleinem Katechismus* von 1529, „daß wir unsern Nächsten nicht fälschlich belügen, verraten, afterreden oder bösen Leumund machen". Im 3. Buch Mose (19,11) wird dies noch einmal bekräftigt: „Ihr sollt nicht stehlen noch lügen noch betrügerisch handeln einer mit dem andern." Und Psalm 116, Vers 11 schließlich fällt das vernichtende Urteil: „Omnis homo mendax" (Alle Menschen sind Lügner); das Neue Testament verbannt die *Lüge* sogar ins Reich des Teufels, der als ihr Vater erscheint (Joh. 8,44). Andererseits: Odysseus lügt und wird dafür belohnt (vgl. Weinrich 2000, 70); die Figur Jakob in Jurek Beckers Roman „Jakob der Lügner" (not)lügt, um im polnischen Judenghetto Hoffnung zu geben und Leben zu retten (vgl. Kilian 2004a). In vielen Sprachen wird die harmlos-höfliche *Lüge*, die der Sprecher zum Nutzen und Vorteil des Hörers wählt, lexikalisch von der *Lüge* zum Nutzen und Vorteil des Sprechers abgehoben und sprachsoziologisch geduldet (*white lie*, *Notlüge*); am 1. April darf ausdrücklich ein Spiel mit der Lüge getrieben werden, und im abergläubischen Denken wird die *Lüge* als Initialakt für so manche positive Erscheinungen angeführt (z.B. Wachstum der Pflanzen, vgl. HWbdA 5, 1933/2000, 1452).

Die sprachsoziologische Rekonstruktion der „Dispositionen" von Sprechergruppen zur Maxime der Qualität müsste also, wenn sie eine umfassende Kultur- und Sozial-, Ideen- und Mentalitätsgeschichte dieser Maxime zum Ziel hätte, weit ausgreifen: u.a. auf die philosophischen, theologischen und literarischen Traditionsstränge zum Bild von Wahrheit und Lüge, ferner auf die juristischen (z.B. „Meineid"), pädagogisch-psychologischen (z.B. die „sokratische Ironie") und ganz alltäglichen (z.B. Indirektheit) „Dispositionen" zur Wahrheit. Das Ergebnis wären verschiedene, mehr oder weniger kultur- und zeitunabhängige Ideal- und Gebrauchsnormen zum Umgang mit Wahrheit und Lüge, die als dialoghistorische ideal- und gebrauchsnormative Fassungen der Konversationsmaxime beschrieben werden könnten.

Die offenkundige Missachtung einer Maxime ist nach Grice typisch für das Entstehen einer konversationellen Implikatur: Indem der Sprecher eine Maxime offenkundig missachtet, gibt er dem Hörer implizit eine Anweisung, wie er seine Äußerung verstanden und die Spannung zwischen der Maxime und ihrer offenkundigen Missachtung gelöst haben möchte. Indem beispielsweise Hadubrand so ausführlich auf die Frage Hildebrands antwortet, verstößt er gegen eine Untermaxime der Quantität („Mache deinen Gesprächsbeitrag nicht informativer als nötig") und kommuniziert damit nicht nur im Sinne des Umfangs seiner Antwort detaillierter als erwartet wurde, sondern auch im Sinne der kommunikativen Funktion seiner Äußerung; Hildebrand hat, so jedenfalls die Interpretation von Marcel Bax, diese Spannung gelöst, indem er die Ausführlichkeit der Antwort dahingehend deutete, dass Hadubrand sein Gegenüber und dessen Ziel sehr wohl erkannt hatte (s.o., Kapitel 4). Für Brown/Levinson wiederum liegt ein wichtiger Grund für die Verletzung einer Maxime (etwa der Maxime „Sage nichts, was du für falsch hältst.") in der Erzeugung von Höflichkeit (vgl. Fraser 2001, 1409), und zwar einer solchen Erzeugung, die der Hörer durchschauen soll; anderenfalls wäre es eine (Not)lüge. In der Tat lehnen Brown/Levinson ihr oben angedeutetes „Politeness"-Modell an die Grice'schen Konversationsmaximen (und deren Verletzung) an (vgl. Fraser 2001, 1409).

Zur Schlussfolgerung des wirklich Gemeinten bezieht sich der Hörer nach Grice auf

- die konventionelle Bedeutung der verwendeten Worte samt ihrem jeweiligen Bezug,
- das Kooperationsprinzip und seine Maximen,
- den sprachlichen und sonstigen Kontext der Äußerung,
- anderes Hintergrundwissen,
- die Tatsache [...], daß beide Beteiligte [vom bisher Aufgeführten] wissen oder annehmen, daß dem so ist. (Grice 1979, 255)

Konversationelle Implikaturen sind auf das Dialogexemplar beschränkt, doch können sie sich zu **konventionellen Implikaturen** auf der Ebene von Dialogsorten entwickeln, wie Grice (1979, 254f.) selbst andeutet. Ein noch kaum bearbeiteter Gegenstand der historischen Dialogforschung auf dem Feld der Konversationsmaximen ist deshalb die Untersuchung des Übergangs konversationeller Implikaturen, die sich grundsätzlich nur auf das jeweilige Dialogexemplar beziehen, in konventionelle Implikaturen, die zu Indikatoren für bestimmte dialogische Handlungs- und Verhaltensweisen, mitunter gar Dialogsorten geworden sind. Man denke zum Beispiel an die *Lehrerfrage* im *Lehrgespräch*, die konventionell implikatiert, dass der Lehrer die richtige Antwort kennt und erfahren will, ob auch der Schüler sie kennt; ein *Schweigen* des Schülers wiederum kann zwar auch eine Dialogverweigerung bedeuten, implikatiert jedoch konventionell, dass der Schüler die Antwort nicht kennt; in anderen Kommunikations- und Praxisbereichen hingegen implikatiert *Schweigen* konventionell Zustimmung (s.u.).

5.3.3. Konventionen

Die Rekonstruktion der sprachlichen „Dispositionen" einer Gesellschaft bezieht sich auf der konkretesten Analyseebene auf die Beschreibung von Konventionen, die das verbale und nonverbale Handeln und Verhalten in dialogischer Kommunikation historisch und kulturell variabel steuern. Bei Konventionen handelt es sich um konventionalisierte (Basis)regeln und Konversationsmaximen, das heißt um die Menge derjenigen Regeln, die eine konkrete Sprechergruppe zu einer konkreten historischen Sprachzeit aus der Gesamtheit aller möglichen Regeln ausgewählt und für verbindlich erklärt – eben: konventionalisiert –

126

hat. Diese Konventionalisierungen von Regeln dienen der Herstellung „sozialer Harmonie", mithin der Sozialdisziplinierung innerhalb konkreter Sprechergruppen. Als konkrete Handlungsanweisungen stabilisieren sie zugleich die gesellschaftlichen Strukturen und Verhältnisse.

Dass auch die ideal- und gebrauchsnormativen Konventionen einer konkreten Sprechergruppe grundsätzlich auf abstrakte Basisregeln und Konversationsmaximen rückführbar sind, kann am Beispiel der BEGRÜSSUNG gut veranschaulicht werden. Wie oben im Abschnitt über die Basisregeln erwähnt, sind Begrüßungshandlungen universal eingesetzte Mittel, um für die Dauer des Dialogs einen gemeinsamen Dialograum zu schaffen:

> Begrüßungen dienen natürlich dazu, Rollen zu klären und festzulegen, die die Teilnehmer während der Gesprächsgelegenheit einnehmen, und die Teilnehmer zu diesen Rollen zu verpflichten; während Verabschiedungen die Begegnung eindeutig beenden lassen. (Goffman 1986, 48; vgl. Weinrich 1986, 10).

Die konkreten Formen der Gesprächseröffnung und -beendigung sind, wie erwähnt, zeit- und kulturspezifischen ideal- und gebrauchsnormativen „Ausführungsbestimmungen" (Fritz 1994, 556) unterworfen. Eine Geschichte der Gesprächseröffnung muss deshalb notwendig als Geschichte der konventionellen einzelsprachlichen Anrede- und Begrüßungsforme(l)n geschrieben werden, dementsprechend eine Geschichte der Gesprächsbeendigung als Geschichte der konventionellen einzelsprachlichen Anrede- und Verabschiedungsforme(l)n. So gibt es beispielsweise in der deutschen Sprachgesellschaft der Gegenwart für das verbale und nonverbale Handeln im Rahmen der persönlichen Begrüßung in Face-to-face-Gesprächen eine gewisse Anzahl regulärer Möglichkeiten: Für das verbale Begrüßungshandeln gibt es z.B. (*Guten*) *Morgen/Tag, Guten Abend/n'Abend Herr/Frau* [Nachname], *Hallo Herr/Frau* [Nachname] oder *Hallo* [Vorname], *Ich (be)grüße Sie/Dich, (Sei[en Sie]) herzlich willkommen, Grüß Gott, Mahlzeit, Moin* u.a. Und auch für das nonverbale Begrüßungshandeln stehen gegenwartssprachlich mehrere reguläre Möglichkeiten zur Verfügung, z.B. Küsschen (verschiedener Anzahl) auf den Mund oder auf eine oder beide Wangen unter eng befreundeten Gesprächspartnern, Handkuss (mit oder ohne Berührung der Hand durch die Lippen), Händedruck (mit der rechten oder linken Hand, mit oder ohne Umarmung, mit oder ohne Handschuh), Umarmung (mit oder ohne Handschlag, mit oder ohne Küsschen, mit oder ohne Berührung der Wangen), Verbeugung usw. Wechselseitiges Beschnuppern beispielsweise wäre hingegen wohl auch eine Möglichkeit der Begrüßung, ist unter Menschen aber keine reguläre Möglichkeit, und Berührung der Nasen ist keine konventionelle Möglichkeit in der deutschen Sprachgesellschaft.

Aus der Gesamtheit der regulären Möglichkeiten der BEGRÜSSUNG hat die deutsche Sprachgesellschaft der Gegenwart, hat jede ihrer Sprechergruppen unterschiedliche Auswahlen getroffen, die jeweils auch Rückschlüsse auf die „Dispositionen" der Mitglieder dieser Sprechergruppen zulassen. So kann für die deutsche Standardsprache der Gegenwart die Begrüßungsformel (*Guten*) *Morgen/Tag, Guten Abend/n'Abend Herr/Frau* [Nachname] zur Begrüßung bekannter, möglicherweise auch vertrauter, aber nicht eng befreundeter Gesprächspartner als sozial und regional unmarkierte Standardformel gelten. Als nonverbale Standardform gilt der einfache Händedruck. Diese Existenz einer sozial und regional unmarkierten Standardform(el) deutet darauf hin, dass die deutsche Sprachgesellschaft der

Gegenwart größeren Wert auf die sprachliche Konstruktion sozialer Gleichheit als auf den sprachlichen Ausdruck sozialer Unterschiede in der Begrüßung und Anrede legt.

Im 17. und frühen 18. Jahrhundert hingegen unterlagen verbale wie nonverbale Begrüßungshandlungen den Zwängen der Ständeordnung, waren sozial und regional markiert. Julius Bernhard v. Rohr beispielsweise führt in seiner „Einleitung zur Ceremoniel-Wissenschafft Der Privat-Personen" im Jahr 1728 aus:

> An der Titulatur, die wir ihm [dem ständisch Höheren] bey der Entré geben, ist sehr viel gelegen. Die erste Anrede macht den ersten Eindruck von uns, da wir zu ihm kommen, in seinem Gemüthe. Versehen wir es nun hierinnen, und nennen denjenigen Minister, den wir, nach der neuesten Mode, mit Ihrer hohen Exzellenz beehren sollten, nur schlechthin Ihro Excellenz, oder die vornehme Ministers Frau, Ihro Gnaden, die sonst eine Excellenz begehrt, so begehen wir schon einen grossen Fehler, und unser übriger Vortrag wird hernach von keiner uns gar zu vortheilhafften Würckung seyn. (Ndr., hrsg. u. komm. von Gotthardt Frühsorge, Leipzig 1990, 354)

Mit Bezug auf die Sprechergruppe der jungen „Cavaliere" heißt es schließlich, dass „die alt Teutschen Ceremonien, da man einen fremden Gast bloß die rechte Hand both, die der ander brav schütteln muste, in Teutschland heutiges Tages nicht mehr Mode" seien (ebd., 360). v. Rohr zitiert zur Veranschaulichung des Wandels der Konventionen einen Autor aus dem 16. Jahrhundert, nach dem das Händedrücken noch eine symbolische Geste für Aufrichtigkeit gewesen sei. Zu dieser Zeit, also im 16. Jahrhundert, seien die gescholten worden, „welche einander die Hände kaum recht anrühren, als wenn sie sich vor des andern Krätz-Händen scheueten." In diesem Fall erweist sich Bildmaterial als aussagekräftige Sekundärquelle der historischen Dialogforschung. Das Titelkupfer zu v. Rohrs Buch stellt den Wandel der Konventionen der Begrüßungszeremonie dar – und zugleich den Wandel der „Dispositionen" zur körperlichen Nähe; die beiden Herren links im Bild sind überschrieben mit „alte Teutschen", die rechts mit „jetzige Teutschen" (vgl. auch J. B. Rohr: Einleitung zur Ceremoniel-Wissenschafft [...], Berlin 1728, Ndr. 1990, Nachwort, 22):

Abb. 10: Proxemik der Begrüßung um 1700

Die Basisregel, dass ein Dialog eine mehr oder weniger ritualisierte Eröffnung benötigt, bleibt also gewahrt; die Konversationsmaximen werden nicht berührt; was sich ändert, sind die zeit-, kultur- und sprechergruppen- bzw. varietätenspezifischen idealnormativen Konventionen für das den Dialog eröffnende Begrüßungsritual. Die von v. Rohr dargelegten gebrauchsnormativen Veränderungen im nonverbalen Begrüßungshandeln („nach der neuesten Mode") geben Hinweise auf gewandelte „Dispositionen" dieser Sprechergruppe zu ihrer eigenen gesellschaftlichen Rolle und zur Körperlichkeit des Gesprächs in Bezug auf die körperliche Nähe und Distanz der Gesprächsbeteiligten. Die Körperdistanz dem Höherstehenden gegenüber wurde zu dieser Zeit zusätzlich oft durch äußere Merkmale (Schleppe, langer Tisch usw.) geboten; nur der Höherstehende durfte die Distanz verringern (vgl. auch Goffman, 1986, 160; Zakharine 2002, 297ff.).

Das Zusammenspiel von universalen Basisregeln, Konversationsmaximen und historisch und kulturell variablen Konventionen kann in diesem Fall wie folgt veranschaulicht werden (s. folgende Seite). Im Unterschied zu Basisregeln und Konversationsmaximen gelten Konventionen grundsätzlich nur für die Sprechergruppen, die aus dem Gesamt der möglichen Regeln diese Konventionen auswählen und normativ etablieren. Und so blieb auch die Begrüßung mit Händedruck bzw. Handschlag der rechten Hand in anderen Sprechergruppen des 18. Jahrhunderts erhalten und wurde schließlich gar die Standardform in der deutschen Sprachgesellschaft (zur Herkunft des Händedrucks als „Ineinanderlegen der waffenlosen Hände" vgl. Röhrich 2, 592).

5.4. Analyserahmen von Dialoggeschichte(n)

Die sprachsoziologische Rekonstruktion vergangener Dialoghaushalte muss andere Analyserahmen wählen als sie die sprachstrukturellen und sprachpragmatischen Zugriffe zur Verfügung stellen. Denn die Kategorien der Gesprächsanalyse wie auch der Dialoggrammatik sind, wie oben ausgeführt, grundsätzlich als panchronische und universale Kategorien definiert; der sprachsoziologische Zugang indes bedarf der zeit- und kulturspezifischen Konkretion – und zwar auch auf den Analyseebenen der Basisregeln und Konversationsmaximen. Einmal abgesehen von zeitlichen Rahmungen (vgl. z.B. Beetz 1990: *17./18. Jahrhundert*, Linke 1996: *19. Jahrhundert*) werden zumeist bestimmte Sprechergruppen, Themen, kommunikative Handlungs- und Verhaltensformen sowie Diskurse bzw. Sprachspiele (die wiederum zeitlich und thematisch gebunden sind) als Rahmen gesetzt, der dem Erkenntnisinteresse korrespondiert und die Grenzen für die Auswahl und Analyse der Quellen absteckt. Innerhalb des gesetzten Rahmens sind dann sowohl historisch-synchronische wie historisch-diachronische, entwicklungsbezogene Untersuchungen möglich. Mitunter werden relativ zum Untersuchungsgegenstand aufeinander folgende historisch-synchronische Querschnitte gesetzt und die Ergebnisse in eine historisch-diachronische Reihung gebracht. Diese „kontrastive Statik" ist oft die einzige Möglichkeit der historischen Dialogforschung, die historisch-diachronische Perspektive einzunehmen, doch vermag sie die evolutionäre Dynamik des Entwicklungsprozesses kaum einzufangen, weil zwischen den Querschnitten doch immer wieder Lücken bleiben (s.u., 6.).

Basisregeln
Für dialogische Kommunikation wird durch Eröffnungs-
und Abschlusshandlungen ein idealisierter Dialograum geschaffen. Begrüßungen sind eine universale Form von dialogischen Eröffnungshandlungen.

Konversationsmaximen
Begrüßungshandlungen folgen der übergeordneten Maxime „Sei höflich" (vgl. Grice 1979, 250); die Unterlas-
sung von Begrüßungshandlungen bei erstmaliger Eröffnung des Dialogs wie auch die Wiederholung der Begrüßung innerhalb desselben Dialograums (z.B. erneute Begrüßung derselben Lehrerin nach einer kurzen Unter-
richtspause) kann konversationelle Implikaturen veranlassen.

Konventionen ———————————————— **Idealnormen**
Im deutschen Sprachraum des 17. und 18. Jahrhunderts
existieren ständisch definierte Konventionen für Begrüßungshandlungen, für die es idealnormative und
gebrauchsnormative „Ausführungsbestimmungen" gibt.
Vor allem im Umgang mit Höherstehenden ist es notwendig, im Rahmen der Begrüßungsformel die Anrede mit
(der richtigen) Titulatur zu versehen, z.B. mit Nennung
der ständischen Funktion: „Euer Excellenz" „Durchlaucht" u.a. (mit Verbeugung, Knicks, Kratzfuß. Im „gemeinen Leben" hingegen sagt man *guten Mor-
gen/Tag/Abend* (Adelung, Gramm.-krit. Wörterbuch [...],
Bd. 2, 1796, 855); „Guten Tag! der gewöhnliche Gruß,
wenn man einander am Tage begegnet." (ebd., Bd. 4,
1801, 518). Die idealnormativen Bestimmungen erfahren
im Sprachleben oft gebrauchsnormative Anpassungen, die
den Beginn eines Wandels indizieren können (vgl. das
Bsp. in Metcalf 1938, 58, in dem die Begrüßung des adeligen Höherstehenden mit der Formel aus dem „gemeinen
Leben" zusammengeführt wird: „Wir [...] Wünschen Ewer
Fürstlichen Durchleuchtigkeit einen frölichen guten Morgen."). ——————————————— **Gebrauchsnormen**

5.4.1. Sprechergruppen, Institutionen, Kommunikations- und Praxisbereiche

Eine erste Möglichkeit, die sprachsoziologische Rekonstruktion historischer Dialoge zu begrenzen, ist die Rahmenbildung nach Maßgabe der Begrenzungen einer Sprechergruppe bzw. Institution, vgl. z.B. die *höfische Gesellschaft* bzw. *der Adel* des 17. und 18. Jahrhunderts (Beetz 1990), das *Bürgertum* des 19. Jahrhunderts (Linke 1996); *Parlament* und *Parlamentarier* des 19. und 20. Jahrhunderts (Kilian 1997a, 94ff.; Burkhardt 2003), *Gericht* und *Juristen* der frühen Neuzeit (vgl. z.B. Mihm 1995; Ramge 1999). Diese Begrenzung kann, muss allerdings nicht, mit Begrenzungen aufgrund anderer Kriterien korrespondieren (z.B. einem Dialogtyp, vgl. Kästner 1978, Kilian 2002a zum Dialogtyp *Lehrgespräch* in der Institution *Schule*).

Während Institutionen sowie institutionalisierte Kommunikations- und Praxisbereiche (wie z.B. Gerichte, Parlamente, Schulen) u.a. dadurch definiert sind, dass sie eigene Dialogsorten ausbilden und als selbstständige Dialogbereiche abgrenzbar sind, liegt dies bei sozial, regional, altersspezifisch o.a. definierten Sprechergruppen nicht ohne weiteres auf der Hand. Sprechergruppen müssen, wenn sie der Rahmenbildung in der sprachsoziologischen historischen Dialogforschung dienen, als besondere Dialoggruppen auffällig sein – oder als solche erwiesen werden. Das *Bürgertum* im 19. Jahrhundert beispielsweise erscheint auf den ersten Blick viel zu heterogen, als dass eine eigene und relativ homogene „bürgerliche" Dialoggeschichte zu rekonstruieren wäre. Das *Bürgertum* wird in der Regel jenseits einer eigenen Sprachlichkeit definiert als dritter Stand neben (bzw. unterhalb) Adel und Klerus – allerdings vornehmlich abgegrenzt durch kulturelle Güter und Werte, und mit der Kultur kommt die Sprache wieder ins Spiel. Der genauere Blick lässt denn auch den „kultursemiotischen Wert bürgerlichen Sprachgebrauchs" (Linke 1996, 47) entdecken und offenbart eine dialogische „Sprachkultur" (Linke) des Bürgertums im 19. Jahrhundert (vgl. Linke 1988; Linke 1995; Linke 1996, 170ff.): Da ist, zum Beispiel, der Übergang vom (adeligen) *Compliment* zum (bürgerlichen) *Gruß*, sodann der Übergang von der *Konversation* im Sinne des (adeligen) Umgangs zur Konversation als Gespräch in bildungsbürgerlichem Kreise (z.B. die *Plauderei*, vgl. Kilian 1999; Kilian 2001b); und da sind schließlich „bürgereigene" Sprach- und Dialogformen, zum Beispiel die „Rolle der Frauen im gesellschaftlichen Gespräch" und „sprachliche Kindheitsmuster" (Linke 1996).

Die Rahmenbildung nach Sprechergruppen, Institutionen, Kommunikations- und Praxisbereichen darf als soziolinguistische Rahmenbildung im engeren Sinne verstanden werden. Eine Dialoggeschichte der deutschen Sprache im Sinne einer sprachsoziologischen Rekonstruktion der historisch sich wandelnden dialogischen Haushalte der deutschen Sprachgesellschaft und ihrer Sprechergruppen ist zwar noch in weiter Ferne; eine solche Dialoggeschichte wird allerdings diesen sozio- und mittelbar varietätenlinguistischen Ansatz der Rahmenbildung aufzugreifen haben.

5.4.2. Themen

Rede mit den Großen der Erde ohne Not nicht von Deinen häuslichen Umständen, von Dingen, die nur persönlich Dich und Deine Familie angehen. Klage ihnen nicht Dein Ungemach. Vertraue ihnen nicht den Kummer Deines Herzens. (Adolph Freiherr von Knigge: Über den Umgang mit Menschen [³1790]. Hrsg. von Gert Ueding [...], 3. Aufl. Frankfurt/M. 1982, 295)

Eine weitere Möglichkeit der Rahmenbildung in der historischen Dialogforschung ist die Orientierung an Themen, die innerhalb einer Sprachgesellschaft bzw. einer Sprechergruppe in verschiedenen Dialogen diskursiv er- und bearbeitet werden (vgl. Fritz 1994, 555f.) – oder nicht bearbeitet werden sollen. Die „Kodifizierung gesellschaftlicher Gesprächsthemen" (Zakharine 2002, 309; vgl. Beetz 1990, 63f.) seit dem 17. Jahrhundert diente dem Zweck, die adelige und späterhin auch die bürgerliche und bildungsbürgerliche Konversation am Leben zu erhalten. Der höfische junge Kavalier musste ebenso wie die bildungsbürgerliche Tochter aus gutem Haus über ein ganzes Arsenal an Dialogthemen verfügen – und über das Wissen, welche Themen wann anzusprechen waren und wann nicht. Die historische Dialogforschung hat sich der dialogischen Er- und Bearbeitung dieser Themen bislang noch nicht ausgiebig gewidmet. Historisch-synchronische Arbeiten zu bestimmten Themen oder gar historisch-diachronische Arbeiten zu Themenkarrieren liegen bislang kaum vor.

Bei solchen Arbeiten könnte es sich, zum einen, um historisch-synchronische Untersuchungen zur Dialoggeschichte eines mit zeitgeschichtlichem Indikatorwert versehenen Themas handeln, z.B. das mit der steigenden Mobilität im 19. Jahrhundert bedeutender werdende Thema „Reiseerlebnisse" (Linke 1996, 196ff.). Oder es könnte sich, andererseits, darum handeln, die dialogische Karriere eines Themas historisch-diachronisch zu verfolgen und Kontinuität wie Diskontinuität von Themenkarrieren zu rekonstruieren, wie z.B. die Karriere des Themas „Wetter" in seiner idealnormativen Sanktionierung und gebrauchsnormativen Konstanz. In Friedrich Andreas Hallbauers „Anweisung Zur Verbesserten Teutschen Oratorie" aus dem Jahr 1725 heißt es beispielsweise:

Nicht viel besser sind die, welche keine andere, als Wetter=Discurse anzufangen wissen, **es ist schön Wetter, es wird wol regnen, etc.** ich glaube, der andere wird das auch wol sehen. Doch, will man etwa daher Gelegenheit nehmen, eine Person zu einer Lust=fahrt einzuladen, so kann man wohl von bequemen Wetter zu reden anfangen. (651)

Auch sein Zeitgenosse Julius Bernhard v. Rohr warnt vor dem „abgeschmackten Wetter=Discours, der im Augenblick zu Ende gehet" (Einleitung zur Ceremoniel-Wissenschafft [...] 1728, Ndr., hrsg. u. komm. von Gotthardt Frühsorge, Leipzig 1990, 283). Das Thema „Wetter" bleibt im Zentrum der Kritik – was zugleich bedeutet, dass es an Attraktivität nicht verloren hat. Abschließend Beispiele aus dem 19. und 20. Jahrhundert:

In Salon und Besuchszimmer ist das Wetterthema zwar zu vermeiden, ‚[...] auf der Strasse und Promenade aber, bei Ausflügen oder auf der Eisenbahn, im Freien überhaupt, ist das Gespräch über das Wetter, vorausgesetzt, dass es nicht in zu banaler Weise geführt wird, durchaus erlaubt und passend.' (Linke 1996, 203)

Eine Eröffnung eines Gespräches gelingt zumeist ohne Entschuldigung ganz zwanglos. Beobachtungen, die in der Luft liegen und wahrscheinlich auch andere beschäftigten, sind ‚gesprächsneutral' und deshalb als Anknüpfungspunkte am besten geeignet, vielleicht mit Ausnahme vom Wetter, wenn es nicht gerade Begeisterung (der erste schöne Tag nach einer Regenwoche) oder das Gegenteil auslöst (Gewitter mit Hagelschlag). (Dietmar Trifels: Guter Ton heute, Köln 1974, 90)

5.4.3. Kommunikative Handlungs- und Verhaltensformen, Dialogsorten und -typen

Die kultur- und sozial-, ideen- und mentalitätsgeschichtliche Rekonstruktion von Dispositionen zu kommunikativen Handlungs- und Verhaltensformen (vgl. Fritz 1994, 557; Rehbock 2001, 964) nimmt ihren Ausgang nicht selten von einer lexikalischen Einheit, die einen Sprachhandlungstyp (z.B. Sprechakttyp, Textsorte, Dialogsorte) oder einen Verhaltenstyp (typische Geste, Mimik, parasprachliche Mittel) benennt. Die lexikalische Einheit dient dann als heuristische Klammer sowohl bei der Quellensuche und Korpuszusammenstellung wie auch bei der Analyse und Interpretation der Quellen (vgl. z.B. Strosetzki 1978 und Ehlers 1996 zur *Konversation*; Kästner 1978 und Kilian 2002a zum *Lehrgespräch*; Objartel 1984 zum *Beleidigen*; Ulsamer 2002 und Schnyder 2003 zum *Schweigen*; Burkhardt 2004 zum *Zwischenruf*; Schlieben-Lange 1989 zum *Fachgespräch*; Gloning 1999 und Schwitalla 1999 zu *Pamphlet-Kontroversen*; Linke 1999 zum *Scherzen*). Auf das Problem, dass die Wortgeschichte und der Bedeutungswandel dem rückblickenden Dialogforscher schlimme Streiche spielen können, ist oben bereits hingewiesen worden. Die „lexikalische Methode" eröffnet gleichwohl einen breiten Rekonstruktionsspielraum, da sie keine Beschränkungen in Bezug auf die Quellengattung kennt, zugleich jedoch mit Hilfe der Benennung einen handlungssemantischen Rahmen absteckt. Lexikalisch-semantische Ansätze wie die Frametheorie, die Prototypen- und Stereotypensemantik können genutzt werden, um das lexikalisch gebundene handlungssemantische Bedeutungswissen historischer Sprechergruppen zu ermitteln. Darüber hinaus sind freilich Quellen auszuwerten, die den handlungs- oder verhaltensbenennenden Ausdruck nicht enthalten, gleichwohl die Sache beschreiben.

Wenn es beispielsweise gilt, die Dispositionen historischer Sprechergruppen zum *Schweigen* zu ermitteln, kann diese Sprachhandlungsbenennung den Rahmen für die Quellensuche und Korpuszusammenstellung bilden. Im Sinne der Frametheorie sind dann auf der Grundlage der Quellen systematisch Fragen an dieses Rahmenstichwort zu stellen (z.B. mit Hilfe des „Inventionshexamters" oder der „Lasswell-Formel", s.o.). Die Antworten auf diese Fragen können schließlich nach dem Kriterium der Prototypizität und der Stereotypizität geordnet werden: Welche Antworten geben Hinweise auf das prototypische zeitgenössische Bild vom *Schweigen*? Welche Antworten spiegeln eher stereotypische Ansichten und Meinungen darüber, was *Schweigen* sei?

Historische Wörterbücher geben erste Hinweise auf das Denken, Fühlen, Wollen und Wissen in Bezug auf das *Schweigen*: „Schweigen und denken kan niemand kränken" heißt es z.B. in Kaspar Stielers Wörterbuch „Der Teutschen Sprache Stammbaum und Fortwachs" aus dem Jahr 1691 (Bd. 2, Sp. 1965), ferner „Mit Stillschweigen verrät man sich nicht" (ebd., Sp. 1966), was ebenfalls auf eine positive Bewertung des Schweigens im Sinne der Redensart *Reden ist Silber, Schweigen ist Gold* hindeutet. Doch Stieler vermerkt auch „Verstockt/betrübt Stillschweigen" (ebd.) und das Wort „Schweiger" wird u.a. mit *occultator* (‚Verberger') und *simulator, dissimulator* (‚Heuchler, Verstellungskünstler') paraphrasiert, was ein ganz anderes Licht auf das *Schweigen* wirft.

Julius Bernhard v. Rohr gibt 1728 in seiner „Einleitung zur Ceremoniel-Wissenschafft" im Kapitel „Von der Conversation" u.a. folgende Hinweise auf (adelige) Dispositionen zum *Schweigen* (281f.):

§.5. Einige junge Leute, von männlichem und weiblichem Geschlecht, sind in ihren Reden allzu frey, sie plaudern stets, sie mögen sich in einer Gesellschafft befinden, in welcher sie wollen, und es mag klingen wie es will; Andere aber bilden sich ein, sie würden vor andern das Lob davon tragen, daß sie recht erbar wären, wenn sie gar nichts redeten, sie dencken, der unumgängliche Wohlstand erfordere dergleichen Stillschweigen. Will man bey ihnen, wenn man sie gantz und gar nicht kennet, in Erfahrung kommen, ob sie nicht etwan von Natur gantz und gar stumm sind / so muß man sie etwan mit Gewalt zu einem Ja oder Nein, oder sonst zu ein paar Wörterchen zwingen, die sie aussprechen müssen, und damit ist der Discours hernach geendiget.

§.6. Ein Vernünfftiger bemühet sich in seinen Reden das rechte Maaß und das rechte Tempo zu treffen, er erweiset, daß er zu reden, aber auch zu schweigen wisse, weil beydes seine Zeit hat; er trägt von denen, die das Reden vertragen können, das Lob der Wohlredenheit davon, wird aber deswegen nicht vor einen Schwätzer angesehen. Kennet er die Gemüths-Beschaffenheit derjenigen, mit denen und bey denen er redet, so richtet er sich darnach, und bey der Ungewißheit spricht er lieber zu wenig, als zu viel; er beurtheilet, ob er geschickt genug sey, andere mit Discoursen zu unterhalten, und ob dieses von ihm gefordert werde, oder ob andere vorhanden, denen dieses anständiger. Einige Höhere, auch wohl von denen Standes=Personen, können es gar wohl leiden, wenn mancher, der bey ihnen ist, viel spricht, dafern er nur vernünfftig zu reden weiß. Bißweilen achten sie es gar vor eine Schuldigkeit, daß man sie mit Discoursen unterhält; andere hingegen können es nicht wohl leiden, und sehen es lieber, wenn man stille schweigt.

Das „Handwörterbuch des deutschen Aberglaubens" bietet wiederum eher volkstümliche Stereotype zum *Schweigen*: „der Nothaken muß schweigend geschmiedet werden", beim „Besprechen" von Warzen u.a. muss (außer vom Besprechenden) geschwiegen werden, beim „Zwiebelstecken muß man schweigen" usw. (vgl. HWbdA, Bd. 7, 1936, 1460ff.). In Redensarten, um diese Quellengattung noch zu nennen, werden ebenfalls lexikalisch geronnene Vor-Urteile zum dialogischen *Schweigen* tradiert, vgl. „Wer schweigt, stimmt zu.", „Davon schweigt des Sängers Höflichkeit." u.a.

5.4.4. Sprachspiel und Diskurs

Gleichsam eine Verknüpfung der voranstehend beschriebenen Rahmen wird in neueren linguistischen Arbeiten unter dem Dach des „Diskurs"-Begriffes versucht. Damit wird eine Ebene oberhalb des Dialogs (und der Dialogsorte, des Dialogtyps, des Dialogbereichs) erreicht insofern, als ein „Diskurs" alle Sprachhandlungen umgreift, die im Zuge der gesellschaftlichen Er- und Bearbeitung eines Themas zum Einsatz kommen bzw. – im Sinne der funktionalen Pragmatik – alle Sprachhandlungsmuster, die im Rahmen einer gesellschaftlichen Institution (z.B. Gericht, Parlament, Schule) miteinander vernetzt sind und die institutionelle kommunikative Arbeit gewährleisten. Der historischen Dialogforschung eröffnen sich auf diese Weise Möglichkeiten, das Funktionieren und die Entwicklung von Dialogsorten im kommunikativen Zusammenspiel mit anderen Sprachhandlungsmustern der jeweiligen Sprechergruppe und Sprachzeit zu rekonstruieren. Dass das dafür notwendige Quellenkorpus enorm anwächst, liegt allerdings auf der Hand.

Am Beispiel: Um zusätzlich zu den Dispositionen der Sprechergruppe zur *interfraktionellen Besprechung* auch die Genese und Entwicklung dieser Dialogsorte zu rekonstruieren, ist es ergiebig, eine aus den voranstehenden Rahmungskriterien kombinierte Rahmung vorzunehmen. Diese Rahmung könnte folgendes Aussehen erhalten: **Sprechergruppe:**

Parlamentarier + **Thema**: (z.B.) *Grundrechte* + **kommunikativen Handlungs- und Verhaltensformen**. Legt man diese Rahmung nun auf unterschiedliche Sprachzeiten, in denen die Kriterieninhalte gefunden werden, in denen es also Parlamentarier gab, die sich mit dem Thema Grundrechte befassten, so stößt man in der deutschen Geschichte rasch auf die verfassunggebenden Versammlungen von 1848, 1919 und 1948/49. Der „Diskurs"-Begriff sorgt nun gleichsam als historisch-synchronische sprachpragmatische Klammer dafür, dass alle institutionellen Sprachhandlungsmuster, die die jeweiligen Sprechergruppen in den Parlamenten von 1848, 1919 und 1948/49 genutzt haben, um das Thema Grundrechte parlamentarisch zu er- und zu bearbeiten, als Teile eines diskursiven Verfahrens erfasst und beschrieben werden können. Im vorliegenden Fall sind dies z.B. alle Sprachhandlungsmuster, die in den einzelnen verfassunggebenden Versammlungen von der institutionellen Diskurseröffnung im Wege eines *Antrags* bis zum Diskursabschluss in Form des verabschiedeten *Gesetzestextes* eine sprachpragmatische Rolle im Diskurs gespielt haben. Das Ergebnis ist in allen drei synchronischen Querschnitten (1848, 1919 und 1948/49) eine überschaubare Anzahl parlamentarischer Text- und Dialogsorten, die in den drei Zentralparlamenten die abstrakte Verfahrensstruktur INITIATOR (z.B. *Antrag, Entwurf, Petition*) – DIALOG (*Debatte, Diskussion, Beratung, Aussprache* und *Interfraktionelle Besprechung*) – ABSCHLUSS (z.B. Abstimmung über den Initiator, Verweisung an ein anderes Gremium) widerspiegeln (vgl. Kilian 1997a, 140ff.). Auf der Grundlage von detaillierteren Untersuchungen zum Teil DIALOG sind sodann die Funktionen der *interfraktionellen Besprechung* im kontrastiven Vergleich mit den Funktionen der anderen Dialogsorten jeweils in synchronischen Querschnitten zu beschreiben und zu interpretieren. Im diachronischen Längsschnitt können auf dieser Grundlage die Entwicklungen, die die *interfraktionelle Besprechung* innerhalb der diskursiven Rahmen erfahren hat, festgestellt werden – u.a. mit dem Ergebnis, dass die Effizienz und die Wertschätzung der nicht-öffentlichen *interfraktionellen Besprechung* mit nur wenigen Teilnehmern stieg, je häufiger die öffentliche *Debatte* im Plenum, aber auch die öffentliche *Diskussion* in einem Ausschuss, ohne Ergebnis blieb (vgl. Kilian 1997a, 203ff.).

Der hier vorgelegte „Diskurs"-Begriff versteht sich als historisch-synchronischer Zugriff auf eine komplexe kommunikative Handlungskonstellation. Ein Diskurs ist demnach abgrenzbar durch die historische Zeit, durch die Bindung an ein Thema sowie durch eine abgrenzbare Sprechergruppe als Gruppe der Handlungsbeteiligten. Der Grundrechte-Diskurs 1948/49 ist somit, auch wenn er in vielerlei traditionellen Bindung mit dem von 1848 verknüpft ist, ein neuer Diskurs.

Andere in der Sprachgeschichtsforschung verwendete „Diskurs"-Begriffe sind demgegenüber oft als historisch-diachronische Zugriffe angelegt. Der „Diskurs" wird dann zumeist definiert als thematischer Rahmen, der durch die Zeit verfolgt werden kann (vgl. Busse 1987; Busse/Teubert 1994). Für die historische Dialogforschung bietet sich dieser vornehmlich in der historischen Semantik entwickelte historisch-diachronische „Diskurs"-Begriff jedoch nicht an, da er die dialoglinguistischen Kategorien, wie z.B. Dialogsorte, Dialogtyp u.a., allein aus lexikalisch-semantischer Perspektive, nämlich als „Themen" im Spiegel ihrer Sprachhandlungsbenennungen in den Blick bekäme. Denn nur Dialogsorten und Dialogtypen als virtuelle Muster sind – zumal über ihre Benennung – auch historisch-diachronisch greifbar; das Dialogexemplar hingegen kennt ausschließlich historisch-syn-chronische Existenzweisen.

Literaturhinweise: Strosetzki 1978; Schlieben-Lange 1983a; Schmölders 1986; Busse 1987; Göttert 1988; Beetz 1990, Fauser 1991; Göttert 1991; Busse/Teubert 1994; Linke 1996; Hess-Lüttich 1996; Ehler 1996; Kilian 1997a; Göttert 1998.

Aufgaben

13. Erläutern Sie die dialogpragmatische Rolle von *Schweigen* im Rahmen von
    a) Basisregeln,
    b) Konversationsmaximen,
    c) Konventionen in der deutschen Gegenwartssprache.

14. Tragen Sie nun, ausgehend von der kleinen Sammlung unter 5.4.3., weitere Daten für eine Kultur- und Sozial-, Ideen- und Mentalitätsgeschichte des *Schweigens* in der deutschen Sprachgesellschaft zusammen. Was blieb im Lauf der Sprachzeiten gleich, was änderte sich? Bearbeitungshinweis: Ziehen Sie Anstandsbücher (z.B. Knigge), Tisch-zuchten u.a. heran, sprachthematisierende literarische Quellen (z.B. mit Hilfe digitalisierter Textsammlungen) sowie wiederum Wörterbücher (besonders für die Ermittlung von Redensarten, Sprichwörtern u.a.).

6.   Sprachgeschichte des Dialogs: Geschichte und Entwicklung von
     Dialogsorten und -typen

In den vorangegangenen Kapiteln wurde beschrieben, auf welchen Wegen die historische
Dialogforschung sich den drei Dimensionen, die vom Eigenschaftsprädikat „dialogisch"
ihren Ausgang nehmen, nähert, und es sind Ansätze der sprachstrukturellen, der sprachpragmatischen und der sprachsoziologischen Rekonstruktion des Dialogs vorgestellt worden. Das Eigenschaftsprädikat „historisch" führt demgegenüber, wie in Kapitel 1.2. ausgeführt, in die Sprachgeschichte und stellt sich gleichsam auf einer Metaebene quer zu den
drei „dialogischen" Dimensionen. Das Adjektiv „historisch" ist dabei aus der Perspektive
der Sprachgeschichtsschreibung doppeldeutig insofern, als es sich einmal auf einen Zeitpunkt bzw. eine sehr kurze Zeitspanne beziehen kann (z.B. der „Reformationsdialog" von
1521–1525; vgl. Kampe 1997) und ein andermal auf eine sich mehr oder weniger weit
erstreckende zeitliche Distanz (z.B. Untersuchungen zur *interfraktionellen Besprechung*
zwischen 1848/49 und 1948/49; vgl. Kilian 1997a, 203ff.). Zur Unterscheidung dieser beiden methodologischen Perspektiven auf Sprache und Sprachgeschichte – und entsprechend
Dialog und Dialoggeschichte – wird im Anschluss an Ferdinand de Saussure von historisch-synchronischer und historisch-diachronischer Perspektive gesprochen: „Synchronisch", heißt es bei Saussure (dt.: Grundfragen der allgemeinen Sprachwissenschaft, ²1967,
96), „ist alles, was sich auf die statische Seite unserer Wissenschaft bezieht; diachronisch
alles, was mit den Entwicklungsvorgängen zusammenhängt. Ebenso sollen S y n c h r o n i e
und D i a c h r o n i e einen Sprachzustand bzw. eine Entwicklungsphase bezeichnen." Saussure hebt ausdrücklich hervor, dass Synchronie und Diachronie unterschiedliche Perspektiven sind, die man wissenschaftlich auf Sprache werfen kann, nicht aber Eigenschaften der
Sprache selbst. Es gibt dementsprechend keinen synchronischen bzw. diachronischen Dialog, sondern nur eine synchronisch oder diachronisch ansetzende historische Dialogforschung.

Im ersten Kapitel ist in diesem Zusammenhang bereits auf die ebenfalls von Saussure
herrührende Unterscheidung zwischen „Parole"- und „Langue"-Existenzweisen von Sprache hingewiesen und festgestellt worden, dass der einzelne „Parole"-Dialog, das Dialogexemplar, grundsätzlich nur aus historisch-synchronischer Perspektive untersucht werden
kann. Das Dialogexemplar erfährt, da es ein singuläres Sprachereignis ist, keine historisch-
diachronische Entwicklungsgeschichte. Dialogsorten hingegen sind „Langue"-Muster, die
historisch-synchronisch zwar relativ stabil, historisch-diachronisch allerdings veränderbar
und wandlungsfähig sind, um der Bewältigung neuer kommunikativer Aufgaben und der
Lösung neuer kommunikativer Probleme dienen zu können. Da es sich bei ihnen aus
sprachwissenschaftlicher Sicht um rekonstruierte virtuelle Muster handelt, kann ihre Geschichte und Entwicklung über größere Zeiträume hinweg aus aszendenter Richtung, also
von der Genese bis zur Gegenwart (bzw. bis zur Aufgabe der Dialogsorte), historisch-diachronisch untersucht werden.

Das Erkenntnisinteresse der Sprachgeschichtsschreibung richtet sich aus diesem Grund
grundsätzlich nicht auf einzelne Dialogexemplare als Erscheinungsformen des Sprachgebrauchs und ihre mögliche Wirkungsgeschichte, sondern auf Dialogsorten als Elementen

des Sprachsystems (bzw. der Varietäten einer Sprache) und ihre Genese und Entwicklungsgeschichte. Die Forschung steht hier allerdings erst am Anfang; bislang liegen nur wenige historisch-diachronisch entwicklungsgeschichtliche Untersuchungen der historischen Dialogforschung vor. Ein Grund dafür ist, dass die Genese einer Dialogsorte nur in seltenen Fällen zu rekonstruieren ist (vgl. den Ansatz zur Konjekturalgeschichte der *interfraktionellen Besprechung* in 5.). Dialogsorten, so kann man vereinfachend formulieren, entstehen, wenn sich bestimmte Konfigurationen sprachstruktureller, sprachpragmatischer und sprachsoziologischer Merkmale bei der dialogischen Bewältigung gesellschaftlicher Aufgaben bzw. bei der dialogischen Lösung gesellschaftlicher Probleme bewährt haben. Diese Konfigurationen werden gebrauchs- und idealnormativ zu konventionell gültigen Mustern verdichtet, um als virtuelles Sprachhandlungswissen gesellschaftlich verfügbar und tradierbar zu sein. Dialogsorten gehören aus kognitionslinguistischer Sicht zum sprachlichen Wissen der Mitglieder einer Sprechergruppe und sind aus systemlinguistischer Sicht Elemente des Sprachsystems dieser Sprechergruppe; in jedem Fall sind sie virtuell und nur über ihre realisierten Dialogexemplare beschreibbar, rekonstruierbar – und veränderbar.

6.1. Sprachwandel des Dialogs als Normenwandel im Dialog

Wie bei jedem anderen Element des Sprachsystems auch, liegt in jeder Verfügung, das heißt: in jeder Realisierung einer Dialogsorte, und in jeder Tradierung, das heißt: in jeder Weitergabe dieses Musters an die nachwachsende Generation im Rahmen des Spracherwerbs, eine Veränderung der Normen und ein Wandel des Musters begründet. Anders formuliert: Der Dialog wandelt sich – wie alles andere Sprachliche auch – im Dialog, nämlich indem der Eine dem Anderen etwas sagt oder schreibt und dabei ganz unabsichtlich von der Norm abweicht (zum Dialog als Ursache, Mittel und Ort des Sprachwandels vgl. Kilian 2002a, 54ff.). Während es für derlei Abweichungen im Bereich der Phonologie und Morphologie, Lexikologie und Syntax bereits eine ganze Reihe an Beschreibungs- und Erklärungsmodellen gibt, hat die historische Sprachpragmatik bislang noch kein geschlossenes Beschreibungs- und Erklärungsmodell für die Geschichte und Entwicklung, die Kontinuität und den Wandel von Sprechakttypen, Text- und Dialogsorten vorgelegt. Begreift man jedoch diese verschiedenen Arten virtueller Sprachhandlungsmuster jeweils als gebrauchs- und idealnormativ gefasste Konfigurationen sprachstruktureller, sprachpragmatischer und sprachsoziologischer Merkmale, dann erweist sich die Ebene der Normen als Spielfeld der pragmatischen Sprachgeschichte und des Sprachwandels. Der Sprachwandel nimmt seinen Ausgang im Sprechen und Schreiben, indem der Sprecher/Schreiber zwar den eingespielten normativ gefassten Konventionen folgt, aber doch immer ein wenig davon abweicht. Er spricht/schreibt zwar durchaus noch konventionell, fordert aber die zugrunde liegenden Normen jedes Mal erneut durch leichteste Abweichungen heraus. Die Abweichungen von den Normen können sich dabei auf die sprachstrukturellen, die sprachpragmatischen oder/und die sprachsoziologischen Merkmale der Dialogsorte richten (vgl. Fritz 1994, 448ff.). Sie können in einer Hinzufügung oder Tilgung, Verschiebung, Umstrukturierung oder Veränderung eines Merkmals bestehen und sich zunächst nur auf dieses eine Merkmal beziehen, ohne gleich die ganze Dialogsorte zu verändern. Sie können aber auch über die Veränderung eines Merkmals langfristig einen Wandel der Dialogsorte evozieren und tiefer in den dialogischen Haushalt einer Sprechergruppe eingreifen. Stefan Sonderegger (1979, 35) veranschaulicht dieses universale „System der Sprachveränderung" im Wege der „Abweichungen" wie folgt:

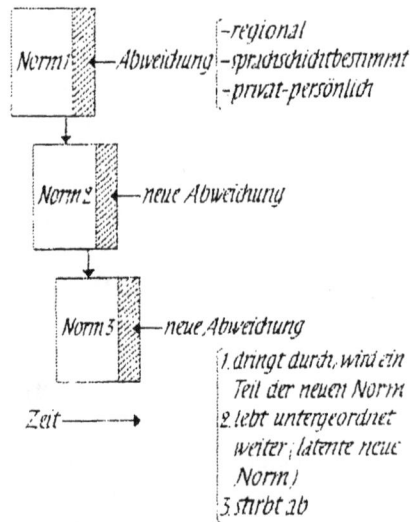

Abb. 11: „System der Sprachveränderung"

Dieses Modell kann im Sinne der Sprachwandeltheorie Hermann Pauls erläutert werden. Bei Paul heißt es:

> Die eigentliche Ursache für die Veränderung des Usus [im Modell: der Norm, J.K.] ist nichts anderes als die gewöhnliche Sprechtätigkeit. [...] Im übrigen spielt der Zweck bei der Entwickelung des Sprachusus keine andere Rolle als diejenige [...]: die grössere oder geringere Zweckmäßigkeit der entstandenen Gebilde ist bestimmend für Erhaltung oder Untergang derselben. (1920a, 32; im Original z.T. gesperrt).

Anders formuliert: Wann immer ein Sprecher in dialogischen Bezügen spricht, wann immer ein Schreiber in dialogischen Bezügen schreibt, verfolgt er bestimmte Ziele und weicht dabei geringfügig von der Norm ab. Aber selbst wenn er, z.B. bei vervielfältigten Sprachprodukten wie (Hör)büchern, immer dasselbe sagt oder schreibt, ist es doch grundsätzlich immer ein anderer Hörer oder Leser, der das Gesagte bzw. Geschriebene stets anders, mit leichten Abweichungen, hört oder liest. Erweisen sich diese Abweichungen als zweckhaft,

werden sie zum neuen Usus (zur neuen Norm); wenn nicht, dann nicht. An anderer Stelle
heißt es bei Paul:

> Aber auch, was der Einzelne für sich oder innerhalb kleinerer Gruppen tut oder leidet, vergeht
> nicht spurlos, so wenig es zunächst beachtet zu werden pflegt. Aus einer Summe von anscheinend
> unbedeutenden Vorgängen entwickeln sich bedeutsame Gesamtwirkungen. [...] Geräuschlos voll-
> zieht sich eine Ueberlieferung von Geschlecht zu Geschlecht, wobei durch eine Häufung minima-
> ler Abweichungen allmählich in die Augen fallende Umgestaltungen hervorgebracht werden kön-
> nen. (Paul 1920b, 34; Ndr. 1998, 227)

Jeder Sprachgebrauch weicht also in irgend einer noch so geringen Hinsicht vom Usus, von
der Norm, ab, und jede Abweichung ist der erste Schritt zum Sprachwandel. Wird eine
Abweichung von vielen Sprechern aufgenommen, kommt sie also in den Sprachverkehr
und erweist sich dort als zweckmäßig, so wird sie nach Pauls Ansicht spätestens beim
Übergang zur nächsten Generation auch in den Usus gelangen, also zu einer neuen Norm,
und der Sprachwandel ist vollzogen. Gerd Schank hat die verschiedenen Arten der Veränderung in Bezug auf Textsorten wie folgt zusammengefasst:

> Als Mikrowandel sollen jene Sprachwandelprozesse gelten, durch die sich Textsorten nur in ein-
> zelnen sprachlichen Elementen auf der Ausdrucksseite ändern. Von Textsortenwandel ist zu spre-
> chen, wenn das kommunikative Handlungsmuster von Textsorten sich ändert. Hand in Hand da-
> mit kann natürlich auch Mikrowandel auftreten. Mit dem Terminus Makrowandel ist Stadien-
> wechsel gemeint, also kumulativer Wandel in den Bereichen Mikrowandel sowie Textsorten-
> wandel. (Schank 1984, 764; vgl. Fritz 1994, 547f.).

„Mikrowandel", „Textsortenwandel" (bzw. Dialogsortenwandel) und „Makrowandel" korrespondieren also mittelbar den drei Dimensionen (und entsprechenden Merkmalfeldern)
der dialoghistorischen Rekonstruktion: der sprachstrukturellen (Mikrowandel), der sprachpragmatischen (Dialogsortenwandel) und der sprachsoziologischen Dimension (Makrowandel).

6.1.1. Sprachstrukturelle Abweichungen und Mikrowandel

Am Beispiel der dialoggeschichtlich noch jungen medialen Anverwandlung von Dia-
logsorten im Zuge der Entwicklung neuer Kommunikationstechnologien lässt sich dieser
Weg des Dialogsortenwandels veranschaulichen. Dabei kann die von Gerd Fritz dargelegte
„Problemlöseauffassung der Genese, Veränderung und Kontinuität von Dialogformen" die
Beschreibung leiten (Fritz 1994, 548; vgl. auch Presch 1991, 88f.).
  Mit der technischen Ermöglichung nahezu synchroner dialogischer Kommunikation mit
Hilfe des Computers stellte sich in den achtziger Jahren des 20. Jahrhunderts denjenigen,
die diese neue Kommunikationstechnologie des *Chats* nutzen wollten, das Problem, wie
diese Nutzung in sprachlicher Hinsicht zu gestalten sei. Für die private Nutzung der computervermittelten synchronen dialogischen Kommunikation wurde dieses Problem relativ
rasch gelöst insofern, als die bestehenden Normen vieler Dialogsorten der privaten Face-to-
face-Kommunikation junger, zumeist akademisch sozialisierter Sprecher, in einem ersten
Schritt lediglich der neuen Kommunikationstechnologie angepasst wurden. Die bestehen-

den Normen erfuhren sprechergruppenspezifische „Abweichungen": Das bislang ausschließlich für die synchrone dialogische Kommunikation gültige Merkmal »mediale Mündlichkeit« etwa wurde ersetzt durch das Merkmal »mediale Schriftlichkeit«; und das ebenfalls für die synchrone Face-to-face-Kommunikation gültige Merkmal »räumlich nah« wurde ersetzt durch das für Telefongespräche schon seit langem gültige Merkmal »räumlich fern«. Das sprachpragmatische Normengefüge (z.B. in Bezug auf redekonstellativ begründete Sprachhandlungsrechte) und das sprachsoziologische Normengefüge (z.B. in Bezug auf Kommunikationsbedingungen besonderer Sprechergruppen) vieler privater Dialogsorten des arbeitsentlasteten Alltags, wie z.B. der kurze *Schwatz* über den Gartenzaun, der *Klatsch* und *Tratsch*, die *Plauderei*, der *Small Talk*, die *Unterhaltung*, blieb für diejenigen, die die neue Kommunikationstechnologie nutzten, gleichwohl bewahrt, wurde allerdings um mediale Varianten im Rahmen der Kommunikationstechnologie *Chat* erweitert. So steht am Anfang der Entwicklungsgeschichte des privaten, arbeitsentlasteten *Chats* ebenso wie am Anfang fast aller individuellen Erstbegegnungen mit dieser Kommunikationstechnologie die Maxime: „Schreib, wie du [in vergleichbaren Face-to-face-Gesprächen] sprichst." Ein Beispiel (zit. nach Kilian 2001a, 67f.):

[Marion Peters]: KM: Dein Sohn ist manchmal eine echte cat-as-trophy ---
[Marion Peters]: und d**m ist aetzend!!!!!!!!!!!!!!!!!!!!!!!!!! nur
[Marion Peters]: knallbumm und blutspritz->megaaetzend !del d**m!
[Dieter Meyer]: JS: Ich glaube die doom-files gibts nur bei
[Dieter Meyer]: Registreirung vonwegen Altersbeschränkung und so.
[Ralf Koenig]: MP: catastrophy ... hihi klasse, (KM: sorry :-)))
[Katharina Massm]: MP: Quatsch, mein Sohn ist das liebste Kind von der
[Katharina Massm]: Welt.................. manchmal ;-)
[Juergen Meyer]: Und wie bekomme ich die Registrierung?
[Marion Peters]: KM: is wohl eher selten, nichwa? mußt ihn halt weiter
[Marion Peters]: wech anbinden oder so
[Dieter Meyer]: Juergen: Du mußt mal sagen, mit wem Du sprichst ...
[Ralf Koenig]: MP KM: anbinden? nen tischgehaeuse taets auch schon
[Dieter Meyer]: RK: OPtimist oder was?
[Katharina Massm]: ALL: Tschuess allerseits! Ich muß noch ein bischen was
[Katharina Massm]: tun heute.
[Ralf Koenig]: KM: schade!!! muß das nu schon sein? Kommste morgn?
[Dieter Meyer]: KM: CU!!! ("stay for while - stay for ever ...")
[Marion Peters]: KM: bis demnäx!
Katharina Massmann Verläßt den CHAT
[Ralf Koenig]: ALL: ich mach mich denn auch ma auffe socken, war ja
[Ralf Koenig]: mal wieda ein echt kewler chat heute
[Ralf Koenig]: „Ich komme wieder, keine Frage" -- tschuessi ihrs!
[Marion Peters]: Rk: HAAAAAALT! laß mich nich allein unter den wilden!

Wie an diesem Beispiel zu beobachten ist, werden sprachstrukturelle Merkmale der gesprochenen Sprache in der computervermittelten Variante des Alltagsgesprächs verschriftet (z.B. Endungsausfall und Kontraktion: „muß das *nu* schon sein? *Kommste morgn?*" oder Gesprächswörter: *„nichwa"*, *„oder was?"*). Die grammatikalisch und orthographisch verhältnismäßig konsequent normierte Schriftsprache ist nämlich eine „Sprache der Distanz" (vgl. Koch/Oesterreicher 1985) und gestattet eigentlich keine „nähesprachliche Konzeption" des dialogischen Handelns. Um auch medial schriftsprachlich konzeptionelle Mündlichkeit herstellen zu können, wird eben geschrieben, wie man spricht – soweit dies möglich ist; orthographische Korrektheit ist überdies in *Chats* dieser Dialogsorten nicht gefragt. Zur Verschriftung der nähesprachlichen Mündlichkeit wird in *Chats* neben der bereits erwähnten schriftlichen Wiedergabe systematischer Strukturen der gesprochenen Sprache auch kreativ mit Sprache und Schrift gearbeitet. So werden u.a. aus den Sprechblasen der Comics Inflektivformen übernommen, wie z.B. *kreisch, würg, kicher* oder, im voranstehenden *Chat*-Ausschnitt *blutspritz*; es werden gestische und mimische Zeichen durch Sonderzeichen, die so genannten Emoticons, ersetzt, wie der „Smiley" :-), oder es werden Versalien zur Lautstärkemarkierung genutzt („HAAAAAALT!").

Viele dieser schriftmedialen Varianten haben sich mittlerweile von den mündlichen Geschwistern des privaten Alltagsgesprächs weiter entfernt und gehen auch in sprachpragmatischer und sprachsoziologischer Hinsicht eigene Wege. So sind beispielsweise für den *Chat* im engeren Sinne (das heißt: der computervermittelte *Schwatz* zumeist jüngerer Sprecher) besondere Konventionen idealnormativ statuiert worden (die sogenannte „Chatiquette" oder „Netiquette"), die oft allein darin ihre Begründung finden, dass die an einem *Schwatz* über den virtuellen Gartenzaun Beteiligten grundsätzlich anonym bleiben können, was beim *Schwatz* über den realen Gartenzaun nicht möglich ist: „Sage [!] niemandem, ob du m[ännlich] oder w[eiblich] bist", heißt etwa eine solche Idealnorm, und eine sprachpragmatische Idealnorm lautet „Wenn du jemandem antwortest, tue dies höflich – es sei denn, du hast einen guten Grund es nicht zu tun.".

Im Lauf der Zeit haben auch andere, der geschriebenen Standardsprache sprachstrukturell, sprachpragmatisch und sprachsoziologisch nähere Dialogsorten die Kommunikationstechnologie *Chat* erreicht; zu erwähnen sind etwa *Chats* mit Politikern, die mitunter einer *Bürgerfragestunde* im Wahlkreis nahe kommen, oder *Beratungsgespräche* zwischen Experten und (anonymen) Laien (vgl. die Beiträge in Beißwenger 2001). Eine historisch vertiefende Untersuchung all dieser (Anver)wandlungsprozesse steht noch aus. Abzusehen ist allerdings, dass die Dialogsorten der Kommunikationstechnologie *Chat* aufgrund ihrer medialen Schriftlichkeit sich noch weiter von ihren mündlichen Varianten entfernen werden. Während also für den Anfang des *Chat* von mikrostrukturellen Abweichungen mit dem Ergebnis der Variantenbildung zu sprechen ist, werden sich diese medialen Varianten zunehmend zu eigenständigen Dialogsorten entwickeln. Zu klären ist des Weiteren die Frage, ob und inwiefern die mikrostrukturellen Abweichungen der medialen Varianten wiederum Veränderungen im Normengefüge ihrer natürlichen Verwandten hervorrufen (werden). Beobachtet man beispielsweise, dass die erwähnten Inflektivformen auch in der SMS-*Plauderei* und auch in natürlichen Face-to-face-Gesprächen Jugendlicher zunehmend Verwendung finden, dürfen neuerliche Abweichungen von den Normen der entsprechenden Dialogsorten angenommen werden.

6.1.2. Sprachpragmatische Abweichungen und Dialogsortenwandel

Während man beim *Chat* im Sinne des computervermittelten arbeitsentlasteten privaten Gesprächs in erster Linie eine mediale Variante des gesprochenen arbeitsentlasteten privaten *Plauderns* entdecken kann, stehen E-Mail und SMS in der Tradition der schriftlichen Korrespondenz mit Hilfe des *Briefes*. Auch hier ist zunächst medial bedingter Mikrowandel und eine Variantenbildung vorhandener Dialogsorten (Korrespondenzsorten) festzustellen, sodann aber auch schon deutlicher Dialogsortenwandel.

Ein *Brief*, so verrät das „Deutsche Wörterbuch" von Hermann Paul, ist, insofern das Wort von *brevus* (*libellus*) herrührt, ein ‚kurzes Schreiben‘, ursprünglich sehr offizieller Art, gleichsam eine Urkunde (vgl. *Brief und Siegel*), wie man auch noch in den Komposita *Adelsbrief, Meisterbrief, Steckbrief* usw. erkennen kann (Paul 2002, 189). In Abgrenzung dazu wurde das Schreiben eines Einzelnen an einen Einzelnen lange Zeit als *Sendbrief* bezeichnet. Ein *Brief* in diesem Sinne ist also ein ‚kurzes Schreiben, das im Rahmen der geschriebenen dialogischen Kommunikation die Position eines Korrespondenzschritts einnimmt‘ (in Analogie zu Gesprächsschritt, „Turn"). Im Unterschied zum Gespräch stellt sich die typische Korrespondenz als „zerdehnte Kommunikation" (Heinemann/Viehweger 1991, 210, im Anschluss an Konrad Ehlich) dar. Die „Turns" liegen schon zeitlich bisweilen sehr weit auseinander, und weil auch die ko- und kontextuelle Situierung von *Brief*-Produktion einerseits und *Brief*-Rezeption andererseits verschieden sind, müssen *Briefe* nicht selten gerade auf konkrete dialogstrukturelle und dialogpragmatische Charakteristika verzichten, um auch unabhängig von Ort und Zeit des Verfassers für den Rezipienten verständlich zu sein. Die historische Korrespondenzforschung muss daher zunächst die formal monologischen *Briefe* als Korrespondenzschritte interpretieren und so den Dialog rekonstruieren.

Ein *Brief* dient, ganz allgemein im Anschluss an Bühler gefasst, dazu, dass der Eine dem Anderen etwas über die Dinge mitteilen kann. Prototypischerweise wird ein Brief auf einem Blatt Papier verfasst, das in einem Umschlag mit fremder Hilfe vom Schreiber an den Adressaten befördert wird. Dabei ist der *Brief* an sich zunächst ein formal monologischer Text, also im Rahmen der Korrespondenz nur die Hälfte des Dialogs, mit etwa dem folgenden prototypischen Textaufbau (nach Heinemann/Viehweger 1991, 218, 223 und 229):

Anschrift	
	Briefkopf, Initialteil
Ort und Datum	
[Bezug]	
Anrede	
	Briefkern
Text: Einleitung Anliegen	
Grußformel	
	Briefschluss, Terminalteil
Unterschrift	

Auf weitere textlinguistische Aspekte des *Briefes* kann im Folgenden verzichtet werden, da der *Brief* hier nicht als formal monologischer Texttyp, sondern als „Turn" im Rahmen einer dialogischen Korrespondenz von Interesse ist. Vorausgesetzt sei, dass die angedeutete Funktion des *Briefes* sowie der skizzierte Textaufbau universal und panchronisch sind und erst im Rahmen der einzelnen Korrespondenzsorten historisch und kulturell differieren.

Dialogsortenwandel ist nun dadurch gekennzeichnet, dass das als Dialogsorte gespeicherte virtuelle Handlungsmuster in sprachstruktureller, sprachpragmatischer und/oder sprachsoziologischer Hinsicht nicht nur eine Variante herausbildet, sondern im engeren Sinne einen Normenwandel erfährt, die ganze Sorte dementsprechend verändert wird. Zumeist sind in diesem Prozess sprachstrukturelle und sprachsoziologische Veränderungen Indikatoren für sprachpragmatische Abweichungen von der Norm. Ein Beispiel für solche sprach- bzw. dialogpragmatischen Abweichungen und Veränderungen im Rahmen der Korrespondenz bieten etwa Schreiben mit direktiver Funktion an eine institutionalisierte politische bzw. soziale Obrigkeit, Schreiben also, in denen der Schreiber die Erwartung einer zukünftigen Handlung des Adressaten zum Ausdruck bringt. Aufgrund der redekonstellativen Merkmale vor dem Hintergrund feudaler oder absolutistischer Herrschaftsstrukturen handelt es sich dabei in der frühen Neuzeit grundsätzlich um *Petitions-Briefe* mit nicht-bindender direktiver Funktion, das heißt, der Adressat ist frei in seiner Entscheidung. Textillokutionär sind diese Petitionen deshalb in erster Linie als Handlungen des asymmetrischen BITTENs, ERSUCHENs, NACHSUCHENs u.a. zu interpretieren. Ein Auszug aus dem Schreiben des alemannischen Mundartdichters und Gymnasiallehrers Johann Peter Hebel an den badischen Markgrafen Karl Friedrich aus dem Jahr 1792 mag das veranschaulichen (aus: Ludwig Fertig [Hrsg.]: Bildungsgang und Lebensplan. Briefe über Erziehung 1750 bis 1900, Darmstadt 1991, 57f.):

Durchlauchtigster Markgraf, Gnädigster Fürst und Herr!
Da dem Vernehmen nach der zukünftige Regimentsprediger Schmidt zugleich als Hof und Stadtdiakonus soll angestellt werden, so erkühne ich mich, Euer Hochfürstlichen Durchlaucht in Unterthänigkeit die Besorgnis vorzutragen, daß mir, der ich mit der hiesigen Geistlichkeit als Subdiakonus schon in Verbindung stehe, der ich dem Hofdiakonus Schmidt um mehrere Jahre in der Ordnung vorgehe, und wenigstens den guten Willen und Eifer nie verlohr, meine iedesmaligen Amtspflichten recht zu erfüllen, – daß mir die Verhältnisse, in welche ich mit dem später angestellten und jüngern Diakonus Schmidt, als Subdiakonus komen würde, an meiner Ancieñeitaet, in meiner Amts und persönlichen Ehre nachtheilig werden könten; trage demnach Höchstdenselben in aller Unterthänigkeit die Bitte vor, diese Verhältnisse nach gnädigstem Gutbefinden, so daß dadurch kein Nachtheil für mich entstehe, zu bestiñen, und mich darüber durch eine Signatur beruhigen zu lassen, der ich in tiefster Unterwerfung verharre

    Carlsruhe d. 19ten Jun. 1792

                          Euer Hochfürstlicher Durchlaucht
                          unterthänigster Diener J. P. Hebel

Im Zuge der soziopolitischen Veränderungen hin zur demokratisierten Gegenwart haben die redekonstellativen Merkmale der Rollen von bedienstetem Absender und dienststellendem Adressaten Veränderungen erfahren. Infolgedessen haben derlei Schreiben mit direktiver bzw. „petitiver" Funktion an eine institutionalisierte politische bzw. soziale Obrigkeit ein abweichendes und schließlich gewandeltes sprachpragmatisches

Gesicht erhalten: Textillokutionär sind diese Schreiben heute eher im Sinne von BEANTRAGEN, symmetrischem bzw. wechselseitig asymmetrischem BITTEN, mitunter gar FORDERN zu interpretieren. Der Absender heutiger Schreiben „erkühnt" sich nicht mehr, „in Unterthänigkeit die Besorgnis vorzutragen", sondern fühlt sich dazu berechtigt, und er trägt auch nicht mehr „in aller Unterthänigkeit die Bitte vor", sondern, wie erwähnt, bittet oder beantragt. Durch diese sprachpragmatische Veränderung des ersten Korrespondenzzuges hat sich die Dialog- bzw. Korrespondenzsorte und das ganze damit verbundene dialogische „Sprachspiel" gewandelt. Der Absender ist, zumindest in bestimmten verwaltungsrechtlich gesetzten Rahmen, sogar zu bindenden Direktiva berechtigt.

Wer im Deutschland der frühen Neuzeit eine dialogische Korrespondenz eröffnete, musste, wenn er seine Ziele erreichen und der Brief seine Zwecke erfüllen sollte, sein Sprachhandeln am gesellschaftlichen Stand des Adressaten orientieren (vgl. Vellusig 2000, 37f.). Der dialogische Ton des Briefes war, redekonstellativ betrachtet, davon abhängig, ob der Adressat höheren, gleichen oder niedrigeren Standes war als der Absender, und er war, sprachpragmatisch betrachtet, natürlich davon abhängig, welches Ziel der Absender zu erreichen suchte. Das begann schon bei der korrekten Wahl sprachstruktureller Mittel und Formen, etwa für den parasprachlichen Vollzug des Korrespondenzaktes der ANREDE:

> Der niedere Adel hat nur Anspruch auf einen geringfügig höheren Schriftgrad der Titelanrede und -erwähnung gegenüber dem Text, dem Hochadel hingegen bis hinab zum Grafen muß durch deutlich größere und fettere Lettern die schuldige Reverenz bezeigt werden [...]. (Beetz 1990, 201).

Die Anrede der adeligen Obrigkeit konnte mitunter eine ganze Seite füllen, und vollzog nicht nur die Handlung der ANREDE und BEGRÜSSUNG, sondern zugleich der AUFWERTUNG des Adressaten (vgl. oben: „Durchlauchtigster Markgraf, Gnädigster Fürst und Herr!"; vgl. auch Beetz 1990, 208), der die selbst-ABWERTENDEN Attribute des Absenders korrespondieren (vgl. oben: „in aller Unterthänigkeit", „in tiefster Unterwerfung verharre"). Die abschließende Nennung des Absenders sowie auch die Unterschrift duckt sich zumeist im wahrsten Sinne des Wortes an den unteren Rand des Schreibens. Anfang und Ende des Widmungsbriefes aus Kaspar Stielers „Der Teutschen Sprache Stammbaum und Fortwachs" (Bd. 1, Nürnberg 1691) veranschaulichen dies (s. folgende Seite).

Der Dialogsortenwandel macht sich denn auch in dieser sprachstrukturellen Hinsicht der Anrede und des Briefschlusses bemerkbar. Im Duden-Band 9: „Richtiges und gutes Deutsch" findet man beispielsweise die Information, dass die Formel „Sehr geehrte/r Frau/Herr N.N." heute die neutrale Standardform der ANREDE auch in Schreiben an Vertreter/innen politischer oder sozialer Institutionen ist. Die Anrede „Liebe/r Frau/Herr N.N." gilt nur für „vertraute" Adressaten, die Anrede „Sehr verehrte/r" „sollte man nur verwenden, wenn man den Adressaten persönlich kennt und ihm gegenüber besonders ehrerbietig sein möchte." Für die Grußformel am Schluss werden mehrere Varianten angeboten, u.a. „Mit freundlichen Grüßen", „Mit bester Empfehlung", „Hochachtungsvoll" (4. Aufl. 1997, 158f.). Die Varianten deuten unterschiedliche soziale Beziehungen an; sie sind aber nicht mehr ständisch begründet und sie indizieren nur noch schwach auch sprachpragmatische Differenzierungen.

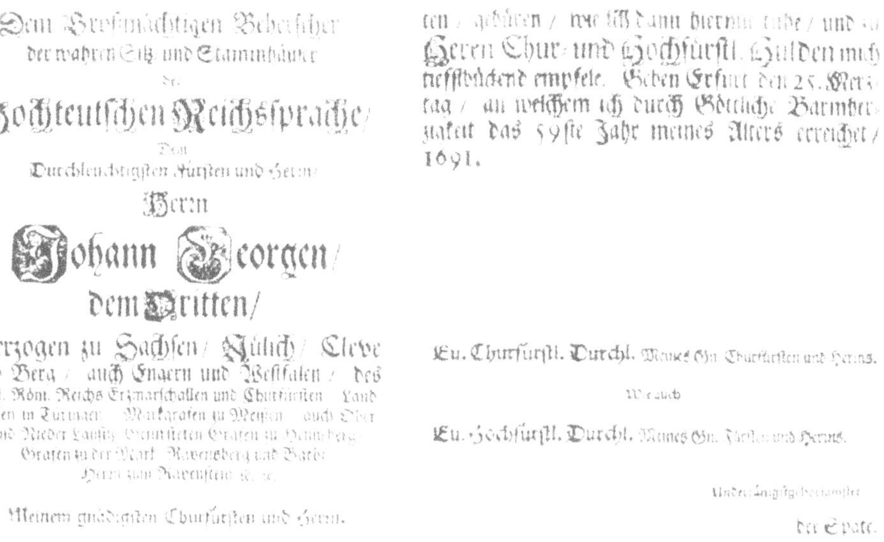

Dem Großmächtigen Beherrscher
der wahren Sitz und Stammhäuser
Sr.

Hochteutschen Reichssprache/
Dem
Durchleuchtigsten Fürsten und Herrn/
Herrn

Johann Georgen/
dem Dritten/

Herzogen zu Sachsen/ Jülich/ Cleve
und Berg / auch Engern und Westfalen / des
Heil. Röm. Reichs Erzmarschallen und Churfürsten / Land-
grafen in Türingen / Markgrafen zu Meißen / auch Ober-
und Nieder Lausitz / Gefürsteten Grafen zu Henneberg/
Grafen in der Mark / Ravensberg und Barby
Herrn zum Ravenstein / ꝛc. ꝛc.

Meinem gnädigsten Churfürsten und Herrn.

ten / gehören / wie ich dann hiermit thue / und zu
Seren Chur- und Hochfürstl. Hulden mich
tieffstschuldigst empfele. Geben Erfurt den 25. Mertz-
tag / an welchem ich durch Göttliche Barmher-
tzigkeit das 59ste Jahr meines Alters erreichet/
1691.

Eu. Churfürstl. Durchl. Meines Gn. Churfürsten und Herrn.

Wie auch

Eu. Hochfürstl. Durchl. Meines Gn. Fürsten und Herrn.

Unterthänigst-schuldigster

Casp. Stieler.

Abb. 12: Erste und letzte Seite des Widmungsschreibens Kaspar Stielers an Johann Georg III. von Sachsen

In Bezug auf die sprachsoziologischen Merkmale der Handlungsbedingungen schließlich findet man in Julius Bernhard v. Rohrs „Einleitung zur CEREMONIEL-Wissenschafft Der Privat-Personen" aus dem Jahr 1728 folgende Anweisungen zur Korrespondenz:

> Ob und wenn man, ohne den Wohlstand zu verletzen, an einen Fremden und Unbekandten schrei-
> ben soll, lehret die Nothwendigkeit und Klugheit, nachdem man den tüchtigen Grund und Anlaß
> dazu findet. Bey zweyen Fällen ist es insonderheit erlaubt, die Höhern schriftlich anzugehen,
> ohne daß wir uns vorher die Erlaubniß hierzu ausgebeten: Zum ersten, wenn wir der Gnade und
> Hülffe des Höhern unumgänglich benöthiget, und zum andern, wenn wir wissen, daß das eigene
> Interesse des Höhern solches erfordere, und es zu seinem Vergnügen und Gefälligkeit gereichen
> werde; es muß aber in beyden Fällen mit Demuth und respectueusen Ehrerbietung geschehen.
> Ausser den beyden, in vorhergehenden angeführten Fällen, müssen wir entweder den Befehl des
> Höhern vorher erwarten, oder die Erlaubniß hiezu erstlich ausbitten. (Ndr., hrsg. u. komm. von
> Gotthardt Frühsorge, Leipzig 1990, 323)

Wiederum wird die ständische Differenzierung der Handlungsbedingungen deutlich, die in der Sprachgegenwart für Schreiben mit direktiver Funktion an eine institutionalisierte politische bzw. soziale Obrigkeit sowie für die damit verknüpfte Korrespondenzsorte in dieser Form keine Gültigkeit mehr hat.

146

6.1.3. Sprachsoziologische Abweichungen und Makrowandel

Als Beispiel für das, was Schank „Makrowandel" nennt – der ja Mikro- und Dialogsorten-wandel „kumulativ" umfasst –, soll ein kurzer Blick auf die weitere Geschichte und Ent-wicklung der privaten schriftlichen Korrespondenz im Rahmen der neuen Kommunikati-onstechnologien geworfen werden. Für vertiefende sprachgeschichtliche Interpretationen ist diese Etappe in der Geschichte der privaten Korrespondenz zwar noch zu jung; die Ergeb-nisse einer Reihe sorgfältiger Arbeiten zu sprachhistorischen Auswirkungen der neuen Kommunikationstechnologien deuten gleichwohl auf einen möglichen Makrowandel hin. (vgl. z.B. Hess-Lüttich 1999; Schmitz/Wyss 2002;Hess-Lüttich 2002; Nickisch 2003).

Im Rahmen der Entwicklung neuer Kommunikationstechnologien entfaltete der *Brief* unterschiedliche mediale Varianten (z.B. das *Fax*, die *E-Mail*, die *SMS*). Für diese gilt aus der Perspektive des Mikrowandels und des Dialogsortenwandels zunächst dasselbe wie für den *Chat*: Bei ihrer Einführung haben diese neuen Medien nicht sogleich einen Sprachwandel bewirkt, sondern waren für die sie nutzenden Schreibergruppen vorerst lediglich neue Kommunikationstechnologien, gleichsam neuartige Produktions- und Überbringermedien, an die die konventionell etablierten Normen der papierenen Korrespondenz herangetragen wurden, gleichsam nach der Maxime: „Schreib, wie du in vergleichbaren papierenen Korrespondenzen auch schreibst" (vgl. Kilian 2001a, Elspaß 2002; ferner Schwitalla 2002; Nickisch 2003). Der in einigen sprachwissenschaftlichen Untersuchungen diagnostizierte Sprachwandel (vgl. zusammenfassend Elspaß 2002, 9f.) ist denn auch nicht unmittelbar auf den medialen Wechsel vom papierenen *Brief* zur digitalen *E-Mail* und *SMS* zurückzuführen, denn dieser Medienwechsel hat zunächst keine besonderen Sprachprobleme aufgeworfen. Vielmehr darf festgestellt werden, dass nach der ersten Phase der Aneignung und Nutzung der neuen Kommunikationstechnologien im Wege der Übertragung bestehender Normen auf die neuen Kommunikationstechnologien deren weitergehende Möglichkeiten entdeckt und erst jetzt medial bedingte Abweichungen gesucht wurden (zu ähnlichen Einschätzungen in Bezug auf die Telefonkommunikation Schwitalla 1996). Die rasche Multiplikation der Normenabweichungen im weit verzweigten Internet tat dann ein Übriges.

So hat die zunehmende Verbreitung und Nutzung der verschiedenen Möglichkeiten der *E-Mail* im Laufe der Zeit zu Abweichungen im Sinne der Variantenbildung geführt, und es steht zu vermuten, dass diese Variantenbildung sich zu medienbedingtem Mikro- und Dia-logsortenwandel auswirken und möglicherweise in einem medienbedingten Makrowandel kulminieren wird. Zwar gab es schon in der privaten Korrespondenz früherer Jahrhunderte beispielsweise nähesprachliche Strukturen geschriebener Umgangssprache, etwa Elisionen (*nich, jetz, sehn*, vgl. Elspaß 2002, 16f.) und Kontraktionen (*gehts, hats*; vgl. Elspaß 2002, 20). In manchen Fällen, vornehmlich in privaten Briefwechseln gebildeter Schreiber des 18. und 19. Jahrhunderts, handelte es sich dabei um eine bewusst stilisierte Abweichung von der Norm, mit dem Ziel, dialogische Nähe herzustellen. Diese Stilisierung stand ganz im Sinne der *Brief*-„Definition" des Literaten Christian Fürchtegott Gellert, nach der ein Brief „eine freie Nachahmung des guten Gesprächs" sein solle (C. F. Gellert: Briefe, nebst einer praktischen Abhandlung von dem guten Geschmacke in Briefen, Leipzig 1751, Ndr. Stuttgart 1971, 3). Auch bei Adolph Freiherrn von Knigge kann man lesen, dass der Briefwechsel nichts anderes als „schriftlicher Umgang" ist (Über den Umgang mit Menschen [³1790]. Hrsg. von Gert Ueding [...], 3. Aufl. Frankfurt/M. 1982, 55). – In den meisten anderen Fällen handelte es sich jedoch um eine unbewusste Produktion von nähesprachlichen Strukturen aufgrund orthographischer und grammatischer Unsicherheiten der Schreibenden, die eben so schrieben, wie sie sprachen, weil sie nicht anders schreiben konnten (vgl. Elspaß 2002, 27).

Im Rahmen der nähesprachlichen privaten E-Mail-Korrespondenz werden diese Strukturen hingegen nun wiederum zumeist bewusst erzeugt, um dialogische Nähe zu indizieren. Diese bewussten Abweichungen pflegen jedoch nicht mehr nur einen spielerischen Umgang mit den Normen – wodurch diese ja zugleich stabilisiert werden können –, sondern wandeln sie auch ab. Im Bereich der oben schon angesprochenen Anredeformen etwa setzt sich mehr und mehr die Formel *Hallo, [[Herr/Frau] [Vor]Name]* durch und löst die Differenzierung zwischen nähesprachlichem *Liebe/r [[Herr/Frau] [Vor]Name]* und distanzsprachlichem *Sehr geehrte/r Herr/Frau [Name]* auf. Des Weiteren wird durch den nur geringen Zeitabstand zwischen den wechselnden Korrespondenz-*Turns* in *E-Mail* und *SMS* zunehmend auf eine erneute Anrede des Korrespondenzpartners ganz verzichtet, und zwar, aus der Perspektive der Redekonstellationstypik betrachtet, durchaus auch in der Korrespondenz einander nur flüchtig oder gar nicht bekannter Korrespondenzpartner (ein Grund dafür ist wohl, dass die vorangegangenen Korrespondenz-*Turns* in der E-Mail angezeigt werden können und dadurch der Dialogverlauf gleichsam in actu präsent ist).

Neben diesem Mikrowandel deutet sich, ebenfalls medial bedingt, ein Dialogsortenwandel an insofern, als die – ebenfalls in dieser Form erst durch das neue Medium E-Mail eröffnete – Möglichkeit der auch formalen Dialogisierung der Textsorte *Brief* zunehmend genutzt wird. Der Adressat einer *E-Mail* führt in diesem Fall seinen reaktiven Korrespondenzzug nicht in Form eines neuen formal monologischen *Briefes* aus, sondern bricht die formal monologische Textstruktur des an ihn gerichteten Schreibens auf und erwidert auf einzelne initiale Sprachhandlungen des Absenders, indem er seine reaktiven Sprachhandlungen in den Brieftext hineinschreibt und das Ganze zurückschickt. Zwar gab es schon in den Pamphlet-Korrespondenzen der frühen Neuzeit die Technik, Passagen des gegnerischen Pamphlets zu zitieren und dann unmittelbar darauf zu antworten (vgl. Schwitalla 1999, 117; zu Zitatmontagen in fachlichen Disputen des 18. Jahrhunderts Kilian 2002a, 217), doch handelt es sich bei der Dialogmontage der *E-Mail*-Antworten nicht mehr nur um ein funktionaldialogisches Aufgreifen der „Anrede" des Korrespondenzpartners, sondern um eine formaldialogische Neustrukturierung derselben; man wird hierin eine erst durch die neuen Medien ermöglichte neue Korrespondenzsorte festzustellen haben.

Diese Entwicklungen des Mikrowandels und des Dialogsortenwandels lassen für die Zukunft einen medial bedingten Makrowandel vermuten. So deutet beispielsweise einiges darauf hin, dass ein Teil der Sorten der privaten Korrespondenz einen Wechsel vom Papier zur *E-Mail* vollziehen wird (bzw. vollzogen hat), während einige (vornehmlich institutionelle) Korrespondenzsorten zumindest vorerst noch vom Medium *E-Mail* ausgeschlossen bleiben (u.a. aus juristischen bzw. datenschutzrechtlichen Gründen, z.B. *Kündigungs-*

148

schreiben, aber auch private *Kondolenzschreiben*). Das Feld der Korrespondenzsorten wird dadurch neu geordnet.

6.2.   Auf dem Weg zu einer Dialoggeschichte des Deutschen

Wie aus den angeführten Beispielen zu ersehen ist, arbeitet die historisch-diachronische Dialogforschung grundsätzlich aus aszendenter Richtung kontrastiv: Sie nimmt ihren Ausgang von der Beschreibung mehrerer aufeinander folgender historisch-synchronischer Querschnitte und rekonstruiert aus dem Vergleich der jeweiligen synchronischen Daten Entwicklungen in Form historisch-diachronischer Längsschnitte. Dabei muss keineswegs die Geschichte und Entwicklung einer ganzen Dialogsorte im Zentrum des Interesses stehen; in der germanistischen historischen Dialogforschung ist dies bislang leider immer noch sogar eher die Ausnahme (vgl. Fritz 1994, 547). Untersuchungsgegenstände der historisch-diachronischen Dialogforschung können vielmehr z.B. auch einzelne formal-strukturelle Erscheinungsformen des Dialogs sein (z.B. Anredeformen, vgl. Metcalf 1938) oder einzelne funktional-pragmatische Konstituenten des Dialogs (z.B. Handlungsmuster wie das Muster BEWEISEN, vgl. Fritz/Muckenhaupt 1984, 196ff. oder SCHERZEN, vgl. Linke 1999) oder einzelne ko- und kontextuelle Rahmenbedingungen (z.B. Einstellungen zu konventionellen Idealnormen der Höflichkeit, vgl. Beetz 1990).

Eine Operationalisierung der Methoden der historisch-diachronischen Dialogforschung im Sinne eines festen Inventars an Zugriffen ist vor dem Hintergrund der Unterschiedlichkeit der Quellengattungen, der verschiedenen sprachstrukturellen, sprachpragmatischen und sprachsoziologischen Zugriffe sowie auch aufgrund der Vielzahl der Bezugswissenschaften, die je nach konkretem Erkenntnisinteresse hinzuzuziehen sind, kaum möglich. In jedem Fall aber wird die historisch-diachronische Dialogforschung nur auf der Grundlage der Analyse und Beschreibung der je nach Erkenntnisinteresse unterschiedlich gesetzten historisch-synchronischen Querschnitte die Entwicklungsgeschichte rekonstruieren können. Die Annahme, im Rahmen einer soziopragmatischen Sprachgeschichtsforschung könne die methodologische Dichotomie von Synchronie und Diachronie „aufgehoben" und das kontrastive durch ein historisches Rekonstruieren ersetzt werden (vgl. z.B. Schlieben-Lange 1983b, 30f.), ist sprachtheoretisch begründet, methodisch allerdings illusionär (vgl. Presch 1981, 227; Schlieben-Lange 1983b, 30f.). „Der Beschreibung von Zuständen", schreibt schon der Theoretiker der Sprachgeschichte, Hermann Paul, „wird er [der Geschichtsschreiber, J.K.] nicht entraten können, da er es mit grossen Komplexen von gleichzeitig neben einander liegenden Elementen zu tun hat" (Paul 1920a, 29). Dies vorausgesetzt, sind der historisch-diachronischen Dialogforschung methodologisch einige Schritte vorgegeben:

1. Dialogsortenhypothese: Um die „Zustände" in unterschiedlichen Epochen, Sprachstadien, Sprachstufen feststellen zu können, ist die historische Dialogforschung gezwungen, vom hypothetischen Konstrukt einer Dialogsorte auszugehen und eine hypothetische Dialogsorte als gemeinsamen Bezugspunkt aller historisch-synchronischen Querschnitte zu konstruieren, beispielsweise eine Dialogsorte *Disputation*, für die es aus ver-

schiedenen Zeiten zumindest lexikalische Belege gibt. Von diesem hypothetischen Bezugspunkt aus können dann historisch-diachronische Dialogsortenlinien gespannt werden (vgl. Schank 1984, 762; Fritz 1994, 470).

2. Korpuserstellung: Auf der Grundlage der Dialogsortenhypothese müssen Quellen aus verschiedenen Sprachzeiten zu einem Korpus zusammengefasst werden. Die Suche nach geeigneten Quellen kann in einem ersten Schritt auf die lexikalisch-semantische Klammer der Dialogsortenbenennung zurückgreifen. Doch müssen sodann auch Dialogexemplare geprüft werden, die ähnliche sprachstrukturelle, sprachpragmatische oder/und sprachsoziologische Merkmale aufweisen, und es müssen auch Sekundärquellen berücksichtigt werden, die andere Benennungen wählen, sich aber auf das Dialogsortenkonstrukt beziehen.

3. Synchronische Querschnitte: Die in den Quellen überlieferte bzw. thematisierte Dialogsorte wird unter sprachstrukturellen, sprachpragmatischen oder/und sprachsoziologischen Fragestellungen beschrieben. Diese Beschreibung kann im Rahmen einer pragmatischen Sprachgeschichte zu funktionalen Erklärungen („Warum?") des Bestands oder der Veränderung der Dialogsorte für jeden einzelnen „Zustand" geführt werden (vgl. Presch 1981, 218). Ist die Entwicklungsgeschichte der Dialogsorte im Ganzen das Ziel der Darstellung, dann darf keine der drei Dimensionen ausgeblendet werden. Vielmehr müssen sprachstrukturelle, sprachpragmatische und sprachsoziologische Untersuchungen auf der Grundlage von Primär- und Sekundärquellen einander ergänzen. Steht hingegen zum Beispiel die Geschichte und Entwicklung einer typischen Äußerungsform, eines typischen Handlungsmusters oder der idealnormativen Fassungen einer Dialogsorte im Vordergrund, kann die Beschreibung entsprechend fokussiert werden. Das hermeneutische Verfahren des kontrastiven Vergleichs wird dabei u.a. genutzt beim Vergleich zwischen Ist-Zustand (in den überlieferten Primärquellen) und Soll-Zustand (in den überlieferten Sekundärquellen).

4. Diachronische(r) Längsschnitt(e): Aus dem kontrastiven Vergleich der einzelnen (sprachstrukturellen, sprachpragmatischen, sprachsoziologischen) „Zustands"-Daten lässt sich ein historischer Verlauf der Dialogsortengeschichte mit einzelnen Entwicklungsphasen rekonstruieren. Dieser historische Verlauf kann nun „genetische Erklärungen" („Wie?") gestatten, die also „antwort auf die frage [geben], wie es zu dem untersuchten zustand gekommen ist" (Presch 1981, 218).

Ob und inwieweit auf diese oder eine andere Verfahrensweise je eine Dialoggeschichte des Deutschen geschrieben werden kann, bleibt abzuwarten. Einige wichtige Stationen dazu sind bereits in Abschnitt 1.2.3. genannt worden, doch handelt es sich dabei zunächst lediglich um die prominentesten dialogischen Gesichter einzelner sprachgeschichtlicher Epochen (also z.B. frühes 16. Jahrhundert: *Religionsgespräch, Disputation*; 17. Jahrhundert: *Complimentieren, Konversation*; 18. Jahrhundert: *Räsonieren, Diskutieren* u.a.). Eine – wenn schon nicht umfassende, so doch ausführlichere – Dialoggeschichte des Deutschen wird sprachstrukturell, sprachpragmatisch und sprachsoziologisch tiefer zu schürfen haben als es diese Schlaglichter anzuzeigen vermögen. Die Fragestellungen, die die historische Dialogforschung dabei unter anderen aufgreifen müsste, hat Gerd Fritz (1994, 545f.) in

150

einem kurzen Katalog zusammengestellt, der abschließend als Anregung für die weitere Forschung wiedergegeben sei:

(i) Welche Dialogformen lassen sich in bestimmten Gruppen, Gesellschaften oder Kulturen zu bestimmten Zeiten beobachten? [...] Inwiefern werden diese Dialogformen von den Sprechern als solche wahrgenommen [...]?

(ii) Lassen sich Schwankungen im Anteil dialogischer und monologischer Umgangsformen in bestimmten Praxisbereichen beobachten? [...]

(iii) Wie kann man eine uns nicht unmittelbar vertraute Dialogform besser verstehen? [...]

(iv) Wie lassen sich befremdliche Aspekte unserer eigenen Dialogformen erklären? [...]

(v) Wie entstehen neue Varianten von Dialogformen? [...]

(vi) Wie spielen sich neue Varianten einer Dialogform in einer bestimmten Gruppe ein [...]? [...]

(vii) Wie und warum verbreiten sich Neuerungen im Bereich der Dialogformen [...]?

(viii) Wie entwickeln sich Dialogformen unter spezifischen institutionellen und medialen Bedingungen [...]?

(ix) Gibt es Aspekte von Dialogformen, die leicht Veränderungen unterliegen bzw. solche, die eher veränderungsresistent sind? [...]

(x) Gibt es Dialoguniversalien [...]?

(xi) Lassen sich in einzelnen Gruppen oder Gesellschaften in bestimmten Zeiträumen größere Tendenzen in der Entwicklung von Dialogformen erkennen, und wie kann man diese beschreiben [...]?

(xii) Lassen sich für bestimmte Bereiche des dialogischen Redens epochenartige Abschnitte beschreiben, die durch spezifische gesellschaftliche Bedingungen gekennzeichnet sind?

(xiii) Aus welchen Bausteinen bestehen Erklärungen der Kontinuität und der Veränderung von Dialogformen? [...]

(xiv) In welcher Weise lassen sich historische Untersuchungen als Prüfsteine für Dialogtheorien nutzen? [...]

Literaturhinweise: Paul 1920a; Paul 1920b; Nickisch 1979; Sonderegger 1979; Presch 1981; Henne 1983; Langeheine 1983; Presch 1991; Keller 1994; Schwitalla 1996; Hess-Lüttich 1999; Kilian 2001a; Elspaß 2002; Hess-Lüttich 2002; Kilian 2002a, 54ff.; Schwitalla 2002; Nickisch 2003.

Aufgaben

Zwischen den beiden folgenden Auszügen aus Wörterbuchstrecken zum Lemma *Brief* liegen 310 Jahre deutscher Sprach- bzw. Korrespondenzgeschichte: Kaspar Stielers Wörterbuch „Der Teutschen Sprache Stammbaum und Fortwachs" erschien 1691, Gustav Muthmanns „Rückläufiges deutsches Wörterbuch" in dritter Auflage 2001.

15. Begreifen Sie die folgenden Artikelauszüge als erste Sekundärquellen zur Erstellung eines Briefkorpus. Ermitteln Sie Übereinstimmungen und Veränderungen der Briefkorrespondenz, die sich im lexikalisch-semantischen Spiegel der Briefsortenbenennungen andeuten (zunächst quantitativ; sodann in Auswahl qualitativ [z.B. in Bezuag auf die Hinzufügung oder Tilgung von Briefsortennamen, z.B. *Komplimentbrief*, *Gevatterbrief* bei Stieler, *Erpresserbrief*, *Feldpostbrief* bei Muthmann]). Versuchen Sie, diese Veränderungen zu erklären.

16. Einige Briefsortennamen finden sich in beiden Wörterbüchern (z.B. *Brandbrief*, *Drohbrief*, *Schmähbrief*, *Schuldbrief*, *Sendbrief*). Ermitteln Sie, ob und inwiefern die Identität der Namen wirklich eine konstante Briefsortengeschichte andeutet oder aber trotz gleich

gebliebener Namen Mikrowandel, Dialogsortenwandel oder Stadienwandel zu vermuten oder gar festzustellen sind.

Abſchiedsbriefe / literæ valedictoriæ, dimiſſoriæ. Ausforderungsbriefe / provocatoriæ, diffidato-riæ. Dicuntur etiam Abſagbriefe / literæ diffida-tiriæ. Anlaſtungsbrief / declaratio banni & ju-dicialis immiſſionis. Amtsbriefe / officiales. Ablaßbriefe / indulgentiæ. Anſtandsbrief / alias Eiſerne Briefe & Qvinqvenellen / reſcriptum moratorium, literæ moratoræ, induciales, ſe-curitatis, vulgò qvinqvennales. Artickelsbrief / propr. capitulatio militaris, qvando p. etiam appel-lantur Innungs & Zunftbriefe / ſtatuta collegio-rum opificum. Bannbriefe / literæ banni men-ti. Bezirk / ſive Grenzbrief / literæ terminales, receſſus & conventiones, in qvibus fines deſignati ſunt. Beſtallungsbriefe / literæ conductitiæ ſive vocationis. Bulenbriefe / oder Liebesbriefe / amatoriæ. Brandbriefe / literæ incendiariæ. Bettelbriefe / literæ mendicabulæ. Eiſen ſive eiſerne Briefe & qvinqvennales, moratoriæ. Danckbriefe / gratiarum actoriæ. Drohbriefe / comminatoriæ. Erſuchungsbriefe / literæ ſub-ſidiales, ſive mutui compaſſus. Frachtbrief / do-cumentum vecturæ. Forderungsbrief / literæ promotoriæ. Flegbriefe / incertæ, inanes, nullius ponderis. Geburtsbrief / diploma nata-lium. Gevatterbrief / literæ luſtrales, patrino-rum reqviſitoriæ. Gruß- oder Beſuchbriefe / ſalutatoriæ, conciliatoriæ. Günſtbrief / literæ à domino feudi pro alienatione impetratæ.

Gehorſambrief / remiſſoriæ literæ, qvarum re-ſtatione ſubditi ad debitam obedientiam officia-libus præſtandam monentur. Hochzeitbriefe / nuptiales. Jungferbriefe / virginales. Kompli-mentbriefe / literæ honoris , urbanæ aulicæ. Gerichtsbriefe / curiales, acta judicialia. Laß-brief / documentum manumiſſionis. Lurden-brief / falſæ literæ & cum ſigillis adulterinis. Miſchbriefe / literæ mixtæ. Lobebriefe / com-mendatitiæ. Lehrbriefe / doctrinales, informa-toriæ, informationis teſtimonium. Pachtbrie-fe / inſtrumenta locationis-conductionis. Kar-tenbriefe / folia chartarum. Sendbriefe / alias Miſſiven / epiſtolæ. Scherzbriefe / jocoſæ. Schutzbriefe / apologia, defenſionales. Steck-ſive Stöckbriefe / literæ accuſatoriæ, qvibus ſi cenſores maniſeſti fugitivos perſeqvi ſolent, ut, ubi reperiuntur, in vincula ducantur : incuntur etiam arreſtatoriæ, delinqventium perſecutoriæ & re-qviſitoriales, criminales. Traubriefe / ſive Kre-denzbriefe / literæ credentiales, vulgò ein Creati-tiv. Uriasbriefe / literæ Bellerophontis, morti-feræ. Geleitsbrief / literæ tuitivæ, fidei publi-cæ, ſalvi conductus, protectorium. Schuld-brief / obligatio. Bitt- oder Flehbrief / ſuppli-cario. Freyheitsbrief / privilegium. Adelbrief / bulla ſive diploma nobilitatis. Kaufbrief / in-ſtrumentum emtionis-venditionis. Pansbrief / primariæ preces. Virtzigantbrief / interdictum eccleſiaſticum, alias Verbietbrief der Gemein-ſchaft. Wagbriefe / literæ commeatus. Schand-und Schmähbrief / alias Pasqvill / libellus fa-moſus. Ehebriefe / pacta dotalia. Lehnbrief / literæ inveſtituræ. Scheidebrief / repudium, literæ divortii. Willbrief / literæ conceſſionis. Siegesbriefe / literæ laureatæ. Schirmbrief / protectionis privilegium, u. literæ, qvibus exe-cutio petitur. Schleichbrief / literæ manumis-ſionis hominum propriorum. Wechſelbrief / literæ cambii. Zuagbriefe / literæ mutui com-paſſus, u. immiſſoriales ex primo decreto, alias Gaut- & Einſenbriefe. Zwangs- & Zwang-nußbrief / literæ compulſoriales.

(aus: Kaspar Stieler: Der Teutschen Sprache Stammbaum und Fortwachs [...], Bd. 1, Nürnberg 1691, 239f.)

152

Brief
Schemabrief
Schuldbrief
Pfandbrief
Hypotheken(pfan
d)brief
Brandbrief
Sendbrief
Rundbrief
Grundbrief
Standardbrief
Einschreib(e)brief
Werbebrief
Fehdebrief
Scheidebrief
Telebrief
Kaufbrief
Sparkaufbrief
Fahrzeugbrief
Kraftfahrzeug-
brief
Schmähbrief
Drohbrief
Glückwunsch-
brief
Gautschbrief
Bodmereibrief
Freibrief
Dankbrief
Postscheckbrief

Steckbrief
Pastoralbrief
Nadelbrief
Doppelbrief
Klöppelbrief
Wechselbrief
Apostelbrief
Bettelbrief
Eilbrief
Telegrafenbrief
Gehilfenbrief
Studienbrief
Prämienbrief
Hypothekenbrief
Gesellenbrief
Binnenbrief
Wappenbrief
Patenbrief
Kartenbrief
Hirtenbrief
Kettenbrief
Mahnbrief
Sparbrief
Ehrenbürgerbrief
Römerbrief
Bekennerbrief
Kaperbrief
Hörerbrief
Leserbrief
Erpresserbrief

Facharbeiterbrief
Meisterbrief
Fensterbrief
Musterbrief
Trauerbrief
Lehrbrief
Uriasbrief
Abschiedsbrief
Beileidsbrief
Inlandsbrief
Dankesbrief
Schiffsbrief
Ersttagsbrief
Entschuldigungs-
brief
Kündigungsbrief
Schenkungsbrief
Empfehlungsbrief
Schulungsbrief
Erpressungsbrief
Stiftungsbrief
Adelsbrief
Handelsbrief
Lehensbrief
Gratulationsbrief
Geschäftsbrief
Unterrichtsbrief
Frei(heits)brief
Ablassbrief
Messbrief

Erpressbrief
Schlussbrief
Privatbrief
Gadgetbrief
Zunftbrief
Pachtbrief
Frachtbrief
Seefrachtbrief
Kreditbrief
Reisekreditbrief
Warenkreditbrief
Zirkularkredit-
brief
Begleitbrief
Gültbrief
Wertbrief
Antwortbrief
Protestbrief
Feldpostbrief
Rohrpostbrief
Luftpostbrief
Bittbrief
Ganzbrief
Assekuranzbrief
Kondolenzbrief
Schutzbrief
Auslandsschutz-
brief

(aus: Gustav Muthmann: Rückläufiges deutsches Wörterbuch. Handbuch der Wortausgänge im Deutschen, mit Beachtung der Wort- und Lautstruktur. 3., überarb. u. erw. Aufl. Tübingen 2001, 244f.)

7. Lösungshinweise

Zu Aufgabe 1:

Dem „Deutschen Wörterbuch" von Jacob Grimm und Wilhelm Grimm kann man z.B. die Information entnehmen, dass die Form *ihro* in Maries Satz in diesem Kontext ein Personalpronomen ist und der Form nach ein Dativ Singular Femininum für die Form *ihr* (vgl. DWb VI,2, 1877 [= 10, 1984], 2058f.) „Wir wissen nicht, womit die Gütigkeit nur verdient haben, womit uns überschüttet, wünschte nur imstand zu sein [...], **Ihro** alle die Politessen und Höflichkeit wiederzuerstatten." Sie entspricht funktional der heutigen Höflichkeitsform im Plural der 2. Person (*Ihnen*). Da dem *Ihro* kein Titel folgt (wie z.B. *Ihro Gnaden* o. dgl.), handelt es sich nicht um ein Possessivpronomen. Die Form besteht aus dem Morphem {ihr} und einem Suffix {-o}, dessen Herkunft ziemlich unklar ist („dunklere modification eines tonlosen e", heißt es im DWb; „modisches Sprachmischungssuffix", meint Peter v. Polenz 1994, 258).

In zeitgenössischen Grammatiken und Wörterbüchern ist *Ihro* umstritten, aus soziopragmatischer Sicht funktional aber eindeutig dem gehobenen Stil zugewiesen (auch im DWb: „vornehmlich in urkunden", „namentlich im feierlichen stile"). In seinen „Grundsäzen Der Teutschen Sprache" (zuerst 1690) schreibt Johann Bödiker, manche Zeitgenossen wollten die Formen *dero, ihro* usw. verwerfen, er aber empfehle ihren Gebrauch, „Sonderlich wenn man von, oder zu hohen Personen redet." (1746, 180). Der spätere Bearbeiter Johann Jacob Wippel hingegen schreibt ca. 50 Jahre später in der 1746 erschienenen Ausgabe, das <o> werde den Wörtern als „lästige Zugabe aufgebürdet". „Billig muß es überall weggeworfen werden." (Bödiker, Grundsäze 1746, 180) Bildet man Johann Christoph Adelungs Ausführungen zu *Ihro* auf den Inventionshexameter ab, so kommt man zu folgendem Ergebnis: *Ihro* benutzt ein Untergebener a) vor den Titeln „Majestät, Hoheit, Durchlaucht, Excellenz u.s.f.", allerdings nach Möglichkeit nur dann, „wenn es sich auf eine Person weiblichen Geschlechtes beziehet". In Bezug auf den Gebrauch von *Ihro* in dieser Funktion der Anrede übt Adelung allerdings auch Kritik: „Wenn man nicht gezwungen ist, sich den an einem Hofe einmahl eingeführten Formalien zu unterwerfen, so bedienet man sich gegen männliche und weibliche Personen, wenn man sie anredet, lieber des Eure oder Ew. [...] und schränkt das Ihro, oder noch besser das Ihre, auf auf weibliche Personen ein, von welchen man relative redet [...]" (J. C. Adelung: Grammatisch-kritisches Wörterbuch der Hochdeutschen Mundart [...], Bd. 2, 1796, 1359f.). Diese Kritik erstreckt sich auch auf den Gebrauch von *Ihro* als Personalpronomen, wodurch Maries Gebrauch dieses Personalpronomens einmal mehr als Indiz für eine kleinbürgerliche Sprachherkunft erscheint.

Zu Aufgabe 2:

Bei Maries Gebrauch des Wortes *ei* handelt es sich um eine gesprächsschritteinleitende Gliederungspartikel („Ei, was redst du doch, der Papa schreibt ja auch so."), die die ABLEHNENDE bzw. WIDERSPRECHENDE Funktion des Gesprächsschritts ankündigt. Johann Christoph Adelung unterscheidet zur Zeit der Abfassung der „Soldaten" elf verschiedene semantisch-pragmatische „Schattirungen", darunter auch die in diesem Falle treffenden „9) Des Unwillens. Ey, was! Ey, nicht doch! Ey nun, so sey böse. Ey, du ungeschickter Mensch! Ey, glaubst du, daß ich blind sey? 10) Des Verweises. Ey, das war nicht fein von dir. Ey, ey, das taugt nicht. Ey, was soll das seyn? Ey, ey, bey Leibe nicht!" (J. C. Adelung: Grammatisch-kritisches Wörterbuch der Hochdeutschen Mundart [...], Bd. 2, 1796, 1989). Die semantische und pragmatische Geschichte dieses Gesprächsworts wird in den Wörterbüchern von Paul (2002, 247) und Grimm (DWb 3, 1862/1984, 73ff.) nachgezeichnet. Hinweise auf äquivalente Gesprächswörter der Gegenwart gibt schon Adelung, wenn es dort heißt: „Bey stärkern Empfindungen gehet sie leicht in ach und o über." Daneben wird man auch heutiges *ey*, standardsprachlich [ɛɪ] gesprochen, als Äquivalent zum *ei/ey* des 18. Jahrhunderts anzusehen haben (vgl. [3]GWb 1999, 3, 1146).

154

Zu Aufgabe 3:

Mit Ihrem Gesprächsschritt „Laß doch sein, was fällst du mir in die Rede." kündigt Marie das von ihr selbst initiierte *Informationsgespräch* auf. War sie bis hierher Bittstellerin und Charlotte die Gewährende, und war das Verhältnis der Schwestern aufgrund der fachlich und sachlich bedingten Rollenverteilung zwischen lernender Marie und lehrender Charlotte bisher asymmetrisch, so leitet Marie hier das Ende dieser Rollenverteilung ein. Charlotte KORRIGIERT zwar ein weiteres Mal und möchte die Gesprächssorte *Informationsgespräch* als dominierende Beteiligte fortsetzen („Wir bitten um fernere Continuation."), doch indizieren die beiden folgenden Gesprächsschritte mit ihren Gliederungspartikeln die Konfrontation: „Ei" – „Nu" (vgl. Henne 1980, 100). Von hier an nimmt das Gespräch eine symmetrische(re) Verteilung der Rollen an: Marie WEIST ZURÜCK („Das übrige geht dich nichts an."), MACHT einen VORWURF („Sie will allesfort klüger sein, als der Papa") und BEGLAUBIGT diesen noch mit Hinweis auf eine Äußerung der familiären Autorität des Vaters. Charlotte pariert, indem sie Maries Verhalten FESTSTELLT und daraus den Briefinhalt SCHLUSS-FOLGERT, sehr wohl wissend, dass ihre Schlussfolgerung Marie VERÄRGERT (zumal sie sich mit der schlussfolgerung in dcer Tat „klüger" als der Papa erweist). Von diesen Gesprächsschritten an arbeitet jede der beiden Schwestern an ihrem eigenen Gesprächsplan.

Die beiden Teile des Gesprächs weisen Strukturen auf, die noch in der Gegenwart des rückblickenden Betrachters für die Sorten des *Informations-* und des *Streitgesprächs* stehen können – wodurch auch vergleichende Untersuchungen eröffnet werden (prototypische Verläufe von Dialogtypen stellen Franke 1986 und, im Anschluss daran, Hundsnurscher 1994 zusammen). Das *Informationsgespräch* setzt mit der für diese asymmetrische Gesprächssorte prototypischen FRAGE-ANTWORT-Struktur ein – bis Charlotte auf die dritte FRAGE eben nicht mehr ANTWORTET, sondern Marie ANWEIST: „So lies doch, bis der Verstand aus ist." Auch das kompetitive *Streitgespräch* der Schwestern beginnt ganz prototypisch: Auf Charlottes KORREKTUR, die zugleich ja die Gesprächsrollen bestätigen soll, folgt Maries ABLEHNUNG sowohl der sprachpragmatischen (KORREKTUR) wie der sozialen (Rollenverhältnis) Bedeutung von Charlottes Gesprächsakt. Charlotte INSISTIERT noch einmal, was ebenfalls typisch ist für kompetitive Gespräche, und danach bricht das kooperative Gesprächshandeln endgültig in ein kompetitives um, bei dem beide Sprecherinnen versuchen, ihre Ziele durchzusetzen.

Zu Aufgabe 4:

Die Sprechakttheorie unterscheidet bei einem Sprechakt den lokutionären, den illokutionären und den perlokutionären Teilakt. Der lokutionäre Teilakt bezieht sich auf die Handlung des Sprechens als solches (z.B. „Gib mir bitte den Brief."), der illokutionäre Teilakt bezieht sich auf die Handlungen, die der Sprecher vollzieht, *indem* er spricht (z.B. BITTEN), und der perlokutionäre Teilakt bezieht sich darauf, was der Sprecher bewirkt, *dadurch dass* er spricht (z.B., dass der Brief gegeben wird oder aber auch, dass der Hörer VERÄNSTIGT wurde, weil der Brief ein „blauer Brief" der Schule ist). Dementsprechend müssen in der Korrespondenz sprachpragmatische Teile von „Schreibakten" (vgl. Henne 1975 1ff.) unterschieden werden, gleichsam ein scriptiver/scriptionärer, inscriptiver/inscriptionärer und ein perscriptiver/perscriptionärer Teilakt (vgl. auch Henne 1975, 74). An zwei Stellen aus dem vorliegenden Brief sei dies veranschaulicht.

Die Analyse könnte den ersten Schreibakt im Anschluss an die Orts- und Datumsangabe („Ich Schreube Euch das ich noch gesunt Sei") „inscriptiv/inscriptionär" als FESTSTELLUNG erfassen, die die „perscriptionäre" Funktion erfüllen soll, die Angehörigen zu INFORMIEREN. Das „noch" deutet gleichwohl an, dass der Schreiber besorgt ist – sowohl um sich wie um die Angehörigen – und dies macht aus der scheinbar gewissen FESTSTELLUNG denn doch nur eine MITTEILUNG des Zustands; eine Mitteilung allerdings, die die Angehörigen BERUHIGEN dürfte. Typischer für die Korrespondenzsorte *Frontbrief* sind Schreibakte, die sich auf das Kriegsgeschehen beziehen, wie z.B. „Da soll eine Grose Schlagt geliefert werden." (und auch, wenn gerade solche Schreibakte fehlen, ist es aussagereich). Die Schlacht, die Brandes erwähnt, hat Ende Dezember 1862 stattgefunden, also zu einer Zeit, als der Brief noch nicht die Adressaten erreicht haben konnte. Der Schreibakt „Da soll eine Grose Schlagt geliefert werden." darf als VERMUTUNG, ANNAHME, möglicherweise auch WILLENSBEKUNDUNG gelesen werden und könnte zum „perscriptiven/perscriptionären" Zweck haben, die weit entfernten Verwandten STOLZ zu MACHEN auf den teilnehmenden Vater und Ehemann. Vor dem Hintergrund der übrigen Zeilen dieses Briefes und des langen Abstands zwischen Produktion und Rezeption desselben dürfte dieser Schreibakt die Angehörigen jedoch eher BEUNRUHIGT haben. (Auf die Verschriftungsstrategien des orthographischen Laien Heinrich Brandes sei hier nur hingewiesen; ihre Beschreibung ist, sofern sie kommunikative haben, Aufgabe auch der sprachstrukturellen Rekonstruktion historischer Korrespondenzen.)

Anregungen für die weitere Arbeit mit *Frontbriefen* bietet Schubert-Felmy 1981.

Zu Aufgabe 5:

Die Auslassung des Subjektpronomens der 1. Person in der Korrespondenz findet ihre Begründung in der sozialständischen Gliederung der Gesellschaft. So ist z.B. die Hintanstellung der Selbstreferenz, wie sie in der Redensart „[Nur] Der Esel nennt sich immer zuerst." gefordert wird, ursprünglich Ausdruck der Ständebeziehung und erst später allgemeine Höflichkeitsform. Ebenso ist die Auslassung des Subjektpronomens Ausdruck der Ehrerbietung des statusniedrigeren Schreibers gegenüber dem statushöheren Adressaten (vgl. Beetz 1990, 206f.). Adelung schreibt noch 1796: „In Briefen hat man es lange für eine Art von Ehrerbietung gehalten, das Fürwort ich, so viel als möglich ist, zu verschweigen. Nachdem Ew. - Hen. Bruder gestern gesehen, habe von demselben vernommen u.s.f. Der gute Geschmack hat diese gezwungene Höflichkeit größten Theils wieder verdränget; allein gegen einen Höhern, von dessen Geschmack man noch nicht überzeuget ist, muß man sich derselben immer noch oft genug unterwerfen." (Gramm.-Krit. Wb der Hochdt. Mundart, Bd. 2, 1349). – In Telegrammen wurde und wird das Subjektpronomen *ich* aus Kostengründen zumeist weggelassen (*Komme morgen, Bin krank*); „eine Verwechslung der 1. P. Sg. mit dem Imperativ ist aus pragmatischen Gründen unwahrscheinlich" (Schwitalla 2002, 37f.). Dasselbe gilt für grundsätzlich SMS-Texte, nur dass die Auslassung hier weniger auf Kostengründe zurückführbar ist als auf Sprachökonomie (vgl. ebd., 47), und zwar selbst innerhalb akronymischer Strukturen (vgl. *hdgdl* ‚hab dich ganz doll lieb‘).

Zu Aufgabe 6:

In Johann Christoph Adelungs Buch „Ueber den deutschen Styl" (3 Teile in 2 Bänden), Berlin 1785, ist zu lesen „**Die Anrede**, oder die **Titulatur** macht im Deutschen viele Schwierigkeiten, weil die pedantische Sorgfalt, das Verhältniß der Schreibenden auch hier nach allen seinen Schattirungen aus zudrucken, eine Menge Wörter und Formen beybehalten hat, welche außer dem Briefstyle längst veraltet sind." (Bd. II, 327). Adelung führt als Beispiele dafür u.a. die Anredeformen *Hochzuehrend*, *Hochgelahrt* und *Reichsfreyhochwohlgebohrner* an. „In freundschaftlichen und vertraulichen Briefen", heißt es dann bei ihm, hat man sich dieses Zwanges bereits entledigt; nur in Briefen an Unbekannte und Höhere muß man sich demselben nur noch zu oft unterziehen." Die Anrede „Meine liebe Madam" darf schon deshalb als vertrauliche Anredeform angesehen werden.

Zur Bezeichnung der Wertschätzung, schreibt derselbe Adelung dann in seinem Wörterbuch, sei *lieb* als „Beywort nur in einigen Fällen, besonders des gemeinen Lebens und der vertraulichen Sprechart üblich"; „in der höhern Schreibart" hingegen werde *geliebt* verwendet (J. C. Adelung: Grammatisch-kritisches Wörterbuch der Hochdeutschen Mundart [...], Bd. 2, 1796, 2055). Die Anrede *Madame* war im 17. und bis weit ins 18. Jahrhundert adeligen, zumindest vornehmen Frauen vorbehalten – wie im Falle der „Soldaten" der Gräfin de la Roche –; gegen Ende des 18. Jahrhunderts ist das Wort im Gefolge des Abschwungs des französischen Vorbilds und der zunehmenden Fremdwortkritik allerdings mehr und mehr zurückgedrängt worden. Die Anrede „Meine liebe Madam" ist auch aus diesem Grund bemerkenswert insofern, als sie Nähe suggeriert und zugleich ständisch bedingte Distanz akzeptiert.

Zu Aufgabe 7:

Die Quellen der historischen Gesprächsanalyse lassen vornehmlich „personengebundene" „kommunikative" „hörbare" Daten vermissen. Nimmt man nun das von Bahrdt aufgesetzte fiktive Gespräch und die Abbildung von Chodowiecki zusammen, so kann man in Bezug auf die „prozeßhaften" „vokalen" Zeichen erschließen, dass wohl kein Lachen und Schreien in diesem Gespräch vernehmbar ist, Hüsteln und Seufzen sind hingegen durchaus im Bereich des Möglichen. Die Stimmgebung des Lehrers scheint ruhig zu sein. Er steht nah bei den Schülern und „giebt ein Zeichen zur Stille", so dass

156

er wohl mit gedämpfter Lautstärke anhebt. Ob seine Gesprächsschritte, z.B. der zweite Gesprächsschritt „Was ist das? ‚Sie haben gebethet?‘", einen ironischen Unterton führen, ist wiederum nicht
unmittelbar ersichtlich, doch sprechen der Gesprächsverlauf und, wenn man die Abbildung darauf bezieht, die Sozialordnung der Beteiligten dagegen. So legt die erste Gesprächsschrittübergabe an den
ersten Schüler („Erster!") ein strenges asymmetrisches Gesprächsverhältnis fest, zu dem Ironie nicht
passt, und auch die weiteren Gesprächsschrittübergaben dieser Art deuten, zumal durch ihre grundsätzliche Endstellung im Gesprächsschritt, auf eine feste, nicht ironisch getönte Intonation hin. Des-
gleichen zeigen auch die mimischen und „gestischen" Zeichen eine zwar freundliche (der Lehrer
scheint zu lächeln), gleichwohl „majestätische" Haltung an, um es in den Worten von Henne/Rehbock
auszudrücken. Der Lehrer auf dem Bild erscheint in Gelehrten-„Tracht", sein Körper ist den Kindern
halb zugewandt, seine Arme sind geöffnet, die im Halbrund stehenden Schüler scheinen, mit Ausnahme des Angesprochenen, zu schweigen. Was die „segmentalen" „verbalen" Zeichen anbelangt,
können vor allem Kontraktionen als „phonische Realisationen" festgestellt werden, z.B. „ists" (4. und
6. Gesprächsschritt) und „schadets" (10. Gesprächsschritt).

Zu Aufgabe 8:

Wolfgang Ratke führt in seiner „SPRACHKVNST" aus den Jahren 1612/15 zwanzig semantisch-
pragmatisch definierte Funktionsklassen von „Bewegwörtern" an, u.a. „Frewige, alß: Jo, Jauch,
hoschaho etc. [...]. Trawrige, alß: ach ach, o wee, wee, o Gott etc. [...]. Anreitzige, alß: nu doch, Jch
bitte dich, ey doch etc. [...]. Stillige, alß: st, still, schi etc. [...]. Schwerige, alß: warlich, auff mein trew
etc. (W. Ratke: Sprachkunst [1612–1615], abgedruckt in. Erika Ising: Wolfgang Ratkes Schriften zur
deutschen Grammatik [1612–1630]. Teil II: Textausgabe, Berlin 1959; 7–22). Inventare von Gesprächswörtern aus der Zeit des Bahrdt-Gesprächs bieten z.B. J. G. Schottelius: Ausführliche Arbeit
von der Teutschen HaubtSprache, Braunschweig 1663, Ndr. Tübingen 1995, 666ff.; K. Stieler: Der
Teutschen Sprache Stammbaum und Fortwachs [...], Nürnberg 1691, Ndr. Hildesheim 1968, Bd. III,
194; J. C. Adelung: Umständliches Lehrgebäude der Deutschen Sprache [...], Leipzig 1782, Ndr.
Hildesheim, New York 1972, Bd. II, 200ff.; J. C. Gottsched: Vollständigere und Neuerläuterte
Deutsche Sprachkunst [...], 5. Aufl. Leipzig 1762, Ndr. Hildesheim, New York 1970, 159, 397ff. und
529ff.
Schottelius z.B. bietet in seiner Ausführlichen Arbeit" aus dem Jahr 1663 im „neunzehenden Capittel
von dem Zwischenworte" u.a. ach, auwe, päh, bäh, äh, o, och, ei nun, nun nun, pfui, sch. Zu nu, nun
gibt sodann Kaspar Stieler in seinem Wörterbuch viele Beispiele des Gebrauchs am Ende des 17.
jahrhunderts, und Campe gibt sprachreflexive Hinweise (Wörterbuch der Deutschen Sprache [...],
Braunschweig 1807–1811, Ndr. Hildesheim, New York 1969, Bd. III, 523): „Oft dient es nur in der
vertraulichen Sprechart, eine Frage zu begleiten, wo es immer voran stehet. Nun, was sagen Sie dazu?
Nun, fragen Sie doch, wie es mit der Sache ging? Besonders wenn man eine Antwort etc. zu erwarten
berechtigt ist, z.B. nun, wie lange soll ich warten? oder auch, wenn gewisser Maßen ein Warten vo-
rangegangen ist, z.B. wenn einer den andern sprechen wollte, dieser aber nicht gleich anhören konnte
und nachher fragt: nun, was haben Sie mir denn zu sagen?" Bei Gottsched heißt es kritisch (a.a.O.
1762, 530f.): „Z.E. Man spricht hier in Meißen oft: Je nu! Ey nun ja doch! Ich dachte! Ich dächte, was
mich bisse! u.d.m. Diese kann man anderwärts kaum aussprechen, viel weniger verstehen". Derlei
semantisch-pragmatische Interpretationen repräsentieren Ansichten und Einsichten der Zeitgenossen
und sind sprachreflexive Informationen über den Gebrauch von Gesprächswörtern in der vergangenen
Gesprächswirklichkeit, die die Rekonstruktion derselben auf der Grundlage überlieferter Gesprächsexemplare stützen können.

Zu Aufgabe 9:

Annäherungen an die Gesprächswirklichkeit und die gesprochene Sprache könnte dieses Gespräch
gestatten: a) durch die Analyse der Gesprächswörter (o, i, abtönendes ja u.a.); b) durch die Analyse
von Elisionen (Apokope [„das hab' ich"] und Synkope [„wohl gesehn"]) sowie Kontraktionen
(„wen's"); auch Johannes' Ausruf „Ich?" als Reaktion auf die lehrerseitige Übergabe des Gesprächsschritts ist ein für die „allmähliche Verfertigung der Gedanken beim Reden" (Kleist) typischer strukturierender Gesprächsakt, wie er auch heute noch bei Schülern beliebt ist. Ebenso ist Lottes „O weißt

du das nicht einmahl?" ein sehr kindertypischer mehrfachadressierter Gesprächsakt mit der Funktion der Aufwertung der eigenen und der Abwertung einer anderen Person gegenüber einem Statushöheren.

Kritisch zu bemerken ist: a) der Vater und alle Kinder sprechen unabhängig von ihrem Alter dieselbe „Sprache", das heißt, es gibt keine idiolektalen Charakteristika, alle Figuren sind sprachlich gleichartig; b) es gibt nur glatte Sprecherwechsel, das heißt: Es fehlen Unterbrechungen, aber auch Gesprächsschrittabbrüche, Pausen usw., c) es gibt keine Verzögerungsphänomene (z.B. „äh", „öh") und Anakoluthe (das sind fehlerhafte Fortführungen einer begonnenen Satzkonstruktion), keine Versprecher und Sprecherkorrekturen.

Zu Aufgabe 10:

Das Gespräch aus Campes „Robinson" weist fast ausschließlich Sprecherwechsel nach dem Prinzip der Selbstselektion auf. Nur zweimal werden Sprecher explizit zur Übernahme des Gesprächsschritts aufgefordert, nämlich einmal Johannes durch Freund R. und am Schluss des Gesprächs der Vater durch Nikolas. Die Motivation zur Übernahme des Gesprächsschritts und zum Sprecherwechsel ergibt sich hier also aus dem Gespräch selbst und nicht aus seiner institutionellen Situierung. Letzteres ist im Reckahner Lehrgespräch der Fall: Der Vergleich lässt auf unterschiedliche Sorten des *Lehrgesprächs* zur selben Zeit schließen. Hier gibt es einen institutionell eingesetzten Gesprächsleiter, der das Recht zur Vergabe und zur Unterbindung der Übernahme des Gesprächsschritts besitzt. Der Sprecherwechsel nach dem Prinzip „Gesprächsleiter wählt den nächsten Sprecher" ist hier prototypisch, der Sprecherwechsel durch Selbstselektion die Ausnahme.

Diese Ergebnisse lassen sich wie folgt visualisieren: Das Lehrgespräch aus Campes „Robinson" erscheint als *freies Unterrichtsgespräch*, in dem alle Arten von Sprechhandlungen, die ein Sprecher vollzieht, auch an ihn adressiert werden können:

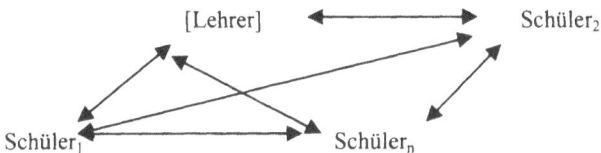

[Lehrer] ⟷ Schüler$_2$
Schüler$_1$ Schüler$_n$

Demgegenüber ist das Reckahner Lehrgespräch ein für seine Zeit schon sehr modernes *gelenktes Unterrichtsgespräch*, wie es in der Gegenwart der institutionellen Lehrgespräche des 21. Jahrhunderts typisch ist:

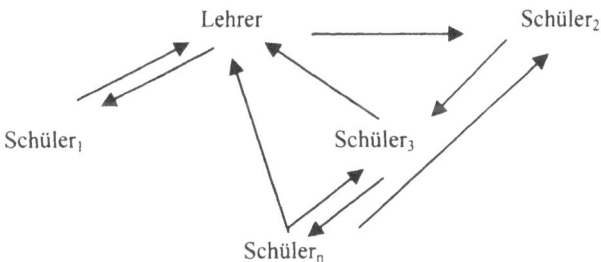

Lehrer ⟶ Schüler$_2$
Schüler$_1$ Schüler$_3$
Schüler$_n$

Zu Aufgabe 11:

a) Auf den ersten Blick könnten die das Gespräch initiierenden Sprechakte als BITTE um Rat („ratet mir ze der note" / „Helft mir in meiner Bedrängnis") und VERSPRECHEN („Euern Rat werde ich bereitwillig befolgen") interpretiert werden. Das Gespräch ist in diesem Fall einer Sorte des „komplementären Dialogtyps" zuzuweisen, dessen Zweck in der „Beseitigung eines Defizits, das bei einem der beteiligten Sprecher gegeben ist" (Franke 1986, 89ff.), liegt. Wenn Sp$_1$ um Rat BITTET und die Befolgung des Ratschlags VERSPRICHT, räumt er Sp$_2$ eine dominante Rolle im Gespräch ein, das Gespräch ist dann Sp$_2$-dominiert. Im Rahmen des komplementären Dialogtyps sind das z.B. *Informationsgespräche* (vgl. Franke 1986; Hundsnurscher 1994, 233f.) Ganz so deutlich liegt der Fall hier jedoch nicht. Wenn nämlich ein frühmittelalterlicher König zu seinen Gefolgsleuten sagt: „Helft mir in meiner Bedrängnis", so wird man darin nicht nur eine unverbindliche BITTE zu sehen haben, sondern einen BEFEHL, zumindest eine bindende AUFFORDERUNG. Die Äußerung „Euern Rat werde ich bereitwillig befolgen" verliert hingegen den bindenden Charakter eines VERSPRECHENS und wird zur ANKÜNDIGUNG. Auch in diesem Fall ist das Gespräch dem „komplementären Dialogtyp" zuzuweisen, doch ist das Gespräch Sp$_1$-dominiert. Der BEFEHL bzw. die AUFFORDERUNG wird wiederum präzisiert durch die Angabe des Gegenstands („Rat") und das asymmetrische Verhältnis wird gemildert durch die folgende ANKÜNDIGUNG. Das institutionell vorgegebenes Rollenverhältnis, wie es im vorliegenden Fall durch die Stellung des Königs gegeben ist, bleibt also bestehen, so dass das Gespräch als *Befragungsgespräch* oder *Erkundungsgespräch* klassifiziert werden könnte.

b) Es handelt sich bei diesem Gespräch um ein fiktionales Gespräch bzw. innerhalb der Fiktion um ein natürliches arrangiertes Gespräch (der König „befahl zu sich sechs erfahrene Herzöge und sechs Grafen"). Das Gespräch findet in Nahkommunikation unter einem Ölbaum statt, und insofern der König als Gesprächsleiter erscheint, muss von einer Großgruppe gesprochen werden (vgl. Henne/Rehbock 2001, 28). Das Gespräch ist nicht öffentlich und von einer gleichsam doppelten Asymmetrie gekennzeichnet: Einerseits ist, wie oben festgestellt, der König sowohl soziokulturell bedingt wie auch gesprächsstrukturell bedingt dominant; andererseits bedarf er der Beratung, und so räumt er den Herzögen und Grafen eine fachlich oder sachlich bedingte Dominanz ein. In Bezug auf die Handlungsdimension ist das Gespräch, einerseits, als direktiv einzuordnen insofern, als es dazu dient, zukünftiges Handeln zu planen; und es ist, andererseits, diskursiv insofern, als diese Planungen in Form des erörternden Abwägens stattfinden. Die Gesprächspartner sind einander bekannt, und sie sind routiniert vorbereitet („die seine Ratgeber waren", heißt es von den Herzögen und Grafen). Das Gespräch ist schließlich themabereichsfixiert und apraktisch. Das Wort *Rat* verweist auf den „Gesprächsbereich" der „Beratungsgespräche".

c) Indem der König seine Gefolgsleute mit „ratet mir ze der note" auffordert und die Ankündigung „uwers rates uolge ich gerne" folgen lässt, gebraucht er das sprachhandlungsbezeichnende Verb *raten* und das ebenfalls sprachhandlungsbezeichnende Substantiv *Rat*. Diese Wörter hatten im Mittelhochdeutschen eine ganz ähnliche Bedeutung wie in der deutschen Gegenwartssprache – aber nicht dieselbe: *raten* bedeutete allg. ‚jemandem etwas empfehlen „in wohlwollender oder feindlicher absicht"', „in stärkerer bedeutung befehlen", dann auch „beraten, überdenken"; das Substantiv *Rat* bedeutet u.a. „lehre, belehrung, oft geradezu befehl", ferner „beratung", „überlegung" (Matthias Lexer: Mittelhochdeutsches Taschenwörterbuch, Stuttgart [35]1979, 164). Beide Bedeutungserklärungen deuten auf der Ebene der abstrakten Bedeutung eine Dominanz des BERATENDEN Sprechers an, was im vorliegenden Fall auf die Herzöge und Grafen als Sp$_2$ zuträfe, und beide Bedeutungserklärungen führen *befehlen* bzw. *Befehl* als partielle Synonyme an, das heißt als bedeutungsähnliche sprachhandlungsbezeichnende Ausdrücke. Diese Bedeutungserklärungen weisen damit darauf hin, dass im Mittelhochdeutschen die Bedeutungen von *raten* und *Rat* neben der milderen Variante des direktiv-diskursiven Gesprächs mit dem Ergebnis der unverbindlichen Empfehlung bzw. des unverbindlichen Vorschlags auch noch die strengere Variante des direktiven Gesprächs mit dem Ergebnis eines verbindlichen Befehls stärker zugegen war (wie sie auch heute nur noch von Statushöheren gegenüber Statusniedrigeren gebraucht werden kann, z.B. Mutter zum Kind: „Ich rate dir, jetzt sofort ins Bett zu gehen!"). Beim vorliegenden Gespräch handelt es sich also, insofern die Statusniedrigeren *raten*, um die mildere Variante.

Zu Aufgabe 12:

Die „Explizierung des Problems durch den Ratsuchenden" endet hier mit den das Gespräch unmittelbar initiierenden Sprechakten „Wohlan, tapfere Männer, helft mir in meiner Bedrängnis zu eurer eigenen Ehre. Euern Rat werde ich bereitwillig befolgen." Damit wird, ausgehend vom direktiven Sprechakt der AUFFORDERUNG, der Handlungsplan BERATEN eingeleitet. Sp_2 hat gemäß dem abstrakten Sequenzmodell nun folgende Möglichkeiten:

a) spezifischer reaktiver Sprechakt, positiver Bescheid, z.B. etw. VORSCHLAGEN, etw. EMPFEHLEN u.a.;
b) spezifischer reaktiver Sprechakt, negativer Bescheid, z.B. einen RAT VERWEIGERN;
c) nicht-spezifischer reaktiver Sprechakt, entscheidungsvorbereitender Sprechakt, z.B. in Bezug auf den Beratungsgegenstand NACHFRAGEN;
d) nicht-spezifischer reaktiver Sprechakt, entscheidungsumgehender Sprechakt, z.B. die eigene Zuständigkeit oder Kompetenz BESTREITEN;
e) gegeninitiativer Sprechakt, z.B. Sp_1 AUFFORDERN, erst Sp_2 zu BERATEN.

Im Sinne des dritten Zuges ist es nun Aufgabe von Sp_1, auf die verschiedenen zweiten Züge zu reagieren, etwa einen „positiven Bescheid" zu AKZEPTIEREN oder im Falle eines „entscheidungsumgehenden Sprechakts" zu INSISTIEREN.
Nun zum Gespräch im Rolandslied. Die bindende AUFFORDERUNG des Königs um Rat als „initialer Sprechakt" verpflichtet die Herzöge und Grafen dazu, das Handlungsziel des Königs, nämlich die Beantwortung der Frage: „Wie kann ich mich retten?", auch zu ihrem Handlungsziel zu machen. Der König initiiert damit ein *Erkundungsgespräch* zum Zweck der Entscheidungsfindung. Der Rat der Herzöge und Grafen soll der Entscheidungsfindung dienen, gleichwohl ist der König trotz seiner ANKÜNDIGUNG, dem Rat Folge zu leisten, nicht an die Vorschläge gebunden. Den besonderen redekonstellativen Umständen ist weiterhin zuzuschreiben, dass die Herzöge und Grafen verpflichtet sind, „positive spezifische reaktive Sprechakte" („Nun aber will ich dir sagen, was du tun mußt.") oder allenfalls „entscheidungsvorbereitende oder entscheidungsumgehende nicht-spezifische reaktive Sprechakte" („Herr, verliere nicht den Mut, ich werde deine Ehre bewahren helfen.") als 2. Zug einzubringen. Ein „negativer Bescheid" als „spezifischer reaktiver Sprechakt", etwa indem die Herzöge und Grafen es ABLEHNEN, den König zu beraten, scheidet deshalb aus, ebenso ein „gegeninitiativer" Sprechakt.

Zu Aufgabe 13:

Es ist eine **Basisregel** dialogischer Kommunikation, dass mindestens ein Sprecher-/Schreiberwechsel stattfindet, die am Dialog Beteiligten jeweils wenigstens einmal die Rolle von Sprecher/Schreiber übernehmen. Sprecherseitiges *Schweigen* (als kommunikative Handlung) verstößt deshalb gegen diese Basisregel insofern, als es die Kommunikation zum Erliegen bringt; hörerseitiges *Schweigen* (als obligatorisches Hörerverhalten) hingegen erhält die Kommunikation aufrecht (vgl. auch Hymes 1979, 46).
Die **Konversationsmaximen** beziehen sich grundsätzlich auf die Handlungen und das Verhalten des Sprechers/Schreibers, so dass sie nur sprecherseitiges *Schweigen* als kommunikative Handlung in den Blick bekommen. Sprecherseitiges Schweigen ist dialogpragmatisch und semantisch relativ offen, kann also beliebige illokutionäre Rollen annehmen und perlokutionäre Effekte verfolgen. Im europäischen Sprachraum gilt kommunikatives Schweigen häufig als Bruch des Kooperationsprinzips (dialogpragmatische VERWEIGERUNG, zumeist in asymmetrischen Kommunikationssituationen), doch muss dies nicht sein. Da nämlich kommunikatives Schweigen per definitionem dort entsteht, wo Sprechen/ Schreiben erwartet wird, und da kommunikatives Schweigen als Reaktion (2. Zug) oft im Rahmen konventioneller Dialogsequenzen bzw. Dialogmuster erscheint (FRAGE – ANTWORT, VORWURF – RECHTFERTIGUNG), liegt es nicht selten durchaus im Sinne des schweigenden Sprechers/Schreibers, dass der Dialogpartner die illokutionäre Rolle und den perlokutionären Versuch

160

des Schweigens erkennt (z.B. schweigender Schüler, schweigender Angeklagter). Schweigen ist in diesem Fall ein Verstoß gegen die Maxime der Quantität, der im europäischen Sprachraum z.B. zu der konventionellen Implikatur führen kann, wonach das Schweigen als ZUSTIMMUNG gedeutet wird (vgl. „Qui tacet, consentire videtur.", „Wer schweigt, stimmt zu.").

Die **Konventionen** in der deutschen Gegenwartssprache zeigen ebenfalls die beiden erwähnten dialogpragmatischen Rollen (VERWEIGERUNG und ZUSTIMMUNG). Ein Blick in die Wörterbücher (z.B. ³GWb) zeigt darüber hinaus, dass diese dialogpragmatischen Rollen konventionell mit verschiedenen Symptomfunktionen versehen sind: VERWEIGERUNGS-*Schweigen* wird u.a. als Anzeichen für »Nichtwissen, Dummheit, Ratlosigkeit«, »Peinlichkeit, Verlegenheit, Betroffenheit« oder auch »Wut, Verbissenheit, Uneinsichtigkeit« gewertet, ZUSTIMMUNGS-*Schweigen* u.a. als Anzeichen für »Höflichkeit«, »Angst«, »Anklage«.

Zu Aufgabe 14:

Hier können nur einige Stichwörter und Hinweise gegeben werden, z.B. zur Kultur- und Sozialgeschichte: Kindern war noch bis weit ins 19. Jahrhundert hinein das Sprechen bei Tisch untersagt (vgl. Beetz 1990, 313); bis ins 18. Jahrhundert galt es als schicklich, dass Frauen in Gegenwart ihres Mannes schweigen (vgl. Burke 1993, 130f.; Linke 1996, 214ff.); zur Ideen- und Mentalitätsgeschichte bieten Redensarten und Sprichwörter einen ersten Zugang, vgl. z. B. Hinweise auf Dispositonen: *Reden ist Silber, Schweigen ist Gold*; *Besser stumm als dumm, Schweigen zur rechten Zeit übertrifft Beredsamkeit*. Insgesamt überwiegt zum *Schweigen* im Rahmen des deutschen Sprachraums die positive Bewertung; vgl. aber auch: *Stille Wasser sind tief*; *Wer am meisten red't, ist der reinste Mensch* (Fontane). Des Weiteren wäre das Schweigen in bestimmten Institutionen (z.B. Kirche, Schule) zu nennen. Wenn Schüler schweigen, bis ihnen das Rederecht vom Lehrer erteilt wird, gilt dies als positiv; schweigen sie allerdings dann, ist es negativ bewertet. Im Alltag, aber auch z.B. in der Rechtsprechung ist „keine Antwort auch eine Antwort"; andererseits darf ein Angeklagter von seinem Recht zu schweigen Gebrauch machen.

Zu Aufgabe 15:

In Form von Komposita – und dies sind ja Indizien für fest gewordene Briefsorten – nennt Stieler insgesamt 69 Briefsortennamen, worunter allerdings auch einige Wortbildungskreationen Stielers sind, die lediglich den Kombinationsreichtum der deutschen Sprache anzeigen sollen (z.B. *Jungferbrief, Mischbrief*). Ferner verzeichnet Stieler auch Komposita mit *Brief* i.S.v. ,Urkunde'. Da dies bei Muthmann allerdings genauso ist, ist der Vergleich erlaubt. Muthmann bietet insgesamt 113 Briefsortennamen, also 44 mehr. Sechsundzwanzig Briefsortenbenennungen führen Stieler und Muthmann übereinstimmend (z.B. *Abschiedsbrief, Schmähbrief*) oder in annähernd wörtlicher (vgl. *Dankesbrief* [Stieler] vs. *Dankbrief* [Muthmann], was allerdings in qualitativer Hinsicht noch keinen wesentlichen Aussagewert hat, da sowohl übereinstimmende Briefsortennamen auf verschiedene Briefsorten verweisen können wie auch übereinstimmende Briefsorten verschiedene Namen tragen können.

In qualitativer Hinsicht geben z.B. die Briefsortenbenennungen *Gevatterbrief* oder *Komplimentbrief* (nur Stieler) sowie *Erpresserbrief* oder *Feldpostbrief* (nur Muthmann) Hinweise auf einen Wandel des Briefsortenrepertoires durch Tilgung bzw. Hinzufügung von Briefsorten. Am Beispiel *Gevatterbrief*: Der *Gevatterbrief* war ein Schreiben, mit dem ein Vater kurz nach der Geburt seines Kindes einen erwählten Taufpaten (*Gevatter* ist Lehnübersetzung von lat. *compater*) von der Geburt unterrichtete, ihn um die Taufzeugenschaft bat und die Daten der Taufe anzeigte (vgl. DWb 6, 1911, 4663ff.). Diese Briefsorte ist im Lauf der Zeit außer Gebrauch gekommen, ihre Funktion(en) werden heute durch das persönliche Gespräch sowie durch Geburtsanzeigen in Zeitungen und mittels informeller Briefe erfüllt.

Erklären kann man die Tilgung einiger Briefsortenbenennungen u.a. mit Stadienwechsel in sozial- und kulturgeschichtlicher Hinsicht. Manchmal versagen allerdings alle sprachwissenschaftlichen Erklärungen: Dass bei Muthmann das Kompositum *Liebesbrief* fehlt, wird die historische Dialogforschung der Zukunft hoffentlich nicht als soziokulturelles Indiz für die Briefkultur im 21. Jahrhundert lesen.

Zu Aufgabe 16:

Bei Stieler und Muthmann werden u.a. übereinstimmend angeführt: *Abschiedsbrief, Ablassbrief, Brandbrief, Bettelbrief, Bittbrief.* Die Identität der Namen kann, muss aber keinesfalls auf eine Identität der Briefsorten hinweisen. So ist unter Zugrundelegung des prototypischen Textaufbau des Briefes grundsätzlich mit Abweichungen und mikrostrukturellen Veränderungen innerhalb der einzelnen Teile zu rechnen (z.B. Angabe des Ortes und Datums, Anredeformen, Gruß- und Abschiedsformeln u.a.). Ein *Bittbrief,* wie z.B. der oben zitierte *Bittbrief* J. P. Hebels, ist in der deutschen Briefkultur der Gegenwart nicht mehr an einen „Gnädigsten Fürsten und Herren" zu richten, sondern, z.B., an eine öffentlich-rechtliche Institution. Im Gefolge der mikrostrukturellen Veränderungen hat sich auch ein Briefsortenwandel ergeben, in dessen Verlauf die Korrespondenz die Grundsequenz aus *Antrag* und *Bescheid* erhielt. In anderen Fällen, wie etwa bei der Briefsorte(nbenennung) *Scheidebrief,* ist Makrowandel festzustellen. Die Textsorte (es handelt sich hier um Brief i.S.v. ‚Urkunde') und ihre Benennung sind mittlerweile veraltet und durch eine amtliche Textsorte (*Scheidungsurkunde*) ersetzt. Ursprünglich konnte der *Scheidebrief* vom Ehemann aufgesetzt und dadurch eine Ehe aufgehoben werden; die *Scheidungsurkunde* hingegen bedarf eines gerichtlichen Urteils und einer amtlichen Ausstellung.

8. Glossar und Sachregister

Abfragegespräch: 26

Abtönungspartikeln: „referieren auf die [...] Redesituation und tönen die Illokution eines Sprechakts, den sie eben dadurch auch mit indizieren [...] ab" (Burkhardt 1982, 154), z.B. „Was schreibst du *denn* da *eigentlich*?": 67, 76, 78

Anakoluth: abrupter Wechsel einer Satzkonstruktion, z.B. „Ich wollte dir noch, – ich habe da gestern etwas gesehen": 41, 75

Anredeformen: 15, 17, 21ff., 42, 47, 67, 77, 79ff., 106, 113, 126f., 144, 147f.

Apokope: „Wegfall auslautender Vokale und Konsonanten", z.B. *hätt' ich, sollt' ich* (MLS, 46): 83 ↑Elision

Ausklammerung: Verschiebung von Satzgliedern ins Nachfeld, wie z.B. „weißt du nicht, wie schreibt man Madam?": 41, 75, 82

Aussprache: „Realisation von Sprachlauten" (MLS) 15ff., 79, 82ff. ↑Sprache, gesprochene

begrüßen (↑*Gruß, grüßen*): 17, 44f., 66, 79ff., 106, 120ff., 126, 144

Beratungsgespräch: 35, 89, 104, 106, 111, 115, 134

Besprechung, interfraktionelle: 33f., 115ff.

Brief(korrespondenz): 2, 4ff., 15ff., 20ff., 35, 38, 46ff., 56, 142ff.

Chat: 4f., 9, 35, 39, 139ff.

Debatte: 4f., 12, 35, 115ff., 134

Diachronie „Entwicklungsphase" (F. de Saussure, dt. [2]1967, 96); als evolutionär dynamisch festgestellte Entwicklung eines Sprachsystems, Längsschnitt auf einer sprachgeschichtlichen Zeitskala (z.B. Anredeformen von 1500 bis 1800, vgl. Metcalf 1938): 9, 17, 21, 24, 36ff., 53ff., 117, 128ff., 136ff. ↑Synchronie

Dialog: primär im Medium der gesprochenen Sprache (Gespräch) und nachrangig im Medium der geschriebenen Sprache (Korrespondenz) geführte, thematisch gebundene Interaktion mit mindestens zwei in den Rollen von Sprecher/Schreiber und Hörer/Leser einander abwechselnd Beteiligten: 2ff., 4f., 6f., 12ff. (passim)

Dialog, computervermittelter: mit Hilfe des Computers a) als Medium (Mensch-zu-Mensch-Kommunikation) oder b) als Dialogpartner (Mensch-Maschine-Kommunikation) geführter Dialog: 12, 25f., 139ff. ↑*Chat*

Dialogbereich Zusammenfassung von Dialogsorten und Dialogtypen, die die dialogische Kommunikation innerhalb eines gesellschaftlichen Kommunikations- und Praxisbereichs gestalten: 45, 54ff., 89, 100, 112ff., 133

Dialogertrag „das in einer Interaktion zustandegekommene, aus ihr gewinnbare Ergebnis" (Adamzik 2000a, 191): 20, 98ff.

Dialogexemplar: singuläres, abgrenzbares Dialogereignis (z.B. die *Disputation* Luthers und Zwinglis am 3. Oktober 1529: 36ff., 53ff., 57ff., 80, 87ff., 95, 98f., 109ff., 112ff., 135f.

Dialogforschung, sprachstrukturelle: Untersuchung der Strukturen dialogischer Handlungsmittel und -formen auf der mittleren und Mikroebene des Dialogs: 11, 13f., 15ff., 22f., 36f., 48, 54ff., 59ff., 83f., 112, 117f., 137, 139ff.

Dialogforschung, sprachpragmatische: Untersuchung der Funktionen dialogischer Handlungsmittel und -formen auf der mittleren und Makroebene des Dialogs: 11, 13f., 18ff., 36f., 54ff., 59ff., 86ff., 104ff., 117f., 134ff., 142ff.

Dialogforschung, sprachsoziologische: Untersuchung der Bedingungen dialogischer Handlungsmittel und -formen auf der mittleren und Makroebene des Dialogs: 11, 13f., 22ff., 36f., 54f., 57f., 112ff., 117f., 128, 130, 137ff., 146ff.

Dialoggrammatik: „dialoganalytisches Konzept, das sich in der Beschreibung von Dialogmustern und authentischen Dialogen an den theoretischen und methodologischen Grundannahmen der Sprechakttheorie einerseits und der Generativen Transformationsgrammatik andererseits orientiert" (Franke 1990, 163): 19f., 52f., 87, 93ff., 105f.

Dialognormen: innerhalb einer Sprachgesellschaft subsistent oder statuiert für das dialogische Sprachleben und den dialogischen Haushalt sanktionierte Regeln, wie z.B. die subsistent als Norm etablierte regel, dass man nicht mit vollem Mund sprechen solle: 36, 46f., 112ff. ↑Sprachhandlungsnormen

Dialogsorte virtuelle Muster für die Realisierung von Dialogexemplaren; abstrakte Konfiguration aus ko- und kontextuellen (Handlungsbedingungen), funktionalen (Handlungszwecke) und strukturellen (Handlungsmittel und -formen) Merkmalen dialogischer Sprachproduktion: 8f., 13f., 21ff., 29ff., 35ff., 48, 52ff., 54ff., 77, 79f., 86ff., 93ff., 98ff., passim

Dialogsortenklassifikation ↑Dialogtypologie

Dialogtyp: Zusammenfassung von ↑Dialogsorten, die innerhalb eines Dialogbereichs gemeinsam der Erreichung eines übergeordneten Zwecks dienen: 19f., 33ff., 53ff., 86ff., 93ff., 101ff., 105ff., 112ff.

Dialogtypologie: linguistische Ansätze zur systematischen Ordnung entweder von Dialogexemplaren zu Dialogsorten oder/und von Dialogsorten zu Dialogtypen (auch Dialogsortenklassifikation): 33, 56, 86ff., 93ff., 97, 101ff., 105ff.

Diskurs über den Dialog hinausgehende gesellschaftlichen Sprachhandlungskonstellation, die aus dem zusammenspiel von Thema, historischer Zeit und Handlungsbeteiligten konstituiert wird (vgl. z.B. „Grundrechte-Diskurs 1948/49"): 30, 52, 54, 57, 114, 128, 133f.

Diskussion: 104, 115, 134

Disputatio(n): 8f., 12, 33, 39, 148f.

Elision „Lautauslassung" (MLS 160) 16, 41, 82f., 146 ↑Apokope

E-Mail: 6, 29f., 35, 39, 142, 146f.

Erkundigungsgespräch: 87

Gespräch: ↑Dialog in gesprochener Sprache: 3ff., 38ff., 52ff., 59ff. passim

Gesprächsakt: sprachliche und gestisch-mimische minimal-kommunikative Gesprächseinheit mit handlungsplanmäßigem Stellenwert im Gespräch (vgl. Henne/Rehbock 2001, 176): 9, 15ff., 60f.

Gesprächsanalyse „ist eine sprachwiss. Disziplin, die [...] dialogisches Sprechen erforscht" (Paul 2002, 407): 7, 13, 19, 34f., 41, 52f., 57, 59ff., 64ff., 70ff., 101ff.

Gesprächsbereich „Ausprägungen von Gesprächen", die „für die Mitglieder der Gesellschaft je spezifische Funktionen (Zwecke) [erfüllen]" (Henne/Rehbock 2001, 22f.): 60f., 65, 104f. ↑Dialogbereich

Gesprächsexemplar medial mündlich realisiertes ↑Dialogexemplar.

Gesprächsphase: Strukturelemente des Gesprächs auf der Makroebene (vgl. Henne/Rehbock 2001, 14f.): 65ff.

Gesprächsschritt: „das, was ein Individuum tut und sagt, während es an der Reihe ist" (Goffman 1974; zitiert nach Henne/Rehbock 2001, 16): 7, 9, 15ff., 20, 22, 41f., 62, 65ff., 70ff., 75ff., 112, 121, 142

Gesprächsschrittübergabe ↑Sprecherwechsel

Gesprächsschrittübernahme: ↑Sprecherwechsel

Gesprächssorte: medial mündlich realisierte ↑Dialogsorte

Gesprächstyp: Zusammenfassung von medial mündlich zu realisierenden ↑Dialogsorten, die innerhalb eines Dialogbereichs gemeinsam der Erreichung eines übergeordneten Zwecks dienen, ↑Dialogtyp

Gesprächswort: „Ausdrücke, deren Vorkommen der Organisation, Gliederung, Strukturierung mündlicher Sprache dient (MLS, 222): 15ff., 51, 77ff., 85ff. ↑Abtönungspartikeln, ↑Gliederungspartikeln, ↑Interjektionen, ↑Rückmeldungspartikeln, ↑Sprechhandlungspartikel

Gliederungspartikeln: Gesprächswörter, „mit denen Sprecher ihre Gesprächsschritte gliedern und zugleich Kontakt, Aufmerksamkeit und Zustimmung erheischen" (Henne 1978, 45), z.B. *oder nicht?* am Ende des Gesprächsschritts: 74, 78f.

Gruß, grüßen ↑begrüßen

Höflichkeit: kommunikatives Verhalten, das den antizipierten Wünschen des Dialogpartners entspricht 16, 27f., 47, 87, 113, 121ff.

Hörerrückmeldung: sprachliche oder gestisch-mimische Aktivität des Hörers mit Steuerungseffekt für den Gesprächsverlauf, z.B. durch a) ↑Rückmeldungspartikeln, b) Satzvollendung, c) kurze Nachfrage, d) kurze Nachformulierung, e) gestisch-mimische Mittel, f) Hörerkommentarschritt: 54, 61, 65, 71ff., 112

Informationsgespräch: 19ff., 23, 87, 93ff., 104, 107

Interjektionen: „lexikalisierte und so konventionalisierte, kurze, satzwertige Ausrufe" (Burkhardt 1982, 155), z.B. *Bravo!*, *Fi!* (,pfui') 17, 78

Kampfgespräch 12, 33, 88, 95ff., 100ff., 107f.

Katechese 26, 64, 69, 79

Klatsch 12, 140

Komplimentieren 12, 121, 150

Kontraktion: „Zusammenziehung zweier Wörter zu einem anderslautenden phonologischen Wort" (MLS, 333): 16, 41, 82f., 140, 146

Konversation 35, 45, 113f., 131ff.

Korrespondenz: ↑*Brief(korrespondenz)*, ↑Dialog in geschriebener Sprache: 3ff., 5ff., 15f., 20ff., 38f., 55f., 93f., 142ff.

Korrespondenzexemplar medial schriftlich produziertes ↑Dialogexemplar.

Korrespondenzsorte: medial schriftlich realisierte ↑Dialogsorte

Korrespondenztyp: Zusammenfassung von medial schriftlich zu realisierenden ↑Dialogsorten, die innerhalb eines Dialogbereichs gemeinsam der Erreichung eines übergeordneten Zwecks dienen, ↑Dialogtyp

lügen 124f.

Lehrgespräch: 33, 35, 49f., 55f., 61ff., 65ff., 70ff., 75ff., 80ff., 86, 125, 130

Minnegespräch 333, 88, 104

Norm ↑Dialognormen, ↑Sprachhandlungsnormen

Prosodie: Lauteigenschaften der ↑Aussprache 15, 37, 60

Prüfungsgespräch: 9, 55, 64

Quellen: 6, 10, 15, 32ff., 35ff., 38ff., passim

Räsonieren: 12, 35, 77, 149

Reformationsdialog 32f., 136

Rückmeldungsakt: sprachliche und gestisch-mimische minimal-kommunikative Gesprächseinheit seitens des Hörers: 68, 71ff., 78, 112

Rückmeldungspartikeln: Gesprächswörter, die der Hörer aussendet, um dem Sprecher anzuzeigen, dass er noch zuhört (z.B. *hmm*): 78ff.

schweigen: 17, 27, 33, 36, 46, 71f., 125, 132ff.

SMS: 29, 35, 39, 141f., 146f.

Sprache, gesprochene: 3ff., 15ff., 32ff., 36f., 41ff., 74ff., passim ↑Aussprache, ↑Gespräch

Sprachhandlungsbegriff: mentales Konzept, mit dessen Hilfe Sprecher Sprachhandlungen klassifizieren; im Rahmen von Einzelsprachen zumeist Verben (*behaupten*) oder Substantive (*Behauptung*) zur interpretierenden Bezeichnung und Klassifikation von Sprachhandlungen 88, 105ff.

Sprachhandlungsnormen innerhalb einer Sprachgesellschaft subsistent oder statuiert für das Sprachhandeln und die Sprachhandlungsmittel sanktionierte Regeln, wie z.B. die als institutionelle Norm statuierte Regel, dass nur kirchliche Amtsträger TAUFEN dürfen: 4, 7f., 17, 22, 28ff., 36, 46f., 88, 97, 107, 109, 112ff. ↑Dialognormen

Sprachwandel: durch Sprachgebrauch hervorgerufene Veränderungen auf der Ebene der Sprachnorm oder des Sprachsystems im Laufe der Zeit: 13, 29, 32, 66, 73, 79f., 130f., 137

Sprecherwechsel: Übergabe des Gesprächsschritts („turns") an einen Hörer, der dadurch zum Sprecher wird, z.B. in den Arten a) Selbstselektion, b) Sprecher wählt nächsten Sprecher, c) Gesprächsleiter wählt nächsten Sprecher, und in den Formen a) ohne oder nur mit kurzen Pausen (fugenlos oder zäsuriert), b) mit Überlappung, c) mit längeren Pausen, d) durch Unterbrechung: 2f., 12ff., 66ff., 72ff., 102f., 116, 119f.

Sprechhandlungspartikeln, sind vornehmlich „illokutionsvollziehende Partikeln", wie beispielsweise ein BEGRÜSSENDES *Hallo*, oder ein BESTÄTIGENDES „*Jawohl*". Indem man diese Partikeln äußert, vollzieht man die entsprechenden Handlungen 78

Sprechstundengespräch: 29f.

Streitgespräch: 20ff., 33, 80, 86f., 93ff., 99f., 107ff.

Synchronie „Sprachzustand" (F. de Saussure, dt. [2]1967, 96); als statisch festgestellter Bestand eines Sprachsystems, Querschnitt auf einer sprachgeschichtlichen Zeitskala, z.B. „Reformationsdialog 1521-1525" (Kampe 1997): 9, 19, 23f., 52f., 72ff., 128, 131, 134ff., 148 ↑Diachronie

Telefongespräch: 35, 140, 146

Tischgespräch: 36, 45ff., 121

Turn ↑Gesprächsschritt

Typographie (in der Korrespondenz): 15, 62

verabschieden 67, 121, 126, 134

Vorstellungsgespräch 113

Zugsequenz: Abfolge von Gesprächsschritten mit mindestens einem Sprecherwechsel, wobei die Gesprächsschritte dialoggrammatisch als „Züge" in einem Handlungsplan interpretiert werden: 87, 94f.

9. Literatur (in Auswahl)

Das Literaturverzeichnis enthält vornehmlich die abgekürzt zitierte Sekundärliteratur sowie, in strenger Auswahl, wenige weiter führende Titel; zitierte Quellen und Hilfsmittel sind im Arbeitsheft an Ort und Stelle bibliographisch aufgeführt.

Adamzik, Kirsten: Dialogerträge. Vorschläge für eine mehrperspektivische Gesprächsanalyse, in: Zeitschrift für germanistische Linguistik 28, 2000a, 185–206.
–   Bezeichnungen für Dialogsorten im Deutschen, in: Susanne Beckmann/Peter-Paul König/Georg Wolf (Hrsg.): Sprachspiel und Bedeutung. Festschrift für Franz Hundsnurscher zum 65. Geburtstag, Tübingen 2000b, 243–354.
–   Aspekte der Gesprächstypologisierung, in: Klaus Brinker/Gerd Antos/Wolfgang Heinemann/Sven F. Sager (Hrsg.): Text- und Gesprächslinguistik. Ein internationales Handbuch zeitgenössischer Forschung, Zweiter Teilbd.: Gesprächslinguistik, Berlin, New York 2001, 1472–1484.
Althoff, Gert: Colloquium familiare – colloquium secretum – colloquium publicum. Beratung im politischen Leben des frühen Mittelalters, in: Frühmittelalterliche Studien 24, 1990, 145–167.
Bax, Marcel M. H.: Die lebendige Dimension toter Sprachen. Zur pragmatischen Analyse von Sprachgebrauch in historischen Kontexten, in: Zeitschrift für germanistische Linguistik 11, 1983, 1–21.
–   Historische Pragmatik. Eine Herausforderung für die Zukunft. Diachrone Untersuchungen zu pragmatischen Aspekten ritueller Herausforderungen in Texten mittelalterlicher Literatur, in: Dietrich Busse (Hrsg.): Diachrone Semantik und Pragmatik. Untersuchungen zur Erklärung und Beschreibung des Sprachwandels, Tübingen 1991, 197–215.
–   Ritual Levelling: The Balance between the Eristic and the Contractual Motive in Hostile Verbal Encounters in Medieval Romance and Early Modern Drama, in: Andreas H. Jucker/Gerd Fritz/Franz Lebsanft (eds.): Historical Dialogue Analysis, Amsterdam, Philadelphia 1999, 35–80.
Beetz, Manfred: Frühmoderne Höflichkeit. Komplimentierkunst und Gesellschaftsrituale im altdeutschen Sprachraum, Stuttgart 1990.
Behaghel, Otto: Geschriebenes Deutsch und gesprochenes Deutsch (1899), in: Otto Behaghel. Von deutscher Sprache. Aufsätze, Vorträge und Plaudereien, Lahr in Baden 1927, 11–34.
Beißwenger, Michael (Hrsg.): Chat-Kommunikation. Sprache, Interaktion, Sozialität & Identität in synchroner computervermittelter Kommunikation. Perspektiven auf ein interdisziplinäres Forschungsfeld, Stuttgart 2001.
Bentzinger, Rudolf: Besonderheiten in der Syntax der Reformationsdialoge 1520–1525, in: Neuere Forschungen zur historischen Syntax des Deutschen [...], Tübingen 1990, 196–204.
–   Untersuchungen zur Syntax der Reformationsdialoge 1520–1525. Ein Beitrag zur Erklärung ihrer Wirksamkeit, Berlin 1992.
Bergmann, Jörg: Ethnomethodologische Konversationsanalyse, in: Gerd Fritz/Franz Hundsnurscher (Hrsg.): Handbuch der Dialoganalyse, Tübingen 1994, 3–16.
Besch, Werner: Duzen, Siezen, Titulieren. Zur Anrede im Deutschen heute und gestern, Göttingen 1996.
Betten, Anne: Sprachrealismus im deutschen Drama der siebziger Jahre, Heidelberg 1985.
–   Zur Problematik der Abgrenzung von Schriftlichkeit und Mündlichkeit bei mittelalterlichen Texten, in: Anne Betten (Hrsg.). Neuere Forschungen zur historischen Syntax des Deutschen, Tübingen 1990, 324–335.
BMZ: Mittelhochdeutsches Wörterbuch. Mit Benutzung des Nachlasses von Georg Friedrich Benecke ausgearbeitet von Wilhelm Müller und Friedrich Zarncke. 3 Bde., Leipzig 1854–1866, Ndr. Hildesheim 1963.
Bolhöfer, Walther: Gruß und Abschied in Althochdeutscher und Mittelhochdeutscher Zeit, Diss. Göttingen 1912.
Brinker, Klaus/Sager, Sven F.: Linguistische Gesprächsanalyse. Eine Einführung. 2., durchgesehene und ergänzte Aufl. Berlin 1996.

168

- /Antos, Gerd/Heinemann, Wolfgang/Sager, Sven F. (Hrsg.): Text- und Gesprächslinguistik. Ein internationales Handbuch zeitgenössischer Forschung, Zweiter Teilbd.: Gesprächslinguistik, Berlin, New York 2001

Burger, Harald: Interjektionen, in: Horst Sitta (Hrsg.): Ansätze zu einer pragmatischen Sprachgeschichte. Zürcher Kolloquium 1978, Tübingen 1980, 53–69.

Burke, Peter: The Art of Conversation, Cambridge 1993.

Burkhardt, Armin: Gesprächswörter. Ihre lexikologische Bestimmung und lexikographische Beschreibung. In: Wolfgang Mentrup (Hrsg.): Konzepte zur Lexikographie. Studien zur Bedeutungserklärung in einsprachigen Wörterbüchern, Tübingen 1982, S. 138–171.

- Das Parlament und seine Sprache. Studien zu Theorie und Geschichte parlamentarischer Kommunikation, Tübingen 2003.

- Zwischen Monolog und Dialog. Zur Theorie, Typologie und Geschichte des Zwischenrufs im deutschen Parlamentarismus, Tübingen 2004.

Busse, Dietrich: Historische Semantik. Analyse eines Programms, Stuttgart 1987.

- /Teubert, Wolfgang: Ist Diskurs ein sprachwissenschaftliches Objekt? Zur Methodenfrage der historischen Semantik, in: Dietrich Busse/Fritz Hermanns/Wolfgang Teubert (Hrsg.): Begriffsgeschichte und Diskursgeschichte. Methodenfragen und Forschungsergebnisse der historischen Semantik, Opladen 1994, 10–28.

Cherubim, Dieter: Zum Programm einer historischen Sprachpragmatik, in: Horst Sitta (Hrsg.): Ansätze zu einer pragmatischen Sprachgeschichte. Zürcher Kolloquium 1978, Tübingen 1980, 3–21.

- Sprachgeschichte im Zeichen der linguistischen Pragmatik, in: Werner Besch/Anne Betten/Oskar/Stefan Sonderegger (Hrsg.): Sprachgeschichte. Ein Handbuch zur Geschichte der deutschen Sprache und ihrer Erforschung. Erster Halbbd. 2., vollständig neu bearb. und erw. Aufl. Berlin, New York 1998, 538–550.

Daniel, Ute: Kompendium Kulturgeschichte. Theorien, Praxis, Schlüsselwörter, Frankfurt/M: 2001.

Dundes, Alan/Leach, Jerry. W./Özkök, Bora: The Strategy of Turkish Boys' verbal Dueling Rhymes, in: John Gumpertz/Dell Hymes (eds.): Directions in Sociolinguistics, New York [usw.] 1972, 130–160.

DWb: Deutsches Wörterbuch von Jacob Grimm und Wilhelm Grimm. 16 Bde. in 32 Teilbdn., Leipzig 1854–1960. Ndr. München 1984.

Ehler, Karin: Konversation. Höfische Gesprächskultur als Modell für den Fremdsprachenunterricht, München 1996.

Ehlich, Konrad: On the historicity of politeness, in: Richard J. Watts/Sachiko Ide/Konrad Ehlich (eds.): Politeness in Language. Studies in its History, Theory and Practice, Berlin, New York 1992, 72–107.

- Der Katechismus – eine Textart an der Schnittstelle von Mündlichkeit und Schriftlichkeit, in: Zeitschrift für Literaturwissenschaft und Linguistik 29, 1999, H. 116, 9–33.

Ehrismann, Gustav: Duzen und Ihrzen im Mittelalter, in: Zeitschrift für deutsche Wortforschung 1, 1901, 117–149; 2, 1902, 118–159; 4, 1903, 210–248; 5, 1903/04, 127–220.

Elias, Norbert: Über den Prozeß der Zivilisation. Soziogenetische und psychogenetische Untersuchungen. Bd. 1: Wandlungen des Verhaltens in den weltlichen Oberschichten des Abendlandes, Frankfurt/M. 14. Aufl. 1989.

Elspaß, Stephan: Alter Wein und neue Schläuche? Briefe der Wende zum 20. Jahrhundert und Texte der neuen Medien – ein Vergleich, in: Schmitz, Ulrich/Wyss, Eva Lia (Hrsg.): Briefkommunikation im 20. Jahrhundert, OBST 64, 2002, 7–31.

Enninger, Werner: Zu Möglichkeiten und Grenzen historischer Diskursanalyse. Der Fall der Zweiten Züricher Disputation 1523, in: Zeitschrift für Germanistik 11, 1990, 147–161.

Ettl, Susanne: Anleitung zu schriftlicher Kommunikation. Briefsteller von 1880-1980, Tübingen 1984.

Fauser, Markus: Das Gespräch im 18. Jahrhundert. Rhetorik und Geselligkeit in Deutschland, Stuttgart 1991.

Franke, Wilhelm: Taxonomie der Dialogtypen. Eine Skizze, in: Franz Hundsnurscher/Edda Weigand (Hrsg.): Dialoganalyse [...], Tübingen 1986, 85-101.

–   Elementare Dialogstrukturen. Darstellung, Analyse, Diskussion, Tübingen 1990.

Fraser, Bruce: The form and function of politeness in conservation, in: Klaus Brinker/Gerd Antos/Wolfgang Heinemann/Sven F. Sager (Hrsg.): Text- und Gesprächslinguistik. Ein internationales Handbuch zeitgenössischer Forschung, Zweiter Teilbd.: Gesprächslinguistik, Berlin, New York 2001, 1406–1425..

Fritz, Gerd: Geschichte von Dialogformen, in: Fritz/Hundsnurscher (Hrsg.) 1994, 545–562.

–   Topics in the History of Dialogue Forms, in: Andreas H. Jucker (ed.) 1995, 469–498.

–   Remarks on the History of Dialogue Forms, in: Etienne Pietri (ed.) [...]: Dialoganalyse V [...], Tübingen 1997, 47–55.

–   /Muckenhaupt, Manfred: Kommunikation und Grammatik. Texte – Aufgaben – Analysen, Tübingen 2. Aufl. 1984.

–   /Hundsnurscher, Franz (Hrsg.): Handbuch der Dialoganalyse, Tübingen 1994.

Gering, Hugo: Vollständiges Wörterbuch zu den Liedern der Edda, Halle 1903, Ndr. Hildesheim, New York 1971.

Gernentz, Hans Joachim: Die Bedeutung der Gesprächsbücher des Rußlandhandels im 17. Jahrhundert für die Entwicklung der Lexikographie, in: Kopenhagener Beiträge zur Germanistischen Linguistik 17, 1981, 63–93.

Gloning, Thomas: Sprachreflexive Textstellen als Quellen für die Geschichte von Kommunikationsformen, in: Heinrich Löffler (Hrsg.): Dialoganalyse IV [...], Teil 1, Tübingen 1993, 207–217.

–   The Pragmatic Form of Religious Controversies around 1600. A Case Study in the Osiander vs. Scherer & Rosenbusch Controversy, in: Andreas H. Jucker/Gerd Fritz/Franz Lebsanft (eds.): Historical Dialogue Analysis, Amsterdam, Philadelphia 1999, 81–110.

Glück, Helmut/Klatte, Holger/ Spáčil, Vladimir/ Spáčilová, Libuše: Deutsche Sprachbücher in Böhmen und Mähren vom 15. Jahrhundert bis 1918. Eine teilkommentierte Bibliographie, Berlin, New York 2002.

Goffman, Erving: Interaktionsrituale. Über Verhalten in direkter Kommunikation, Frankfurt/M. 1986.

Göttert, Karl-Heinz: Kommunikationsideale. Untersuchungen zur europäischen Konversationstheorie, München 1988.

–   Rhetorik und Konversationstheorie. Eine Skizze ihrer Beziehung von der Antike bis zum 18. Jahrhundert, in: Rhetorik 10, 1991, 45–65.

–   Konversation, in: HWbRh, Bd. 4, 1998, 1322–1333.

Grice, H. Paul: Logic and Conversation, in: P. Cole/J. L. Morgan (eds.): Syntax and Semantics, Vol. 3: Speech Acts, New York, San Francisco, London 1975, 41–58; dt.: Logik und Konversation, in: Georg Meggle (Hrsg.): Handlung, Kommunikation, Bedeutung, Frankfurt/M. 1979, S. 243–265.

[3]GWb: DUDEN. Das große Wörterbuch der deutschen Sprache in zehn Bänden. 3., völlig neu bearb. und erw. Aufl. [...], Mannheim [usw.] 1999.

Grosse, Siegfried: Literarischer Dialog und gesprochene Sprache, in: Herbert Backes (Hrsg.): Festschrift für Hans Eggers zum 65. Geburtstag, Tübingen 1972 (= PBB[T] 94, Sonderheft), 649–668.

Gutenberg, Norbert: Einige Anmerkungen (und Wiederholungen) zu Fragen der Methodologie von Kommunikationstypologie, in: Edda Weigand/Franz Hundsnurscher (Hrsg.): Dialoganalyse II [...], Bd. 1, Tübingen 1989, 33–41.

Hasubek, Peter: „... wer am meisten red't ist der reinste Mensch". Das Gespräch in Theodor Fontanes Roman „Der Stechlin", Berlin 1998.

Hauenherm, Eckhard: Pragmalinguistische Aspekte des dramatischen Dialogs. Dialoganalytische Untersuchungen zu Gottscheds Sterbender Cato, Lessings Emilia Galotti und Schillers Die Räuber, Frankfurt/M. [usw.] 2002.

Heinemann, Wolfgang/Viehweger, Dieter: Textlinguistik. Eine Einführung, Tübingen 1991.

Henne, Helmut: Sprachpragmatik. Nachschrift einer Vorlesung, Tübingen 1975.

–   Gesprächswörter, in: Helmut Henne/Wolfgang Mentrup/Dieter Möhn/Harald Weinrich (Hrsg.): Interdisziplinäres deutsches Wörterbuch in der Diskussion, Düsseldorf 1978, 42–47.

–   Die Rolle des Hörers im Gespräch, in: Inger Rosengren (Hrsg.): Sprache und Pragmatik. Lunder Symposium 1978, Malmö 1979, 122–134.

– Probleme einer historischen Gesprächsanalyse. Zur Rekonstruktion gesprochener Sprache im 18. Jahrhundert, in: Horst Sitta (Hrsg.): Ansätze zu einer pragmatischen Sprachgeschichte. Zürcher Kolloquium 1978, Tübingen 1980, 89–102.

– Zur Analyse sprachlicher Handlungen in Briefen, in: Inger Rosengren (Hrsg.): Sprache und Pragmatik. Lunder Symposium 1982, Stockholm 1983, 193–198.

– Zur historischen und literarischen Dimension der Gesprächsforschung, in: Magdalena Bartha/Attila Péteri (Hrsg.): Textverstehen – Textarbeit – Textkompetenz, Budapest, 1994, 27–41.

– /Rehbock, Helmut: Einführung in die Gesprächsanalyse. 4., durchgesehene und bibliographisch ergänzte Aufl. Berlin, New York 2001.

Hermanns, Fritz: Sprachgeschichte als Mentalitätsgeschichte. Überlegungen zu Sinn und Form und Gegenstand historischer Semantik, in: Andreas Gardt/Klaus J. Mattheier/ Oskar Reichmann (Hrsg.): Sprachgeschichte des Neuhochdeutschen. Gegenstände, Methoden, Theorien, Tübingen 1995, 69–101.

– Linguistische Anthropologie. Skizze eines Gegenstandsbereichs linguistischer Mentalitätsgeschichte, in: Dietrich Busse/Fritz Hermanns/Wolfgang Teubert (Hrsg.): Begriffsgeschichte und Diskursgeschichte. Methodenfragen und Forschungsergebnisse der historischen Semantik, Opladen 1994, 29–59.

Hess-Lüttich, Ernest W. B.: Dialog, in: HWbRh, Bd. 2: Bie–Eul, Tübingen 1994, Sp. 606–621.

– Gespräch, in: HWbRh, Bd. 3: Eup–Hör, Tübingen 1996, Sp. 929–947.

– E-Epistolographie: Briefkultur im Medienwandel, in: Hepp, Andreas/Winter, Rainer (Hrsg.): Kultur – Medien – Macht. Cultural Studies und Medienanalyse, 2., überarb. Aufl. Opladen, Wiesbaden 1999, 273–294.

– (N)Etiquette und Subversion – Autoritätsverfall und Dialogverlust in der Briefkultur?, in: Waltraud ,Wara' Wende (Hrsg.): Über den Umgang mit der Schrift, Würzburg 2002, 172–193.

Hindelang, Götz: Sprechakttheoretische Dialoganalyse, in: Gerd Fritz/Franz Hundsnurscher (Hrsg.): Handbuch der Dialoganalyse, Tübingen 1994, 95–112.

Hoffmann, Ludger: Grammatik der gesprochenen Sprache, Heidelberg 1998 (= Studienbibliographien Sprachwissenschaft 25)

Hoffmann, Werner: Das Hildebrandslied und die indogermanischen Vater-Sohn-Kampf-Dichtungen, in: Beiträge zur Geschichte der deutschen Sprache und Literatur (PBB[T]) 92, 1970, 26–42.

Hoffmann, Walter: Probleme der Korpusbildung in der Sprachgeschichtsschreibung und Dokumentation vorhandener Korpora, in: Besch, Werner/Betten, Anne/Reichmann, Oskar/Sonderegger, Stefan (Hrsg.): Sprachgeschichte. Ein Handbuch zur Geschichte der deutschen Sprache und ihrer Erforschung. Erster Halbbd. 2., vollständig neu bearb. und erw. Aufl. Berlin, New York 1998, 875–889.

Hoppe, Brigitte: Naturwissenschaftliche Fachgespräche zur Zeit der Aufklärung in Europa, in: Schlieben-Lange (Hrsg.) 1989, 115–167.

Hundsnurscher, Franz: Konversationsanalyse versus Dialoggrammatik, in: Heinz Rupp/ Hans-Gert Roloff (Hrsg.): Akten des VI. Internationalen Germanisten-Kongresses Basel 1980, Bd. 2, Bern 1980, 89–95.

– Typologische Aspekte von Unterrichtsgesprächen, in: Edda Weigand/Franz Hundsnurscher (Hrsg.): Dialoganalyse II [...], Tübingen 1989, Bd. 1, 237–256.

– Dialog-Typologie, in: Gerd Fritz/Franz Hundsnurscher (Hrsg.): Handbuch der Dialoganalyse, Tübingen 1994, 203–238.

– Das Konzept der Dialoggrammatik, in: Klaus Brinker/Gerd Antos/Wolfgang Heinemann/Sven F. Sager (Hrsg.): Text- und Gesprächslinguistik. Ein internationales Handbuch zeitgenössischer Forschung, Zweiter Teilbd.: Gesprächslinguistik, Berlin, New York 2001, 945–952.

HWbdA: Handwörterbuch des deutschen Aberglaubens, hrsg. von Hanns-Bächthold-Stäubli [...]. 10 Bde., Berlin, Leipzig 1927–1942, Ndr. Berlin, New York 2000.

HWbRh: Historisches Wörterbuch der Rhetorik. Hrsg. von Gert Ueding, Tübingen 1992ff.

Hymes, Dell: Die Ethnographie des Sprechens, in: Dell Hymes: Soziolinguistik. Zur Ethnographie der Kommunikation. Eingeleitet und hrsg. von Florian Coulmas, Frankfurt/M. 1979, 29–97.

Jacobs, Andreas/Jucker, Andreas H.: The Historical Perspective in Pragmatics, in: Jucker 1995, 3–33.

Jucker, Andreas H. (ed.): Historical Pragmatics: Pragmatic Developments in the History of English, Amsterdam, Philadelphia 1995.

– /Fritz, Gerd/Lebsanft, Franz: Historical Dialogue Analysis: Roots and Traditions in the Study of the Romance Languages, German, and English, in: Andreas H. Jucker/Gerd Fritz/Franz Lebsanft (eds.): Historical Dialogue Analysis, Amsterdam, Philadelphia 1999, 1–33.

Kampe, Jürgen: Problem „Reformationsdialog". Untersuchungen zu einer Gattung im reformatorischen Medienwettstreit, Tübingen 1997.

Kästner, Hannes: Mittelalterliche Lehrgespräche. Textlinguistische Analysen, Studien zur poetischen Funktion und pädagogischen Intention, Berlin 1978.

– Minnegespräche: Die galante Konversation in der frühen deutschen Lyrik, in: Andreas H. Jucker/Gerd Fritz/Franz Lebsanft (eds.): Historical Dialogue Analysis, Amsterdam, Philadelphia 1999, 167–188.

Keller, Rudi: Sprachwandel. Von der unsichtbaren Hand in der Sprache. 2., überarbeitete und erweiterte Aufl. Tübingen 1994.

Kilian, Jörg: Demokratische Sprache zwischen Tradition und Neuanfang. Am Beispiel des Grundrechte-Diskurses 1948/49, Tübingen 1997a (= RGL 186).

– Gespräche im Computer-Zeitalter – Kommunikation und Kultur?, in: Michael Zöller (Hrsg.): Informationsgesellschaft – Von der organisierten Geborgenheit zur unerwarteten Selbständigkeit? [= Veröffentlichungen der Hanns Martin Schleyer-Stiftung 49], Köln 1997b, 240–247.

– „Alles Plauderei"? Fontanes »Stechlin« im Blick der historischen Dialogforschung, in: Mu 109, 1999, 338–357.

– Erinnerter Neuanfang. Zur Formung parlamentarisch-demokratischer Kommunikation im Parlamentarischen Rat, in: Armin Burkhardt/Cornelia Pape (Hrsg.): Sprache des deutschen Parlamentarismus. Studien zu 150 Jahren parlamentarischer Kommunikation, Wiesbaden 2000, 172–192.

– T@stentöne. Geschriebene Umgangssprache in computervermittelter Kommunikation. Historisch-kritische Ergänzungen zu einem neuen Feld der linguistischen Forschung, in: Michael Beißwenger (Hrsg.): Chat-Kommunikation. Sprache, Interaktion, Sozialität & Identität in synchroner computervermittelter Kommunikation. Perspektiven auf ein interdisziplinäres Forschungsfeld, Stuttgart 2001a, 55–78.

– Private Gespräche im 19. Jahrhundert. Am Beispiel von Wilhelm Raabes »Pfisters Mühle«, in: Herbert Blume (Hrsg.): Von Wilhelm Raabe und anderen. Vorträge aus dem Braunschweiger Raabe-Haus, Bielefeld 2001b, 171–190.

– Lehrgespräch und Sprachgeschichte. Untersuchungen zur historischen Dialogforschung, Tübingen 2002a (= RGL 233).

– Scherbengericht. Zu Quellenkunde und Quellenkritik der Sprachegeschichte. Am Beispiel des Sozialistengesetzes Bismarcks (1878–1890), in: Dieter Cherubim/Karlheinz Jakob/Angelika Linke (Hrsg.): Neuere Deutsche Sprachgeschichte. Mentalitäts-, kultur- und sozialgeschichtliche Zusammenhänge, Berlin, New York 2002b, 139–165.

– Alkmenes *Ach*. Die Linguistik entdeckt die dialogische Sprache, in: Helmut Henne/ Horst Sitta/Herbert Ernst Wiegand (Hrsg.): Germanistische Linguistik. Konturen eines Faches, Tübingen 2003, 159–183.

– Jurek Becker: Jakob der Lügner, in: Renate Stauf/Cord-Friedrich Berghahn (Hrsg.): Weltliteratur. Eine Braunschweiger Vorlesung, Bielefeld 2004a, 449–467.

– Grammatik im digitalen Dialog. Zur Qualität des dialogischen Transfers grammatischen Wissens in interaktiven Lehr-Lernprogrammen für DaF, in: Gerd Antos/Sigurd Wichter (Hrsg.): [Transferwissenschaften: Transferqualität], 2004b [demnächst].

Klenk, Marion: Sprache im Kontext sozialer Lebenswelt. Eine Untersuchung zur Arbeiterschriftsprache im 19. Jahrhundert, Tübingen 1997.

Koch, Kristine: Deutsch als Fremdsprache im Rußland des 18. Jahrhunderts. Ein Beitrag zur Geschichte des Fremdsprachenlernens in Europa und zu den deutsch-russischen Beziehungen, Berlin, New York 2002.

172

Koch, Peter/Oesterreicher, Wulf: Sprache der Nähe – Sprache der Distanz. Mündlichkeit und Schrift-
    lichkeit im Spannungsfeld von Sprachtheorie und Sprachgeschichte, in: Romanisches Jahrbuch
    36, 1985, 15–43.
Kocka, Jürgen: Sozialgeschichte. Begriff – Entwicklung – Probleme, 2., erw. Aufl. Göttingen 1986.
–   Historische Sozialwissenschaft. Auslaufmodell oder Zukunftsvision? Oldenburg 1999.
Köstler-Holste, Silke: Natürliches Sprechen im belehrenden Schreiben. J. H. Campes „Robinson der
    Jüngere" (1779/80), Tübingen 2004.
Kunze, Konrad: Erhebung von Sprachdaten aus schriftlichen Quellen, in: Werner Besch/ Ulrich
    Knoop/Wolfgang Putschke/Herbert Ernst Wiegand (Hrsg.): Dialektologie. Ein Handbuch zur
    deutschen und allgemeinen Dialektforschung. Erster Halbbd., Berlin, New York 1982, 554–562.
Landwehr, Achim: Geschichte des Sagbaren. Einführung in die Historische Diskursanalyse, 2., unv.
    Aufl. Tübingen 2004.
Langeheine, Volker: Bemerkungen zur Briefforschung, in: Inger Rosengren (Hrsg.): Sprache und
    Pragmatik. Lunder Symposium 1982, Stockholm 1983, 299–316.
LexMa: Lexikon des Mittelalters. 10 Bde., Stuttgart, Weimar 1980–1999.
Lerchner, Gotthard: Der Diskurs im sprachgeschichtlichen Prozeß. Zur Rolle des Subjekts in einer
    pragmatischen Theorie des Sprachwandels, in: Zeitschrift für Phonetik, Sprachwissenschaft und
    Kommunikationsforschung 41, 1988, 279–292.
–   Kommunikationsmaximen im Kontext des 18. Jahrhunderts. Zum sprachhistoriographischen
    Interesse an Knigges „Über den Umgang mit Menschen", in: Peter Ernst/Franz Patoka (Hrsg.):
    Deutsche Sprache in Raum und Zeit. Festschrift für Peter Wiesinger zum 60. Geburtstag, Wien
    1998, 585–592.
Linke, Angelika: Sprachkultur und Bürgertum. Zur Mentalitätsgeschichte des 19. Jahrhunderts,
    Stuttgart, Weimar 1996.
–   „Wer sprach warum wie zu einer bestimmten Zeit?" Überlegungen zur Gretchenfrage der Histori-
    schen Soziolinguistik am Beispiel des Kommunikationsmusters ‚Scherzen' im 18. Jahrhundert, in:
    sociolinguistica 13, 1999, 179–208.
–   Die Kunst der ‚guten Unterhaltung'. Bürgertum und Gesprächskultur im 19. Jahrhundert, in:
    Zeitschrift für germanistische Linguistik 16, 1988, 123–144.
–   Zur Rekonstruktion sprachlicher Vergangenheit: Auf der Suche nach der bürgerlichen Sprachkul-
    tur im 19. Jahrhundert, in: Andreas Gardt/Klaus J. Mattheier/Oskar Reichmann (Hrsg.): Sprach-
    geschichte des Neuhochdeutschen. Gegenstände, Methoden, Theorien, Tübingen 1995, 369–397.
Luttermann, Karin: Linguistische Gesprächsanalyse. Integrationsmodell dialoggrammatischer und
    konversationsanalytischer Grundpositionen am Beispiel von Strafverhandlungen, in: Zeitschrift
    für germanistische Linguistik 25, 1997, 273–307.
Metcalf, George J.: Forms of Address in German (1500-1800), Washington 1938.
Michel, Paul: Mit Worten tjôstieren. Argumentationsanalyse des Dialogs zwischen dem Abt und
    Gregorius bei Hartmann von Aue, in: Germanistische Linguistik 1–2/79, 1979, 195–215.
Mihm, Arend: Die Textsorte Gerichtsprotokoll im Spätmittelalter und ihr Zeugniswert für die Ge-
    schichte der gesprochenen Sprache, in: Gisela Brandt (Hrsg.): Historische Soziolinguistik des
    Deutschen II: Sprachgebrauch in soziofunktionalen Gruppen und in Textsorten [...], Stuttgart
    1995, 21–57.
Mikolajewski, Verena: Parlamentarisches Sprechen in Deutschland. Zur ‚interfraktionellen Bespre-
    chung' im Kontext, Magisterarbeit Braunschweig 2002.
MLS: Metzler Lexikon Sprache. Hrsg. von Helmut Glück, 2., überarb. und erw. Aufl. Stuttgart, Wei-
    mar 2000.
Naumann, Bernd: Merkt euch dieses, meine Lieben. Der didaktische Dialog in Joachim Heinrich
    Campes *Robinson der Jüngere* (1779), in: Sorin Stati/Edda Weigand/Franz Hundsnurscher
    (Hrsg.): Dialoganalyse III [...], Teil 1, Tübingen 1991, 377–389.
Nickisch, Reinhard M. G.: Die Stilprinzipien in den deutschen Briefstellern des 17. und 18. Jahrhun-
    derts. Mit einer Bibliographie zur Briefschreiblehre (1474–1800), Göttingen 1969.
–   Präliminarien zu einer systematisch und historisch adäquaten Erschließung der deutschen
    Briefliteratur, in: Literatur in Wissenschaft und Unterricht 12, 1979, 206–225.

- Brief, Stuttgart 1991.
- Der Brief – historische Betrachtungen, in: Joachim R. Höflich/J. Gebhardt (Hrsg.): Vermittlungs-kulturen im Wandel. Brief, E-Mail, SMS, Frankfurt/M. 2003, 63–73.
Neuendorff, Dagmar: Discourse Analysis in a Historical Perspective. Some Notes on the Discourse Type ‚Advice', in: Papers from the 9th Scandinavian Conference of Linguistics, Stockholm 1986, 234–245.
- Das Gespräch zwischen Parzival und Trevrizent in IX. Buch von Wolframs Parzival. Eine diskursanalytische Untersuchung, in: Neophilologica Fennica [...], Helsinki 1987, 267–294.
Objartel, Georg: Die Kunst des Beleidigens. Materialien und Überlegungen zu einem historischen Interaktionsmuster, in: Dieter Cherubim/Helmut Henne/Helmut Rehbock (Hrsg.): Gespräche zwischen Alltag und Literatur. Beiträge zur germanistischen Gesprächsforschung, Tübingen 1984, 94–122.
- Studien zur Sprache und Lebensform der Studenten im 18. und 19. Jahrhundert, Habil.-Schr. Braunschweig 1991.
Paul, Hermann: Methodenlehre, in: Hermann Paul (Hrsg.): Grundriss der germanischen Philologie, Bd. 1, Strassburg 1891, 152–237.
- Prinzipien der Sprachgeschichte, 5. Aufl. Halle 1920a.
- Aufgabe und Methode der Geschichtswissenschaften, Berlin, Leipzig 1920b. Ndr. in: Helmut Henne/Jörg Kilian (Hrsg.): Hermann Paul: Sprachtheorie, Sprachgeschichte, Philologie. Reden, Abhandlungen und Biographie, Tübingen 1998, 193–250.
- Deutsches Wörterbuch. Bedeutungsgeschichte und Aufbau unseres Wortschatzes. 10., überarbeitete und erweiterte Aufl. von Helmut Henne, Heidrun Kämper und Georg Objartel, Tübingen 2002.
Petrat, Gerhard: Didaktisches Fragen. Ein Beitrag zur Qualifikationsgeschichte von Lehrern, Rhein-felden, Berlin 1996.
Polenz, Peter von: Der Ausdruck von Sprachhandlungen in poetischen Dialogen des deutschen Mittelalters, in: Zeitschrift für germanistische Linguistik 9, 1981, 249–273.
- Deutsche Sprachgeschichte vom Spätmittelalter bis zur Gegenwart. Bd. 1: Einführung, Grundbe-griffe, 14.–16. Jahrhundert. Berlin, New York 1991; 2., überarbeitete und ergänzte Aufl. Berlin, New York 2000. Bd. 2: 17. und 18. Jahrhundert, Berlin, New York 1994; Bd. 3: 19 und 20. Jahr-hundert, Berlin, New York 1999.
Presch, Gunter: Zur begründung einer historischen pragmalinguistik, in: Josef Klein/ Gunter Presch (Hrsg.): Institutionen – Konflikte – Sprache. Arbeiten zur linguistischen Pragmatik, Tübingen 1981, 206–238.
Presch, Gunter: widersprüche zwischen textfunktionen als ein ausgangspunkt sozialgeschichtlicher pragmalinguistik, in: Dietrich Busse (Hrsg.): Diachrone Semantik und Pragmatik. Untersuchun-gen zur Erklärung und Beschreibung des Sprachwandels, Tübingen 1991, 83–100.
Prowatke, Christa: Gesprächsbücher des 17. Jahrhunderts und ihre sprachwissenschaftliche Auswer-tung. Ein Beitrag zur Schreibung des Niederdeutschen, in: Beiträge zur Erforschung der deut-schen Sprache 5, 1985, 66–79.
Radtke, Edgar: Gesprochenes Französisch und Sprachgeschichte. Zur Rekonstruktion der Gesprächs-konstitution in Dialogen französischer Sprachlehrbücher des 17. Jahrhunderts unter besonderer Berücksichtigung der italienischen Adaption, Tübingen 1994
Ramge, Hans: Dialoge im Rechtsprotokoll. Ein Wetzlarer Erbstreit a. 1309 und die Entstehung einer neuen Textsorte, in: Andreas H. Jucker/Gerd Fritz/Franz Lebsanft (eds.): Historical Dialogue Analysis, Amsterdam, Philadelphia 1999, 371–398.
Rehbock, Helmut: Ansätze und Möglichkeiten einer historischen Gesprächsforschung, in: Klaus Brinker/Gerd Antos/Wolfgang Heinemann/Sven F. Sager (Hrsg.): Text- und Gesprächslinguistik. Ein internationales Handbuch zeitgenössischer Forschung, Zweiter Teilbd.: Gesprächslinguistik, Berlin, New York 2001, 961–970.
Röhrich, Lutz: Lexikon der sprichwörtlichen Redensarten. Taschenbuchausgabe, 5 Bde., Freiburg [usw.] 3. Aufl. 1995.
Rupp, Heinz: Gesprochenes und geschriebenes Deutsch, in: Wirkendes Wort 15, 1965, 19–29.

174

Sager, Sven F.: Gesprächssorte – Gesprächstyp – Gesprächsmuster – Gesprächsakt, in: Klaus Brinker/Gerd Antos/Wolfgang Heinemann/Sven F. Sager (Hrsg.): Text- und Gesprächslinguistik. Ein internationales Handbuch zeitgenössischer Forschung, Zweiter Teilbd.: Gesprächslinguistik, Berlin, New York 2001, 1464–1471.

Schank, Gerd: Ansätze zu einer Theorie des Sprachwandels auf der Grundlage von Textsorten, in: Werner Besch/Oskar Reichmann/Stefan Sonderegger (Hrsg.): Sprachgeschichte. Ein Handbuch zur Geschichte der deutschen Sprache und ihrer Erforschung, Erster Halbbd., Berlin, New York 1984, 761–768.

Schikorsky, Isa: Private Schriftlichkeit im 19. Jahrhundert. Untersuchungen zur Geschichte des alltäglichen Sprachverhaltens ‚kleiner Leute‘, Tübingen 1990.

Schlieben-Lange, Brigitte: Für eine historische Analyse von Sprechakten, in: Heinrich Weber/Harald Weydt (Hrsg.): Sprachtheorie und Pragmatik [...], Tübingen 1976, 113–119.

– Ai las – Que planhs? Ein Versuch zur historischen Gesprächsanalyse am Flamenca-Roman, in: Romanistische Zeitschrift für Literaturgeschichte 2, 1979, 1–30.

– Vom Glück der Konversation. Bemerkungen zum Flamenca-Roman, zur Konversationsethik des 17. Jahrhunderts und zum Reduktionismus heutiger Gesprächsauffassung, in: Zeitschrift für Literaturwissenschaft und Linguistik 13, 1983, H. 50, 141–156 [=1983a].

– Traditionen des Sprechens. Elemente einer pragmatischen Sprachgeschichtsschreibung, Stuttgart [usw.] 1983 [=1983b].

– /Weydt, Harald: Streitgespräch zur Historizität von Sprechakten, in: Linguistische Berichte 60, 1979, 65–78.

Schmitz, Ulrich/Wyss, Eva Lia (Hrsg.): Briefkommunikation im 20. Jahrhundert, OBST 64, 2002.

Schmölders, Claudia: Die Kunst des Gesprächs. Texte zur Geschichte der europäischen Konversationstheorie, 2. Aufl. München 1986.

Schnyder, Mireille: Topographie des Schweigens. Untersuchungen zum deutschen höfischen Roman um 1200, Göttingen 2003.

Schubert-Felmy, Barbara: Briefe aus dem Zweiten Weltkrieg. Vorgaben für Schreiben, in: Der Deutschunterricht 33, 1981, H. 5, 111–130.

Schumacher, Meinolf: Schriftliche Modelle vormoderner Gesprächskultur. Tischzuchten – Gesprächsspiele – Konversationsbüchlein, in: Der Deutschunterricht 53, 2001, Heft 6, 8–15.

Schützeichel, Rudolf: Althochdeutsches Wörterbuch. 2., durchgesehene und ergänzte Aufl. Tübingen 1974.

Schwarz, Alexander: Sprechaktgeschichte. Studien zu Liebeserklärungen in mittelalterlichen und modernen Tristandichtungen, Göppingen 1984.

Schwitalla, Johannes: Gesprochene Sprache – dialogisch gesehen, in: Gerd Fritz/Franz Hundsnurscher (Hrsg.): Handbuch der Dialoganalyse, Tübingen 1994, 17–36.

– Telefonprobleme. (Leidvolle) Erfahrungen mit einem neuen Medium, in: Zeitschrift für germanistische Linguistik 24, 1996, 153–174.

– Gesprochenes Deutsch. Eine Einführung, Berlin 1997.

– The Use of Dialogue in Early German Pamphlets: On the Constitution of Public Involvement in the Reuchlin-Pfefferkorn Controversy, in: Andreas H. Jucker/Gerd Fritz/Franz Lebsanft (eds.): Historical Dialogue Analysis, Amsterdam, Philadelphia 1999, 111–137.

– Kleine Botschaften – Telegramm- und SMS-Texte, in: Schmitz, Ulrich/Wyss, Eva Lia (Hrsg.): Briefkommunikation im 20. Jahrhundert, OBST 64, 2002, 33–56.

Searle, John R.: Sprechakte. Ein sprachphilosophischer Essay, Frankfurt/M. 1977.

Selting, Margret: Kontinuität und Wandel der Verbstellung von ahd. *wanta* bis gwd. *weil*. Zur historischen und vergleichenden Syntax der *weil*-Konstruktionen, in: Zeitschrift für germanistische Linguistik 27, 1999, 167–204.

Sonderegger, Stefan: Grundzüge deutscher Sprachgeschichte. Diachronie des Sprachsystems, Bd. 1: Einführung – Genealogie – Konstanten, Berlin, New York 1979.

– Gesprochene Sprache im Nibelungenlied, in: Achim Masser (Hrsg.): Hohenemser Studien zum Nibelungenlied, Dornbirn 1981, 360/186–379/205.

– Syntaktische Strukturen gesprochener Sprache im älteren Deutschen, in: Anne Betten (Hrsg.): Neuere Forschungen zur historischen Syntax des Deutschen [...], Tübingen 1990, 310–323.

Selting, Margret: Kontinuität und Wandel der Verbstellung von ahd. *wanta* bis gwd. *weil*. Zur historischen und vergleichenden Syntax der *weil*-Konstruktionen, in: Zeitschrift für germanistische Linguistik 27, 1999, 167–204.

Spellier, Carola: Höfische Gesprächswelten. Der *Erec* Hartmanns von Aue aus gesprächsanalytischer Perspektive, Magisterarbeit Braunschweig 2002.

Spinner, Kaspar H.: Sokratisches Lehren und die Didaktik der Aufklärung. Zur Kritik des fragend-entwickelnden Unterrichtsgesprächs, in: Diskussion Deutsch 23, 1992, 309–321.

Steger, Hugo: Zur Frage einer Neukonzeption der Wortgeschichte der Neuzeit, in: Peter v. Polenz/Johannes Erben/Jan Goossens (Hrsg.): Sprachnormen: lösbare und unlösbare Probleme. Kontroversen um die neuere deutsche Sprachgeschichte. Dialektologie und Soziolinguistik: Die Kontroverse um die Mundartforschung [= Kontroversen, alte und neue, Bd. 4], Tübingen 1986, 202–209.

Strosetzki, Christoph: Konversation. Ein Kapitel gesellschaftlicher und literarischer Pragmatik im Frankreich des 17. Jahrhunderts, Frankfurt/M. [usw.] 1978.

Takada, Hiroyuki: Zum Begriff der *Höflichkeit* in Adelungs Wörterbuch. Ein Aspekt soziopragmatischer Sprachgeschichte im 18. Jahrhundert,. in: Doitsu Bungaku 108, 2002, 93–104.

– „Vertrauliche Sprechart" im sprachlichen Alltag um 1800. Soziopragmatische Überlegungen anhand der lexikographischen Beschreibungen von Adelung, in: Klaus J. Mattheier/Haruo Nitta (Hrsg.): Sprachwandel und Gesellschaftswandel – Wurzeln des heutigen Deutsch, München 2004, 263–277.

– Zur Pragmatik von Partikeln im 18. Jahrhundert. Gesprächsforschung in Adelungs Wörterbuch, in: Neue Beiträge zur Germanistik, Bd. 3, Heft 5 (= Doitsu Bungaku. Internationale Ausgabe 120) [demnächst]

Ulsamer, Fleur: Linguistik des Schweigens. Eine Kulturgeschichte des kommunikativen Schweigens, Frankfurt 2002.

Ungeheuer, Gerold: Gesprächsanalyse an literarischen Texten (Lessing: Der Freigeist), in: Ernest W. B. Hess-Lüttich: Literatur und Konversation. Sprachsoziologie und Pragmatik in der Literaturwissenschaft, Wiesbaden 1980, 43–71.

Urscheler, Andreas: Kommunikation in Wolframs „Parzival". Eine Untersuchung zu Form und Funktion der Dialoge, Bern [usw.] 2002.

Vellusig, Robert: Schriftliche Gespräche. Briefkultur im 18. Jahrhundert, Wien, Köln, Weimar 2000.

Völpel, Susanne: Die Entwicklung und Funktion pronominaler Anredeformen. Eine vergleichende Analyse exemplarischer Texte unterschiedlicher Epochen, Berlin 1987.

Wehler, Hans-Ulrich: Historische Sozialwissenschaft und Geschichtsschreibung. Studien zu Aufgaben und Traditionen deutscher Geschichtswissenschaft, Göttingen 1980.

Weigand, Edda: Dialogisches Grundprinzip und Textklassifikation, in: Franz Hundsnurscher/ Edda Weigand (Hrsg.): Dialoganalyse [...], Tübingen 1986, 115–125.

– Historische Sprachpragmatik am Beispiel: Gesprächsstrukturen im Nibelungenlied, in: Zeitschrift für deutsches Altertum und deutsche Literatur 117, 1988, 159–173.

– A case for an integrating procedure of theoretical reflection and empirical analysis, in: Sorin Stati/Edda Weigand (Hrsg.): Methodologie der Dialoganalyse, Tübingen 1992, 57–64.

– Sprache als Dialog. Sprechakttaxonomie und kommunikative Grammatik. 2., neu bearbeitete Aufl. Tübingen 2003.

Weinrich, Harald: Lügt man im Deutschen, wenn man höflich ist?, Mannheim, Wien, Zürich 1986.

Weydt, Harald: Streitsuche im Nibelungenlied: Die Kooperation der Feinde. Eine konversationsanalytische Studie, in: Ernest W. B. Hess-Lüttich: Literatur und Konversation. Sprachsoziologie und Pragmatik in der Literaturwissenschaft, Wiesbaden 1980, 95–114.

Wyss, Eva Lia: Fragmente einer Sprachgeschichte des Liebesbriefes. Liebesbriefe des 20. Jahrhunderts im Spannungsfeld von Sprach-, Kommunikations- und Mediengeschichte, in: Schmitz, Ulrich/Wyss, Eva Lia (Hrsg.): Briefkommunikation im 20. Jahrhundert, OBST 64, 2002, 57–92.

Zakharine, Dmitri: Konversations- und Bewegungskultur in Russland. Von der ‚Sprachdiachronie‘ zur historischen Kommunikationswissenschaft, in: Dieter Cherubim/Karlheinz Jakob/Angelika Linke (Hrsg.): Neue deutsche Sprachgeschichte. Mentalitäts-, kultur- und sozialgeschichtliche Zusammenhänge, Berlin, New York 2002, 293–315.

Ziebura, Gilbert: Anfänge des deutschen Parlamentarismus (Geschäftsverfahren und Entscheidungsprozeß in der ersten deutschen Nationalversammlung 1848/49), in: G. A. Ritter/G. Ziebura (Hrsg.): Faktoren der politischen Entscheidung [...], Berlin 1963, 185–236.

Zimmer, Reinhold: Dramatischer Dialog und außersprachlicher Kontext. Dialogformen in deutschen Dramen des 17. bis 20. Jahrhunderts, Göttingen 1982.

Bücher von Jörg Kilian im Max Niemeyer Verlag:

Jörg Kilian
Lehrgespräch und Sprachgeschichte
Untersuchungen zur historischen Dialogforschung

2002. XII, 507 Seiten. Kart. ISBN 3-484-31233-5
(Reihe Germanistische Linguistik. Band 233)

Die Untersuchung legt der historischen Dialogforschung einen theoretischen und methodologischen Grund, indem gesprächsanalytische, dialoggrammatische und mentalitätsgeschichtliche Ansätze kritisch diskutiert, systematisch aufeinander abgestimmt und sodann an historische Lehrgespräche aus dem 17. und 18. Jahrhundert herangetragen werden: Das Lehrgespräch wird als Gegenstand und Faktor des Sprachwandels in der Sprachpraxis der Schulen aufgesucht, das Werden der neuhochdeutschen Standardsprache ist für einen Moment der Sprachgeschichte genauer zu beobachten, und die ›Sattelzeit‹ in der Geschichte der schulischen Kommunikation wird entfaltet, indem der Weg von der kirchlichen Katechisation zur philanthropischen Sokratik nachgezeichnet wird.

Hermann Paul: Sprachtheorie, Sprachgeschichte, Philologie
Reden, Abhandlungen und Biographie
Herausgegeben von HELMUT HENNE und JÖRG KILIAN

1998. XIX, 342 Seiten. Zahlreiche Abb. Kart. ISBN 3-484-31200-9
(Reihe Germanistische Linguistik. Band 200)

Zwei Jahre nach Hermann Pauls 150. Geburtstag (1846–1921) und ein Jahr nach dem 100jährigen Jubiläum seines Wörterbuchs (zuerst erschienen 1897) versammeln die Herausgeber – zum ersten Mal – seine wichtigsten Abhandlungen und Reden in einem Band, zusammen mit heute noch aktuellen Stellungnahmen H. Pauls zur Rechtschreibung und Rechtlautung und einer vollständigen Bibliographie seiner Schriften. Leben und Werk Hermann Pauls werden durch eine »Einführung« der Herausgeber erschlossen sowie im ersten Kapitel »Biographie« mit Nachrufen und Briefen dokumentiert.

Jörg Kilian
Demokratische Sprache zwischen Tradition und Neuanfang
Am Beispiel des Grundrechte-Diskurses 1948/49

1997. VIII, 410 Seiten. Kart. ISBN 3-484-31186-X
(Reihe Germanistische Linguistik. Band 186)

Gegenstand der Untersuchung ist die Ermittlung von Zusammenhängen zwischen Sprache und Demokratie im Bereich der politischen Kommunikation und des politischen Wortschatzes in Deutschland zwischen dem Ende der nationalsozialistischen Diktatur und der Gründung der Bundesrepublik. Unter der übergreifenden Fragestellung nach Tradition und Neuanfang demokratischer Sprache in Deutschland nach 1945 gilt es, ideologische Sprachtraditionen seit der Paulskirche, aber auch ihre politikgeschichtlich zu begründenden Brüche in der Weimarer Republik und der NS-Diktatur zu ermitteln und den Beginn der politischen Gegenwartssprache in der Bundesrepublik sprachgeschichtlich zu verorten. Die Studien zu politischen Dialogsorten und politischem Wortschatz machen deutlich, daß die politische Kommunikation nach 1945 traditionelle Stränge wieder aufgriff, während im lexikalisch-semantischen Bereich ein Neuanfang gewagt wurde.

www.ingramcontent.com/pod-product-compliance
Lightning Source LLC
Chambersburg PA
CBHW080914100426
42812CB00007B/2269